互联网时代的数码快印连锁店

殷庆璋/编著

互联网时代的全新数码快印连锁店管理技巧

文化发展出版社
Cultural Development Press

图书在版编目（CIP）数据

互联网时代的数码快印连锁店/殷庆璋编著.－北京:文化发展出版社有限公司,2016.6
ISBN 978-7-5142-1330-0

Ⅰ.①互… Ⅱ.①殷… Ⅲ.①数字印刷－连锁店－商业经营 Ⅳ.①F717.5

中国版本图书馆CIP数据核字(2016)第116597号

互联网时代的数码快印连锁店

编　　著：殷庆璋

总 策 划：张宇华
责任编辑：李　毅　　　　　　责任校对：郭　平
责任印制：孙晶莹　　　　　　责任设计：侯　铮
出版发行：文化发展出版社（北京市翠微路2号 邮编：100036）
网　　址：www.wenhuafazhan.com　www.printhome.com　www.keyin.cn
经　　销：各地新华书店
印　　刷：天津长荣健豪云印刷科技有限公司

开　　本：787mm×1092mm　1/16
字　　数：260千字
印　　张：16
印　　次：2016年9月第1版　2016年9月第1次印刷
定　　价：58.00元
I S B N ：978-7-5142-1330-0

◆ 如发现任何质量问题请与我社发行部联系。发行部电话：010-88275710

序 一

INTRODUCTION

殷庆璋先生是一位非常勤奋、好学、愿意和人分享的行业专家，他十多年来奔走于两岸，不辞劳苦、不计回报地促进两岸印刷业的交流与合作。

记得在2014年，殷老师曾发表行业内第一本系统讲解印刷电子商务的图书《印刷电子商务实战手册》，将多年深入企业实地考察和交流积累所得的经验和体会，凝练为具有指导、借鉴意义的精华呈现在大家面前。

在近些年中，殷老师的脚步依然未曾停歇，与行业人士互动交流、到企业中去学习走访，也正是基于这样的辛勤劳作，令殷老师对行业有了新的认识和思考，并勤于笔，写下了又一力作——《互联网时代的数码快印连锁店》。

如果说《印刷电子商务实战手册》出版之时，国内的印刷电子商务仍处于起步阶段，那么如今的印刷电商市场已呈现出新的格局和发展态势。殷老师在这本新书中，将目前印刷电商的整体建设、成长和发展水平做出了系统的梳理，将给那些乐于“触网”，或是密切关注互联网发展的印刷人以最新启迪。同时，针对科印网发布的“2016中国印刷电子商务网站20强”上榜的电商平台，殷老师逐一分析了各自的商业模式和企业特点。相信这样一份细致的“印刷电商分析报告”，将对那些想要与平台建立合作的印刷企业大有裨益。

殷老师有着多年的印刷电商运营经验，可以说是这方面的实务专家，同时他目前任董事长的台湾布莱特数码科技公司也是一个极具特质、“小而美”的数字印刷企业。如何实实在在地经营一家快印店，如何科学地进行企业管理，殷老师自然深谙其中的精髓。在这本书中，殷老师毫无保留地分享了自身的企业管理心得，辅以全国其他优秀企业的生动案例。从员工的角色认知到门店的定位与转型，从营销推广方法到人力资源管理……既有全面的视角和纬度，又不乏实际案例与窍门，是一本难得贴合印刷企业实际需求的“经营工具书”。

在这里，祝贺殷老师推出了又一惠及行业的力作，同时我也郑重地将这本《互联网时代的数码快印连锁店》推荐给大家，希望大家在这本书的帮助下，开拓视野、借鉴经验、启发思路！

感谢殷庆璋先生向文化发展出版社赐稿，思行业之想、解行业之需。

中国文化发展集团有限公司总经理

中国印刷技术协会数字印刷分会理事长

2016年7月于北京

序二

INTRODUCTION

殷庆璋先生是我认识多年的好友，在云印刷理念及业务方面给予我很多的协助，年后告诉我说再出版第二本书《互联网时代的数码快印连锁店》，我很高兴能将此书推荐给大家。这是一本在互联网时代下信息量爆增但是有条理有内容的好书，值得现在从事数码图文快印、印刷电子商务、印刷等相关业者及同人参考学习。

健豪在迎合“互联网 +”的创新思维下提出云印刷的概念，推出 PC 端“gainhow.tw”云端数字网，移动端在线订购 APP，订单进度查询 APP，价格查询 APP 以及多种个性化趣味贴纸、明信片在线编辑订购 APP……健豪不断追求进步，是因为客户不吝对健豪提出建议，让健豪能够精益求精；健豪普及大众，是因为客户对健豪的信任与期许，让健豪能够一步一个脚印取得今天的成绩。因此日后，健豪所追求的仍是健豪的精神口号：质量、速度、服务！客户的满意，就是我们最终的使命！健豪仍持续增加更多种设备和软件，使厂内一贯化生产更加完备，以提供客户更多样化的商品、更多元的服务及更灵活的选择。未来的健豪，将是您私人专属的快印店！想印刷找健豪，印你所想；印生活找健豪，印你所需。

《互联网时代的数码快印连锁店》一书是殷老师的又一本实战手册，

是殷老师近几年走访各地数码快印店对其现状的分析及未来发展道路的指引，同时也是各位数码快印店老板们的期许。在这本新书里，没有过多的理论渲染，更多的是殷老师把经营数码印刷几十年的实操经验结合市场现状更细化地呈现给大家，让相关从业者能够从中有所领悟，有所收获，从而不断深化自身的管理理念，调整自己的经营策略，借助互联网思维不断扩大营销方案。这本书更像是一本起步创业的指导书，从人员、管理、营销、理念、企业文化等多方面给予全面的指导。

感谢殷庆璋老师在两岸印刷道路上的孜孜不倦，在协助长荣健豪经营发展规划上的不计回报，最后预祝获得此书的读者们都能在互联网时代迎得崭新的未来。

健豪印刷事业股份有限公司总经理

2016年7月于台中

序三

INTRODUCTION

中国台湾，作为数字印刷的先行者，其行业的成功经验与实践总结，一直以来都是我们大陆同行学习与借鉴的重要样本。台湾布莱特公司董事长殷庆璋先生更像一个布道者，多年来用其渊博的学识及行业经验为推动大陆数字印刷行业的发展不遗余力，而其谦逊的为人更为大家所仰慕。

作为晚辈，我与殷先生有过多次交流，并数次聆听他的讲座，受益匪浅，也对印刷电子商务有了更全面的了解和系统学习，更为自身公司的发展与未来打开了一扇窗户。

互联网技术的迅猛发展已为各行各业带来了前所未有的冲击和变革，而对数字印刷行业的影响才刚刚开始显现。殷先生的这本书，将有助于让数字印刷从业者更清晰地展望行业的未来和厘清印刷电子商务的版图，为我们更好地经营管理提供经验和参考，也为我们更准确地自我定位提供方向。

未来每一家数码快印公司，无论大小，都将难以偏安一隅，终将成为互联网时代“网印”的一分子。若非踏准这一潮流，并很好地把握方向和机遇，必将面临被淘汰的命运。

我想，这也许是殷庆璋先生这本《互联网时代的数码快印连锁店》想要传达的意思。

上海数字印刷协会会长

上海广艺数码图文公司董事长

2016年7月于上海

序四

INTRODUCTION

与殷老师相识不久，却有相见恨晚的感觉。他是成功的企业家、无私的布道者，也是两岸出版印刷文化交流的推动者。

殷老师善于创新，并首先尝试于自己所经营的公司。他乐于分享，毫无保留地为业界传授学习与实践成败的经验及教训。在今年的印刷电子商务精英战略培训班上，殷老师这位60多岁的长者，以主讲讲师的身份，与年轻的70后、80后经营者一起，畅谈印刷企业“触网”的苦辣酸甜，终生学习在他身上演绎得淋漓尽致。

“互联网+”驱动印刷业开启新生态的“拓荒”之路，印刷商业模式也在悄然发生着变化。有人说商业服务业的未来发展趋势一定是连锁，连锁加盟已在世界范围内被证明行之有效，超过90%以上的客户在加入连锁体系后获得了不同程度的成功。数码快印连锁加盟也是如此，既可以提高企业的品牌形象和信誉，降低竞争风险，还可获得行内成功经验，大大提高了运作的成功率。

如今，继《印刷电子商务实战手册》后，《互联网时代的数码快印连锁店》也即将出版。殷老师在书中介绍了互联网平台发展创新过程中，印刷电子商务的现状与发展趋势，对数码快印店连锁化经营体系中店面的定位转型，营销活动的创新、员工及客户等日常经营管理过程所涉及的方方面面提出解决方案。特别专注于店面实战、实用和精细化运营的思路、方法和方案的研究与提供。

从职业教学的角度，这本书构建了理论、实务、案例三位一体的教学体系，吸收和采纳最新研究成果，使其更具前瞻性、科学性、实用性和系统性，堪称一本“接地气”的好教材。

上海出版印刷高等专科学校副教授

2016年7月于上海

序五

INTRODUCTION

结缘殷先生源于学院准备开设的一门《网络印刷与电子商务》新课程，从网上搜寻相关资料，发现殷先生的《印刷电子商务实战手册》一书，这也是目前国内唯一一本公开发行的印刷电商著作。经认真研读，获益良多，为我开启了一扇审视印刷技术发展脉络的全新视窗。书中关于印刷电商的理论结合实践的描述、诸多国内外成功案例以及总结出来的“三好一公道”印刷电商法则，都极为精彩，具有很高的实际指导意义，为印刷行业有志之士从事印刷电商实践起到指引作用。

我与殷先生的真正谋面是在2015年夏季，科印传媒组织大陆印刷业代表赴港、台与同业的交流活动中，殷先生作为特聘专家，带领我们深度走访、考察香港、台湾两地若干成功印刷企业，解读他们的商业模式和特色、指点其成功之道。让我们近距离体验与见证了香港保诺时、台湾健豪、卡之屋、沈氏艺术、科亿资讯科技等印刷公司的辉煌与成就。台湾印刷企业的特点是小而精、小而美，在不大的市场里拼搏，包装、出版、商业、数码印刷企业各具特色竞相发展，他们有着极致的经营管理追求、高度敏锐的市场嗅觉，更有着善于学习勇于创新的精神，因此在经历过近十年的残酷搏杀后，其生存之道、鲜明特点、核心竞争力日益凸显。在国内印刷企业普遍面临淘汰落后产能、转型升级的今天，香港台湾的同人们是否给我们提供了很好的启示？

在台期间，和殷先生的深度交流中，谈及他的人生、企业自身的商业思考和转型升级，以及创办企业成功之后的二次创业（成立布莱特数码公司，创造7个人年营业额1400万元的业界神话）、持续不断的学习探索与努力——这些成功人士的特质让我极为钦佩！

从台湾归来，称殷先生为殷老师，他的远见卓识、热情友善和乐于分享深深感染了我。更从他的身上，看到了一种崇高的教育情怀，一个“布道者”的身影——孜孜不倦地传播“印刷电子商务”之道。

受邀为殷老师的新书作推荐序，诚惶诚恐之余，认真拜读殷老师的大作，并做出自己的思考。数码快印行业，对于多年从事数码印刷教学的我，本不陌生，但如今的数码快印行业，在竞争日益激烈的互联网时代，同样面临着转型升级的压力，充满着巨大的挑战，同时也蕴藏着无限的商机。如何通过商业模式探索、经营管理革新、产品及服务创新，使数码快印企业焕发生机？如何在激烈的市场竞争中找到适合自身的生存模式与发展空间？如何将电子商务引入数码快印行业？如何提升用户的体验和忠诚度？企业如何获得可持续性发展？相信广大读者可以从本书中找到依据，而我本人的思考就是——快印业转型升级重中之重是在观念上的转型与升级，要善于利用互联网的力量（即：互联网＋数码快印）、善于做好“连接”，做好“O2O”。

《互联网时代的数码快印连锁店》，书名洋溢着一种亲切，书中浸润着殷老师多年来对数码印刷、快印行业的思索，并无私分享给大家，因此，开卷读者可以和印刷电商专家坐而论道。“分享产生价值”，学习、思考、探索并勇于实践，共同开创印刷行业美好的明天！我想这一定是殷老师对各位读者的殷切希望。

仅以拙文，作为殷老师新书的推荐序。

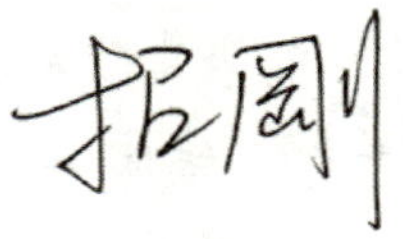

深圳职业技术学院传播工程学院　高级工程师

2016年7月初于佛山

序 六

INTRODUCTION

草长莺飞，万物欣欣向荣的季节，我收到殷庆璋先生从海峡彼岸寄来的大作——《互联网时代的数码快印连锁店》，随书来函嘱我作推荐序。作为一名资深的印刷从业人员，我盛情难却且责无旁贷，对于我们所赖以生存的行业以及这本书都必须说几句心里话。

对于数字印刷的明天，我个人抱有美好的愿望并坚持付诸行动。历史发展规律的昭示：小到一个人，大到一个行业，乃至一个国家，只有持有开放改革的态度，兼容并包的精神才能持续地发展、壮大、繁荣。而印刷行业从木字和泥字排版到铅字排版再到今天的数字排版，其发展技术的历程印证了它从来不是拒绝而是一直在欢迎与拥抱并紧紧跟随技术变革的潮流而不断发展的。物竞天择，适者生存，印刷行业必将随时代和文明发展而持续地发展下去。既便有人看衰这个行业的前景，我依然选择坚持自己的理想。因为，我坚信印刷业自发明的那一刻起就融入了人类的生活甚至生命，承载了记录人类文明记录的重任，只要有人类存在就会有印刷这个行业，无非是印刷的形式发生变化，朝更现代更迅捷更便利的方向发展。这恰恰对我们从业人员的创新意识提出了要求，需要我们加以努力思考和付出勤奋行动，以期持续推动行业的技术进步。

殷庆璋先生的著作《互联网时代的数码快印连锁店》，我认为基于当下至少有以下双重意义：既可以作为了解数码印刷行业的入门领路书，也可以作为行业从业人员提升自身素质及管理水平、经营能力的指导工具书。前者是对有兴趣了解或者有志于从事数码印刷行业的人而言的，特别是对打算进入这个行业但犹豫不决的人能坚定他的决心和加速他的行动。因为，这本书破解了行业的密码，可以使门外汉变成门内汉，从外行看热闹变成内行看门道。殷庆璋先生的书让这个行业没有秘密。因为，他深知但凡成秘密都是禁锢和促使一个行业灭绝的根由。至于后者，我想多数从业人员只是每天看店数钱，以是否有业务和盈利来判断是否继续坚持这个行业，很少去思考一个门店成功和失败背后的症结所在，更少关心行业的明天。但凡见到并用心读了殷庆璋先生的这本书，必定会破解以前经营和管理中的许多困惑的，会有茅塞顿开的欣喜之感与柳暗花明又一村的豁然开朗。如果运用这本书的理论去管理和经营自己的数码打印店，抑或会让自己的事业更上一层楼。殷庆璋先生以浸淫行业多年的思考，对这个行业的理论加以总结并决心推而广之，著书立说成一家之言，践行了“传道、授业、解惑”的师者风范，是行业的榜样和楷模，值得所有从业人员学习。

这本书《互联网时代的数码快印连锁店》的优点还有在内容上讲究运用案例和数据证明，涵盖了网络营销、财务管理、人力资源管理等多方面的知识；语言风格上讲究幽默，总结规律简洁，讲述条理清晰，深入浅出把枯燥单一的工作上升到理论高度。排版上图文并茂，一目了然等。这些都蕴含着殷庆璋先生的匠心独运和苦心孤诣。知音如不赏，归卧南山秋。著述者只负责著述，而读者则负责阅读，著述者不必强求阅读者心与我同。我认为开卷有益，但请诸君慢慢欣赏与品味。

印宜会会务服务（上海）有限公司　董事长

2016 年 7 月于郑州

编者的话

EDITOR'S DESK

截止到2016年，印刷电子商务在中国的发展也只有短短的五六年时间，积累的经验相对较少。但是在发展过程中，印刷相关业者都全力以付，在印刷电子商务的商业模式有良好的、差异化的表现，中国印刷电商网站数量已经从2015年的150家增长到现如今的超过300家（科印网统计），是值得鼓励的。在中国有广大的线下数码快印店是印刷电子商务不可缺失的角色，有数码快印连锁店的企业将会是今后爆发的原点，也是区域整合到全国数码快印连锁店大品牌的开始，笔者将本书《互联网时代的数码快印连锁店》提供给对此有兴趣的印刷电子商务从业者，供其在商业模式中运用，使其数码快印连锁店达到战略或战术的运营高度。未来线上和线下一定是互相融合的，未来最大的印刷电子商务一定拥有最多的实体店。

本书《互联网时代的数码快印连锁店》，内容有3大篇，分别是：1. 互联网+（平台、SoLoMo、O2O、印刷电子商务）；2. 商学院(店长商学院、大掌柜、店小二)；3. 数码快印连锁店管理（店长、督导等）。

1. 互联网+

印刷平台可分为几类：a. 印刷服务类：阳光印网、云印、多多印；b. 平面设计印刷服务类：八戒印刷、一幅图；c. 包装印刷服务类：一撕得、e盒印、麦袋网；d. 印刷生产服务类：长荣健豪、印通天下、开心印；e. 图文快印服务类：印相，e 企印，好印网；f. 印刷综合服务类：印刷家、印刷君。

中国印刷电子商务网站20强，经过科印网(www.keyin.cn)对国内超过300多家的印刷电子商务网站的认真遴选有：世纪开元、一幅图、有福网、网易印像派、我的相册、名片天下、阳光印网、印通天下、虎彩影像、飞印网、片客云印、云印、爱的影集、佳印网、名片网、印刷加、米莫印品、开心印、缤纷乐、多多印。首届中国印刷包装业"互联网创新产品榜"的上榜产品分别为：一撕得、筑书网络、印刷君、简印、e 盒印。

2. 商学院

以数码快印店店长商学院，店长的认知与能力在角色定位细谈：店长是公司的化身、顾客的代言人、员工的向导；在核心能力细谈：店长的经营管理能力、领导能力、执行能力、学习能力、服务能力、较强的沟通能力；超级门店的三大关键在门店服务细谈：店长要以身作则、制定流程、制定标准、监督检查、树立榜样；在门店制度细谈：员工的行为是制度的产物、"压力+动力"是店长的掌中宝、门店的制度不在于多而在于执行，只有利大于弊的门店制度，没有完美的门店制度；在门店的模式复制细谈：人员在职培训、优秀人员是选择和教育的结果、门店制度复制的价值。

以数码快印店大掌柜的形式邀请设备供货商、数码快印连锁店、印刷电子商务各老板或总经理，对公司最近业务方向与未来发展及数码快印或印刷电子商务行业的未来趋势，发表看法。店小二是笔者在这几年走过全国各省大小数码快印店，总结与总经理或店长交流时的问题及看法整理出来的17篇文章。有店长的角色与职能：打造"友善、乐趣、未来感"搞定90后员工、愿景当动力棍子靠边站、建立SOP"用人"不"留人"、管店靠制度新手要培训、家庭式管理用亲切做口碑、打绩效评比别光盯业绩、管不动员工找顾客当教练；门店的定位与转型：找出"公约数"打破淡季魔咒、抢生意，就要出狠招、先减法再乘法小店变特色店、要捍卫蓝海就要杀出红海、没钱做营销就靠演讲和得奖、视访百店求心得、打破商圈框架抓住长尾财、建经营平台要与情感连结、展店先顾核心守住续航力、有多少店长开多少店。在每篇文章的最后有两则“店小二这样想、大掌柜这样想”的不同角度思考题，供读者参考。

3. 数码快印连锁店管理

数码快印连锁店管理以店长及督导两大章节介绍。

店长：让店长了解一家营运门店的经营者，必须拥有企业管理的产、销、人、发、财之能力。店长要负责门店经营管理，维持门店正常运作，创造商店最佳形象及利润，可说是掌握店铺营运的关键人物。

督导：要督导负责所属区域5～6家门店经营管理，维持门店正常运营，创造门店最佳形象及利润，可定义为掌握区域店铺管理的关键人物。督导要具备掌握所属区域营运门店产、销、财状况的能力。

最后要感谢科印网及科印传媒编辑部协助与提供相关文章内容；感谢在第二篇第二章内的设备供应商、数码快印店、印刷电子商务提供宝贵的文章，使本书顺利完成编撰工作，并在文化发展出版社同人的帮助下如期出版。同时也希望广大读者不吝赐教，谢谢大家。

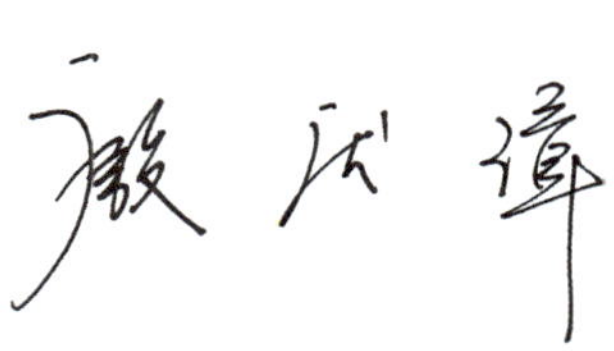

2016年7月于台北

目录

CONTENTS

第一篇 互联网+

第二篇／商学院

第三篇 数码快印连锁店管理

第一篇

互联网+

第一章

平台

第一节　平台概念

在日常生活中，我们常常将某个场合、某类会议指代为“意见沟通平台”或“信息交流平台”。在工程领域，模块化的生产制造或提供服务情境里，也常提到不同产品或服务共享一个平台。例如福特、马自达曾在亚洲共享以底盘为基础的小型轿车“汽车开发平台”，菲亚特和GM在欧洲也有类似的平台合作。最近，吉利集团收购的VOLVO，也宣告将和吉利汽车共享SUV底盘平台。然而，这类系统工程意义下的平台概念，同样不是我们关注的重点。在这里我们所关注互联网的“平台”见表1-1，其涵盖事实上相当广。下面这些五花八门的生意，都有一个“平台”作为经营的核心。

表 1-1　互联网的“平台”

	类　别	平　台
1	购物服务	阿里巴巴、京东
2	社交媒体	微信、Facebook、Line
3	搜索服务	百度、谷歌
4	团购服务	美团网、糯米网
5	支付工具	支付宝、微信支付、苹果支付
6	O2O服务	滴滴出行、优步、神州专车
7	印刷服务	阳光印网、云印
8	平面设计印刷服务	八戒印刷、一幅图
9	包装印刷服务	一撕得、e盒印
10	图文快印服务	e企印、印相
11	印刷生产服务	长荣健豪、印通天下、开心印
12	印刷综合服务	印刷家、印刷君

总而言之，互联网上的各种新旧商业模式，其基础无非都是"平台"。因此，理解乃至掌握互联网商机的关键前提，在于弄懂接下来我们所要讨论的"平台"的相关概念。

第二节　养肥平台

从商业角度出发，经营双边平台如表1-2所示，首先在于扩大平台两端的客户群，而后借由合适的商业模式，从一端或两端的客户群方面创造营收。把平台养肥，才能维护平台的长期发展。

表 1-2　双边平台

A群顾客	作为媒介的双边平台	B群顾客
读者和观众	报纸、杂志、电视节目	广告主
购物者	百货商场（万达、华联）	承租店商
贷款客户	零售金融业务（中国银行、工商银行）	存款客户
持卡人	信用卡（银联卡、VISA卡、MASTER卡）	店家
手机用户	智能手机（华为、小米、苹果、三星）	APP开发商
印刷需求者	印刷电商平台（长荣健豪、阳光印网）	平面设计者/印刷厂
在线购物的买家	电商平台（淘宝、京东）	进驻的卖家
用户	社交网站（人人网）	广告商
有雇车需求者	O2O应用（滴滴出行、优步、神州专车）	空闲的车主或司机

在这样的逻辑下，平台的成长管理重点包括以下几个方面。

一、聪明的双边定价

平台的双边定价，概念上有"收益方"与"受补贴方"之别，顾名思义，平台常常通过低价甚至免费的手段，"补贴"平台某一边（受补贴方），目的是迅速扩大这一边的客户群规模。而后，通过"跨边正向"效果的作用，吸引另一边客户群受补贴方加入平台，并由这边（收益方）赚取收益。

二、精简为上

平台两边的客户加入平台，都会另外产生时间、精神、学习等成本。因此，平台管理上针对两端客户群所能提供的非价格诱因，就是使用便利、流程精简。以作为平台的智能手机操作系为例，客户端的用户经验优化管理，以及APP开发商的审核上架流程精简优化管理，其优劣都将直接影响到平台两边的客户群规模。

三、差异化

面对的是竞争者众多的平台战场，寻求有意义的差异化可能是重要的竞争战略选项。当然，这里的差异化，重点在于让至少一边的平台客户群能清楚认知到该平台提供了不同于其他竞争平台的价值。例如微信社交平台，专注面以社交互动场景，有别于电信短信的单一功能，因此得以成为社交平台领域的领头羊。

四、从利基做起

在竞争者众多的平台战场上，另一个差异化的可能性是着力于特殊、狭窄、尚未被有效经营，但未来可能有扩散效应的利基型细分市场。在这方面，滴滴出行就是一个显著的例子。它早年对国内出行者打不到出租车的不方便性提供快车服务，再延伸到出租车、专车及顺风车等更多的服务。

五、巩固核心标杆业务

互联网时代的双边平台，实际中往往通过扩展业务，实现壮大客户群的目的。此时就需要确立一项平台的核心业务，以这项核心业务作为标杆来连接并支撑起新业务。阿里巴巴的支付宝、百度的移动端搜索技术的月活跃用户数就多达5亿多人，在它们近年扩展业务项目的过程中，都扮演了相当关键的核心标杆角色。

第三节　平台特性

平台是商业活动中既来就有的模式，在零边际成本、注意力经济、共享经济等新经济逻辑驱动下，平台有着以下将讨论的、比模拟现代平台更为鲜明的特性。通过这些特性，搜索成本得以降低，交易成本得以减少，因此也就生发出更多元的新商机。

一、高效连接与媒合

从传统度来说，“连接”与“媒合”的供需两端，是平台作为一种商业模式所扮演的主要角色。互联网环境里边际成本趋于零的各种信息沟通样态，则大幅降低了传统上双边平台聚客以及双边互联等项目的“摩擦系数”，让平台可以将“连接”与“媒合”功能发挥得更加淋漓尽致。而反过来，许多运营范围受地理位置和沟通成本所限制的连接与媒合需求，也通过平台得到满足，从而实现更加高效的连接与媒合。如印刷电子商务老兵武汉“一幅图”将平台一端出自平面设计印刷的需求者和平台另一端对于不同平面设计者及印刷厂加以连接与媒合。

二、多样的附加服务

除了连接与媒合，现今的平台也经常通过添加增值服务为平台两端顾客提供更加多样性的价值。而提供多样性价值，一方面可以为平台吸引更多、更大的客源，另一方面也有望提升顾客对平台的依赖性以及行为忠诚度。

猪八戒网自2007年开始从平面设计为主的平台，逐步整合升级，2015年12月以“八戒知识产权”为企业商标进行注册，2016年3月与纳斯达克上市印刷企业浙江胜达集团及佛山彩印通三方成立“八戒印刷”平台为企业提供印刷等附加服务。2004年，阿里巴巴为了扶持新创立的淘宝，在中国市场社会信任程度较低、支付工具发展较慢的时代背景下，推出第三方支付工具——支付宝服务。这个连接买家与卖家，并以确保双方权益作为主要价值追求的支付平台，成功地协助作为双边平台的淘宝攻城略地，在中国市场击溃全球C2C电商龙头eBay。

三、收益方养不大，平台就难做大

平台论述的基本假设，是平台除收费上可能分“收益方”与“受补贴方”之外，通常会以相对中性的态度经营平台两端中同端的个体，以求成长。然而，因为经营的边际成本趋于零，平台也有可能在“鱼帮水、水帮鱼”的思考下，战略性地扶植收益方中的某些参考者，促其客源壮大，以此来增加平台的黏性。

在中国的电商市场，淘宝天猫的平台成长历程里就依从这样的思考。因此，稍早的阶段里，淘宝力推一系列原生于淘宝平台上的“淘品牌”。天猫创立后，更扶植不少“淘品牌”为“天猫原创”。作为纯粹的双边平台，淘宝与天猫一方面尽力维护消费者权益，一方面又在某些发展阶段里，着力照顾某些开店商家的运营。在这样的思考脉络下，平台与进驻店家间产生了某种协力关系。

印刷电商阳光印网，早在2004年，阳光印网CEO张红梅就曾提出一个观点：“印刷不止在印刷”，2015年“双11”，阿里巴巴将监测“双11”情况的主战场从杭州园区内一个叫“光明顶”的会议室移到天猫在北京设立的“第二总部”。而在菜鸟网络协调下，包括“四通一达”在内的快递车都要统一刷成“天猫红”的配送形象。阳光印网，就是这次“天猫红”的刷车供应商。

四、信任经济的基础

互联网经济逻辑里的“共享经济”，本质是闲置资源的充分利用，而其实现的前提则是信任。没有信任，就没有共享。在中国，由于传统文化以及过去数十年的曲折历史发展的双重影响，小区意识薄弱，人与人之间的信任程度在熟人圈以外相当低。相对地，欧美社会在其固有文化与信仰引导下，对于“信任”则给予了较为立体与轻松的空间。因此，迄今所见，需要倾注较大信任给陌生人进行相对敏感服务的项目，主要发生在西方的互联网市场里。在中国，滴滴出行及优步两家在最近市场上将“共享经济”的闲置客车资源的充分利用，很自然地就出现媒合司机与出行者的平台。然而，不同于前面所讨论各种以“物”或“钱”等“身外之物”为目标的平台服务，这样的平台在运行上必须先处理临时找陌生人开车出行这件事，背后是相当敏感的信任问题。

在中国印刷电商市场，以重庆金雅迪印务公司张宏波董事长为首，成立于2012年“印通天下”成长历程里就依良心、公心得到联盟伙伴的信任，采取的是联合全国包括大陆、港、台各大中型城市的资深印刷人、优质印刷企业组建“印通天下联盟”共同体的方法，以共创、共建、共享为原则建构“印通天下网络云印刷电子商务平台”，迅速在全国布局。

第四节　互联网平台

一、产品平台化

互联网环境里的商业创新过程中，近来常见的状况是，原本提供某种服务的数字商品，随着客户群扩大，并且努力吸引第三方提供多元互补性服务，从而摇身一变由数字商品转化为互联网双边平台。

例如，周鸿祎的奇虎360成立于2005年9月，借助给广大中国网民提供免费杀毒软件“360安全卫士”，并不断开发新的免费服务的方式，吸引了超过5亿名注册用户的庞大客户群。在这样的客户群基础下，360安全卫士由产品转而平台化，一端经营用户群，另一端则吸引广告商与第三方软件开发商的投入。

另一个例子是微信。原以QQ这一聊天软件而众所周知的腾讯，2011年推出实时通信服务——微信。2015年微信已经覆盖中国90%以上的智能手机，活跃用户达到6.9亿，初期，微信是个标准的通信服务性数字商品，免费提供给用户使用。后来，除了各种与通信有关的功能，服务逐步扩充至支付、理财、网购等业务领域，并且成为一个双边平台。而对于一般品牌商而言，微信的主要用处则在于包含“订阅号”“服务号”与“企业号”等选项的微信公众平台，以类似粉丝团一类的在线营销互动沟通。在这样的背景下，微信所代表的双边平台，一端是用户，另一端则是开通“订阅号”“服务号”与“企业号”的品牌商。

另一个例子是一撕得。成立于2013年，用科技让开启从此变得与众不同的包装箱电商企业，现已与国内多家知名大型包装制造企业深度合作，拥有完善的技术开发与设计团队，能够最大程度上塑造品牌价值、提升企业包装效能。一撕得，正在为电商企业迎来一个全新商机，助推广阔的事业空间。

另一个例子是e盒印。2015年10月e盒印正式上线，专注于彩盒包装小订单，专注于互联网碎片化、个性化的小订单。是由印刷行业著名的广东金冠科技股份有限公司重金投资的，由印刷行业实力雄厚的专业人士、经验丰富的电商人士、技术水平深厚的系统研发人士领衔公司运营团队的，致力于提供让市场惊艳、让用户尖叫、让行业惊叹的印刷电商服务平台。

二、平台移动化

智能手机普及的影响之一，是传统客户端对于PC的需求逐渐转移至移动端。因此，原先于PC环境中创建的互联网平台，相对应地展开各种移动化工程。尤其是各市场里的互联网平台，都在此趋势下，主动或被动地进入移动领域。举例而言，作为一边面向用户，一边面向广告主的百度，其移动搜索量从2014年第三季度开始已超越了PC端。成立于1999年的携程在线旅游平台，2015年10月24日携程和去哪儿宣布合并，百度在之前先拥有去哪儿的股票，扩大在移动端让用户使用更便利，一端是旅游需求者，另一端是航空公司、酒店等旅游服务提供商。而这些项目，都与移动趋势有密切的关联。

2016年，印刷电商网站接入移动端，主要有两种方式：

（1）对网站结构、网页编辑器等进行移动化改造，推出APP客户端；（2）接入微博、微信等社交软件，通过微博、微信等社交软件实现品牌宣传、优惠信息和活动推送、信息分享、印刷报价、订单信息查询和下单，以及依托社交软件推出微博书、微信书等。

三、本地化

当下互联网平台发展的另一个趋势，是当某类平台经营的商业模式被市场认可后，随之便出现围绕着该商业模式的各种细分化、差异化或本地化经营目标。这里，以成功打入数十国市场的在线专车平台Uber（优步）为例，看不同市场里以Uber（优步）模式为基调的几种变奏形态。美国Uber（优步）于2013年进入中国市场，2014年12月百度投资Uber进入打车大战，2016年2月份Uber CEO Kalanick曾表示，在竞争激烈的中国打车应用市场，为了同中国本土竞争对手争夺市场和用户，Uber在中国2015年一年的亏损超过了10亿美元。中国市场是Uber所面临的竞争最为激烈的市场，不过公司也从在中国市场的竞争中学到了很多新的理念和模式，这些新理念模式也被Uber运用到了其他市场中，所以Uber会对中国市场进行持续的投资。以上海为例，结合中国实情，Uber曾在春节期间推出叫车送舞狮服务，但受限于高价，市场接受度有限。反倒是本地出现滴滴出行叫车服务更为亲民，适应中国本地特性，用户除了有优惠车资，而司机有更多的补贴费。2016年3月24日，阿里巴巴完成对神州专车运营主体公司近30亿元的战略投资，约占其10%股份。值得注意的是，阿里巴巴曾投资快的打车，之后滴滴快的合并，阿里巴巴也成为现在滴滴出行的股东。

2016年8月1日，滴滴宣布与Uber全球达成战略协议，滴滴将收购Uber中国的品牌、业务、数据等全部资产并在中国营运。滴滴创始人兼CEO程维表示，在过去的两年多时间，滴滴和Uber在中国这片创新的赛场上不断过招比拼，相互学习砥砺。作为植根中国的科技领袖，滴滴希望不断推进科技创新，改变人类交通的未来。与Uber的合作，将让整个交通产业走向更健康有序、更高层次的发展阶段。此次合作后，滴滴将继续与监管者、广大用户和各界伙伴一起不懈努力，为解决城市的交通、环保和就业贡献力量。

据悉，双方达成战略协议后，滴滴和Uber 全球将相互持股，成为对方的少数股权股东。Uber全球将持有滴滴5.89%的股权，相当于17.7%的经济权益，Uber中国的其余中国股东将获得合计2.3%的经济权益。滴滴也因此成为了唯一一家腾讯、阿里巴巴和百度共同投资的企业。同时，滴滴创始人兼董事长程维将加入Uber全球董事会。Uber创始人Travis Kalanick也将加入滴滴董事会。

跨平台的全生态圈经营竞争，近年来在中国市场更加激烈。最显而易见的，是百度、阿里巴巴、腾讯（所谓BAT）三方集团间的短兵相接。表1-3简单列出这三个集团环绕着用户所各自进行生态圈布局。从该表中不难看出，这三个原始背景大相径庭的集团，在生态圈经营这事上跑马圈地的剑拔弩张。

表 1-3　BAT 跑马圈地的平台

平台布局	百度	阿里巴巴	腾讯
网络购物	百度购物、微购	淘宝、天猫	腾讯电商、易讯网
云端运算	百度云	阿里云	腾讯云
团购	糯米团	美团	大众点评
支付工具	百度钱包	支付宝	财付通、微信支付
信用贷款	百度小贷	阿里小贷	财付通小贷
基金理财	百发	余额宝	理财通
通信	百度Hi	丁丁	QQ、微信
地图	百度地图	高德地图	腾讯地图
打车	Uber（优步）	神州专车	滴滴出行
旅游	携程	去啊	QQ旅游、艺龙

第二章

SoLoMo

第一节 社交与移动

SoLoMo的说法，最早由美国风险投资人约翰·杜尔于2011年提出。在智能型移动装置（如智能手机、平板计算器及穿戴装置等）普及的今天，SoLoMo代表了聚合于这些装置的各种社交化、本地化、移动化的可能。而这些可能的聚合，对于企业而言，则隐含着互联网时代里价值创造、沟通与传递的诸多新机会。譬如腾讯的微信，正企图通过手机APP接口，配合“扫”“摇”等功能的扩大，成为绝大多数互联网相关行为的输入与输出接口。依循着SoLoMo和相关的O2O脉络，腾讯依靠微信，在“智能手机只装微信就够用”的想象下跑马圈地。

2007年第一代iPhone的问世，正式宣告智能手机的时代来临。2014年第三季度开始，中国最大搜索引擎百度的移动搜索量已超越了PC端。同一个时期，美国《华尔街日报》的互联网内容有四成流量来自移动端，《福布斯》杂志的在线流量来自移动端的比例更高过五成。这些简单的数据共同指出，互联网的使用，由计算机、笔记本计算机逐步移转到移动端的具体态势。

随着智能移动端设备的普及，根据中国APP市场的调查，截至2015年，中国移动生活APP用户规模为4.2亿，中国移动互联网规模用户为7.9亿，微信以6.9亿用户牢牢占据榜首，同时，移动APP的用户中，每人的装置里平均下载了22.5个APP，然而这22.5个APP里，每两周的时间内，仅有平均7.5个APP会至少被用户使用一次。然而另一方面，在线社交与移动APP，如表2-1所示，理论上其实又包含着非常丰富多元的价值创造、沟通与传递可能性。

基于社交工具所展开的社交，可能与用户地理位移＋智能型移动装置融合，若再加上今日智能型移动装置通常具备的定位技术，就成了实时沟通、即地体验、细分服务的SoLoMo情境。

表 2-1 两种工具的价值创造、沟通与传递

	在线社交的应用	移动APP的应用
价值创造效果	➢ 参与者自表达的满足； ➢ 参与者的社群归属感； ➢ 通过信息丰富参与者的经验； ➢ 品牌的活动设计	➢ 节省用户搜索与交易成本； ➢ 赋予用户时间与地点的自主权； ➢ 娱乐提供，丰富用户的经验； ➢ 双边平台的需求媒合
价值沟通效果	➢ 品牌通内容经营，深化与既有客户群的沟通； ➢ 品牌通过口碑扩散，开拓潜在客户群	➢ 实时、即地的相关性沟通可能； ➢ 价值交换过程的实时信息
价值传递效果	➢ 主要来自参与者与社交网络成员间的情感性与信息性价值交换	➢ 信息性内容的传递； ➢ 支付点以及实体商品传递起点； ➢ 虚实之间的相互导引

第二节 实体与线上

要掌握SoLoMo概念的精髓，在情境里一般智能型移动装置用户所面对的双元世界。这个双元性是这样的：首先，人生活在现实世界中，有移动的轨迹而在每一个当下则处于某一特殊的地理位置，且在这个地理位置上面对着实体环境和线下的社交情境。其次，只要随身的智能型移动装置处于开启状态并且正在被人使用，此人便同时生活于在线世界。在线世界同样有在线移动的轨迹（如时间轴在线各种APP的开启与关闭、网页的浏览等先后顺序的记录），有当下使用中的在线应用程序（如在线游戏的场景、微信的时间轴等），另外也面对着那个在线环境里的社交情境（如游戏同伴、微信好友等）。

根据这样的理解，我们来看看两个创意运用、组合SoLoMo元素，而达到良好价值创造、沟通、传递效果的例子。

一、APP

第一个例子是TOYOTA所发行的TOY TOYOTA游戏APP。说到汽车制造商发行的APP，一般人很自然会想到地图、景点、里程计算、加油站等实际功能。TOYOTA在这款APP中，却不落俗套地跳脱窠臼。作为家庭房车的代表品牌，这款APP副名为“Backseat Driver（后座的驾驶员）”，是个专为平时坐在汽车后座的儿童设计的在线

驾驶游戏。有趣的是，这款游戏里的行车路线和速度，通过GPS的应用，与现实世界里的行车路线和速度同步相对应。也就是说，如果现实中汽车在北京长安街上行进，那么游戏里的车也就在游戏里的长安街上前进；车窗外的重要地标，同时也会以卡通方式出现在游戏里的道路旁。在后座玩游戏的小朋友，操控屏幕里车子的左右，搜集屏幕里道路中出现的各种宝贝以积分。

二、打卡机

第二个例子是德国狗粮品牌Granata的“免费宠物下午茶”活动。这个厂商在一些德国城市遛狗人常带狗经过的路边，设置一个形似自动贩卖机的自动给食器。饲主带狗经过机器，不必投币，只要拿出手机打开Foursquare软件“打卡”，这机器就会给出一定分量的狗粮，免费供饲主带着的狗儿当场食用。

前述的例子，都是以APP或打卡机制来进行SoLoMo应用。同时，我们也看到有更多的SoLoMo价值创造、传递与沟通，同时通过二维码、无线信号（又可分为以GPS，以Wi-Fi信号为主的设计）与虚拟现实等技术来进行。

第三节 应用主轴

一、二维码

二维码“quick response code”（QR code）最早由日本丰田通商（Denso Wave）公司于1994年9月开发问世。从带有相机、可扫描二维码智能手机大量流行开始，二维码面向消费端的应用才普及开来。今天，如果运用合适，二维码可以看作一种图像入口，它最大的特点就是成本极低、精确度要求低（有相当高程度的容错限度）、可依附于各种场景等特色，并且方便将沟通对象由现实世界导向互联网情境中。

广州番禺区的管理部门启用了“出租屋智能手机巡查系统”，出租屋管理员在上门巡查时，用智能手机读取门牌上的二维码，即可及时、准确获取该户址的相关信息。同理，如果在商品、检验商品上附上二维码，政府执法部门人员则可以通过专用移动执法终端进行各类执法检查，及时记录商品、企业的违法行为，并且可以保证数据传输的高度安全性和保密性，有利于政府主管部门提高监管，规范市场秩序，提高执法效率，增强执法部门快速反应能力。

支付宝公司宣布推出二维码收款业务，所有支付宝用户均可免费领取“向我付款”的二维码，消费者只需打开手机客户端的扫码功能，拍下二维码，即可跳转至付款页面，付款成功后，收款人会收到短信及客户端通知。在福州，有一家华威出租车公司开通了支付宝，打车到目的地后，顾客拿出手机，对车内的二维码车贴扫描，手机自动跳转到支付页面，然后按照计价器上的车费输入金额，整个付款过程只要20多秒。在星巴克，可以把预付卡和手机绑定，通过扫二维码可以快捷支付，不用再排长队付款。

中国邮电大学一个男生，以二维码为载体向女友传递情意，在明信片上手绘二维码“我爱你”，火了一把。如此的“传情Style”引发了网友追捧。其实，这个二维码形成并不复杂，先将信息在线生成二维码，然后将图片放大后打印出来，最后将二维码绘制至明信片上。利用二维码传达情意，确实是一个技术性的Style，有高科技含量但绝对实用，通过二维码表达一定比传统的文字更能打动对方的心。

这是个以执法、支付、传情为场景，以零碎时间为情境，通过智能手机所装APP完成的SoLoMo范例。

二、GPS

2014年，中国“十一”黄金周假期前后十天的时间，麦当劳官方网站所镶嵌的百度地图上，一个个麦当劳门店的金拱门标志旁，出现了一支支粉红色甜筒。这是个名为“樱花甜筒跑酷0元抢”的营销活动，使用移动设备的消费者进入页面，后台的百度地图即通过GPS，计算出她（他）与最近的麦当劳活动门店距离，并给出一个需要快步才赶得及的时间。消费者若在该段短时间内抵达该门店，就可以免费取得一支新上市的樱花口味甜筒。这个活动在假期吸引了许多年轻人的注意，创造了逾2000次的页面造访，以及逾50万次的在线分享。活动的本质，其实是传统意义下的试吃优惠活动，但麦当劳于此已跨越了传统纸本优惠券+实体活动、在线印优惠券、团购等促销模式，而尝试SoLoMo本地化营销。

三、Wi-Fi

可口可乐带给消费者的价值是什么？一百多年来，可口可乐所创造、沟通和传递的价值，从最早产品成分带有缓解文明病“疗效”的要求，最近，可口可乐开始在巴西和南非的大城市里试验性地设置带有免费Wi-Fi信号发送装置的自动贩卖机。这件事至少有两种意义：第一，作为一个代表分享与欢乐的品牌，可口可乐尝试给顾客多元的分享与欢乐体验可能；第二，可口可乐在为互联网想象里的互联世界，预做暖身准备。

同样是通过Wi-Fi的SoLoMo布局，中国银泰百货近期已建置全场Wi-Fi覆盖。会员进入银泰店门，打开手机连接进入免费Wi-Fi，银泰后台即根据这名会员过往的消费状况，进行相关导购或优惠信息的推送。同时，银泰与阿里巴巴合作，开通支付宝钱包

“当面付”服务；一旦消费者在银泰门店内以支付宝支付购物货款，就能通过支付宝加入成为银泰电子会员卡会员。

四、移动支付

除了单纯经济意义上的支付外，若要说明移动支付中符合SoLoMo逻辑的“社群”元素，以微信支付为例，微信支付是2014年9月26日集成在微信客户端的支付功能，用户可以通过手机完成快速的支付流程。微信支付以绑定银行卡的快捷支付为基础，向用户提供安全、快捷、高效的支付服务。目前微信支付已实现刷卡支付、扫码支付、公众号支付、APP支付，并提供企业红包、代金券、立减优惠等营销新工具，满足用户及商户的不同支付场景。微信红包于2014年1月27日推出的一款应用，功能上可以实现发红包、查收发记录和提现。微信红包与2015年春节联欢晚会的互动，让其成为了年夜饭的主菜单，小小的红包甚至不小心抢了春晚的风头。

另外案例：2016年3月30日支付宝宣布，“地铁购票”正式上线，用支付宝购买地铁票非常简单，打开支付宝—城市服务—地铁购票，选择好起点、终点站后就能在线完成购票，然后在相应站点的iTVN自助取票机扫描二维码就能取票。另外则可以把目光放在不断翻新花样的支付宝钱包上。支付宝钱包的社群支付功能，又可分为远场与近场两类。远场如“亲密付”，打开便有“爱人购物我来支付”“孩子购物我来埋单”等项目，提供用户设定代亲密他人进行支付的月额度。支付宝钱包的近场支付，如利用手机发出高频声波与邻近手机沟通的“当面付”，以及一群人分担餐费时非常好用的“AA收款”等。

2014年10月20日，苹果公司的“苹果支付（Apple Pay）”服务正式在美国上线。2016年2月18日凌晨5:00，Apple Pay业务在中国上线。Apple Pay在中国支持中国工商银行、中国农业银行、中国建设银行、中国银行、中国交通银行、邮政储蓄、招商银行、兴业银行、中信银行、民生银行、平安银行、光大银行、华夏银行、浦发银行、广发银行、北京银行、宁波银行、上海银行和广州银行19家银行发行的借记卡和信用卡。并将它们与Apple Pay 关联，就能使用新的支付服务。中国将成为全球第五个、亚洲第一个上线该服务的国家。

使用Apple Pay不需要手机接入互联网，也不需要点击进入APP，甚至无须唤醒显示屏，只要将iPhone靠近有银联闪付标志的读卡器，并将手指放在HOME键上验证指纹，即可进行支付。也可以在iPhone 处于黑屏锁定状态时，轻点两下主屏幕按钮进入Wallet，快速进行购买。如果交易终端显示需要输入密码，还需要输入银行卡的交易密码。只需一两秒钟就可以完成Apple Pay支付。

第三章
O2O

第一节　何谓O2O

美国创业家亚历克斯·蓝佩尔(Alex Rampell) 在2010年8月美国著名Techcrunch科技网站出现一篇文章《Why online 2 offline commerce is a trillion dollar opportunity》，提到美国消费者一年的平均消费支出大约为四万美元，但其中仅有约一千美元花在网络购物上。剩下三万九千美元的年人均线下消费支出，有很大部分属于FedEx(联邦快递)或UPS这类快递业员无法运送的项目。针对这类狭义电商经营模式难以顾及的领域，他提出了一个“在线集客，线下消费”的“Online to Offline”设想，简称为O2O。

当年这个概念的提出，主要指涉彼时资本市场中最为夺目的“团购”模式。团购模式，概念核心便是通过价格优惠的提供，在团购网站集客接着，再引导这些已在线付款的顾客，进入实体店面里去完成消费体验。经过了几年的发展、演化，我们看到各种团购以外的O2O模式尝试。这些尝试，其中不少来自以O2O为核心概念的新创互联网双边平台，但也有不少来自传统企业，这些企业在面临互联网挑战时，决定主动突围。

2015年9月8日，百度创始人、董事长兼CEO李彦宏发布了“度秘”的产品，并在电子商务年会现场通过度秘机器人订购了两杯拿铁咖啡。“度秘”看上去是一款类似Siri、微软小冰的交互产品，但百度的野心不是单纯的“语音社交”，而是要做“聊天机器人+搜索引擎+垂直O2O”。

在很多O2O领域，中国互联网已经走在世界前列。据易观智库统计，2015年中国移动互联网市场规模达3079.4亿元，比上年增长129.2%，预计2016年这个市场规模将超过4672亿元。

发展O2O业务更关乎百度在移动互联时代的转型。“从连接人与信息到连接人与服务是一个比较大的转型。”李彦宏说：“但应该说百度也是一个习惯于做转型的公司，虽然在同一个时间，我们通常只做一件事，但时代在变、市场在变、消费者需求在变，百度也在变。”

要理解O2O概念的背景，以及它实务上运作起来的难处，首先得掌握在线（online）和线下（offline）相关商业运营行为，在许多方向上的巨大差异，表3-1简单地陈述了相关的比较，认知到表3-1所列举的在线运营与线下运营的差异，我们便可将O2O的各项企图，理解为企业在互联网时代追随消费者行为与习惯的改变，尝试较巧妙地运作互联网杠杆，根据企业与行业特性，通过技术端与营销端的布局策动的商业模式变革。而这些商业模式变革的理论本质，在于结合在线与线下运营的相对优势，取长补短，提供在线、线下无缝接轨的服务，且经营客户群，扩大客户群。

表3-1　在线与线下运营的关键差异

	在线运营	线下运营
资产属性	“轻资产”为主	“重资产”为主
成本结构	各项系统开发建置的固定成本占比相对较重	店租、水电、人事成本随运营点数增减，变动成本占比相对较重
成本效益特性	收益与成本的因果关联性较弱	收益与成本的因果关联性较强
地理涵盖	理论上无地理条件限制	受现实地理条件限制
相对优势	信息、长尾、实时性	地点、体验、即地性

根据这样的逻辑，对于原生于互联网的企业（如电商、内容网站等）而言，O2O最主要的意义，在于跳脱标准化商品的经营局限，提供与顾客相关、定制而本地化的现实空间内体验与服务。相对地，互联网时代里传统企业的O2O行动，战略上主要针对现实世界优势无法复制到互联网运营空间、现实与虚拟布局左右手互搏等这个时代的现实挑战。对于这样的数码快印企业运用电商网站、微信APP、自建APP方式来运营本地化O2O印刷品，以下有几项基本检查项目（见表3-2），尝试各种O2O的意义，因此有很大程度在于：缓解随时创发的互联网新兴商业模式所可能带来的破坏性创新挑战冲击。

表 3-2 数码快印业落实 O2O 的基本检查项目

	项目	检查
1	在线、线下印刷产品、商品价格是否相同？	□ Yes □ No
2	在线、线下的环境“氛围”是否一致？	□ Yes □ No
3	在线、线下用户的忠诚行为受到整体的鼓励吗？	□ Yes □ No
4	在线能获取线下店面时、地、价等方面相关的推荐吗？	□ Yes □ No
5	在线下店面可以通过移动端掌握更多印刷品相关信息吗？	□ Yes □ No
6	印刷品给出的优惠，可以贯通在线、线下使用吗？	□ Yes □ No
7	消费者可以自行掌握实体店面有无某件印刷商品吗？	□ Yes □ No
8	可以在网络上完成购买印刷品到实体店取货或服务吗？	□ Yes □ No

第二节　O2O模式

一、线上、线下与自有运营O2O模式

1. 沃尔玛：全球e购

2016年3月22日，沃尔玛中国在深圳宣布正式推出覆盖全国范围的跨境电商服务“全球e购”。按沃尔玛中国大卖场电子商务高级总监博骏贤（Jordan Berke）的介绍，沃尔玛跨境电商模式区别于其他跨境电商企业的主要“打法”。

（1）自营模式，强调正品和价格的优势

沃尔玛的“全球e购”是沃尔玛利用在中国以外的全球27个国家的采购资源和采购办公室直采、自营，承诺保证正品，也通过直采降低采购成本，提供相对有竞争力的价格。自有品牌商品过半，强调差异化经营在沃尔玛首期上线的200多个商品中，有一半来自沃尔玛海外市场畅销的自有品牌商品。到2016年年底将扩容到500种商品的全球e购，也仍将保持自有品牌商品占半的比重。

（2）发挥线下实体店优势，提供“门店退货”服务

跨洋过海的跨境电商消费，售后服务是整个行业现实的短板。沃尔玛尝试破题的方式是，顾客若对所购商品不满意，在沃尔玛APP提交退货申请后，可以将不满意的商品带回任何一家沃尔玛门店或邮寄回门店，相关退款就将返回顾客账户。不过，由于沃尔玛APP未全国推开，这项“门店退货”服务目前还仅在深圳、广州、东莞等沃尔玛门店试行。

2. 优衣库：数字化海报

优衣库于2001年进入中国成衣市场，我们可以看看它在中国市场的积极O2O作

为。截至2015年年底，优衣库大中华区有近370家门店，并以每年80～100家的速度持续增长。在这样快速扩张的动能下，优衣库有一套清晰的在线线下整合发展逻辑。线下门店方面，店内悬挂张贴的数字化海报（Digital POP）和展示商品的吊牌上，多印有作为通往数字空间工具的二维码。优衣库以此欢迎入店的消费者，在店内尽情通过手机掌握更多店面、商品相关信息，消费者扫描Digital POP二维码，便被引导至优衣库官方微信页面，浏览当季热卖产品的推荐；扫描吊牌条形码，能看到包括价格、材质、门店库存乃至商品详细介绍影片。此外，在若干门店，试衣间外还通过另外的视讯设备，进行“搭出色”虚拟试衣活动，让消费者的试衣经验通过微信在朋友圈内分享。2009年起，优衣库也在天猫开设旗舰店，且所有在线购物流量都导向该单一旗舰店。通过分析在线旗舰店累积的庞大用户行为数据，优衣库一方面可有效掌握产品设计与铺货的优化方向，另一方面甚至可整理出适合开设新店的区域。

3. 苏宁易购：店商+电商

中国本地的连锁零售业者间，近来最具野心的O2O意愿，则来自全中国最大连锁零售业者苏宁，它于2013年将原来的“苏宁电器”改名为“苏宁云商”，以宣示迈入互联网时代以“沃尔玛＋亚马逊”的商业模式，来表达“店商＋电商”经营形态的决心。在实体店广设二维码（QR code）作为“云店”入口，并开启“在线、线下同价”的定价措施，希望通过大规模的虚实整合动作，将1600家门店转变为体验与服务中心，而以“苏宁易购”网店品种与客户群的扩大，实现“云商”构想。在2016年苏宁易购和天猫集体发力“4·18”也有主场设宴回馈用户之意，“猫宁”组合如此频繁秀恩爱，做足“前戏”，显然志在“4·18”。作为春季消费市场的重要节点，“4·18”近年来越来越受电商重视。

二、平台串联线下伙伴O2O模式

前述由实体向互联网空间完善化的动作，主要可见于美、日等实体运营本已相对成熟、细致的市场。但在中国，网络原生平台（尤其是合称BAT的百度、阿里、腾讯三大集团）主导，与线下商家协力的O2O动作，可以说是O2O潮流中的主角。

2014年秋天，百度推出了移动平台上企业官方服务账号“直达号”服务，一般消费者在移动搜索过程里若搜索“@账号”（如：“@海底捞”）或于移动版地图上搜索商家，即会直接被导入该商家的订制“直达号”主页。依照百度官方的诠释，直达号的开通，可为线下商家找到连接客户需求与提供服务的最短路径，且后台也为这些开通直达号的商家建构了客户关系管理（Customer Relationship Management，CRM）系统。

阿里巴巴把2014年定义为“O2O元年”，以“千军万码”为主题，千军，指的是阿里争取将所有年营额超过10亿人民币、门店数超过100家的零售品牌拉入高德地图，进行O2O结盟；万码，则指的是让二维码处处成为现实世界通往数字世界的入口。任务指向，是完成“四通八达”的O2O运作，所谓四通，指的是流量打通、会员打通、支付打通、商品打通。所谓八达，则是依托O2O而实现的八个核心业务场景：线下缺货时在线成交、在线支付线下成交、在线导流领券线下浏览与消费、优惠券在线线下通用、发货快递短信通知、搭配套餐导购员推荐搭配、在线服务全国线下营销、品牌营销全线互动。这里牵涉“六方”：商家、平台、店面、导购、商场和第三方。

2016年3月29日，阿里巴巴农村淘宝宜州服务中心正式开业运营，开启了宜州农村电子商务发展的崭新时代，农村电子商务将成为宜州经济社会发展的重要增长点和农民增收的新亮点。农村淘宝是阿里巴巴集团和政府共建的为民服务项目，服务范围广、项目多，通过网上代买代卖、网上缴费、创业培育、快递代收发等多项服务，让老百姓能买到物美价廉的商品，同时将农特产品销往全国各地，从而拉近农村与城市的距离，实现共同富裕。该中心的建成，不仅盘活了宜州的电商网络，促进信息交流，而且加强了城乡商务交流，打通城乡O2O物流模式“最后一公里”。

BAT之外，中国电商圈的另一大台柱京东，同样也在阿里所称的“O2O元年”里试水在线线下协力融合的各种可能。2014年春天，京东依赖15个分属一、二、三线城市里12个连锁体系的大约1万家便利店，开展O2O战略布局，举办了订单“1小时到达”与“O2O饮料节”里饮料15分钟送达等活动。通过这些尝试性的合作，京东希望通过在线收单集客，凭借其过去几年间自建物流投资累积出的优势物流实力，为便利商店和超市快速配送，再由这些合作店点负责产品传递的“最后一公里”。通过基于门店的本地极速配送服务、在线线下整合营销、在线外部流量导入、服务延伸与品类扩充等变革，进行信息体系和物流体系的转型，至于中国四、五、六线城市以及农村地区，京东也展开了“一县一店”计划，打算在2017年年底前新设2000家“京东帮服务店”。规划中，再以这些服务店点为中心，开展派出流动宣传车、经营乡村代购等业务。2016年3月27日，京东集团与福建省政府签署战略合作框架协议，双方在电商产业发展、公共服务、农村电商及电商精准扶贫等诸多方面达成共识，紧抓“互联网+”发展机遇，共同推动互利合作。双方还将在物流基础设施建设、电商物流终端配送体系、传统商贸服务业线上线下（O2O）融合发展、电子商务育才工程等方面展开合作。

三、本地生活型O2O模式

网络原生的O2O，另一种形态是作为一个专注于生活相关服务（非购物或通信为主）的双边平台，一端服务消费者，另一端经营多属个体户的专门类别服务从业人员。

这类平台，有专注于美甲类专门服务媒合者，如经营O2O美甲平台生意的“河狸家”。2014年年底，河狸家在中国的六个城市（北京、上海、广州、深圳、成都、杭州）提供在线下单付款，线下美甲师到府的服务。在风险投资资金灌注下，河狸家不介意每个月烧掉1000万元人民币的运营资金，号称永远不向美甲师抽成，长期着眼于衍生服务或商品的赢利机会。单单北京一地，河狸家旗下便有大约500名美甲师。这些美甲师从既有实体美甲店挖角，河狸家不抽佣，并且还统一配发美甲器具、指甲油物料等生财工具。为了精进美甲师的技艺，河狸家请法国美甲师到中国辅导，也把旗下表现优异的美甲师送往日本培训。客户端根据美甲师地理范围和用户评价选择美甲师；因此，美甲师业绩的好坏与用户评价有相当直接的关联。

另一型本地生活平台，则走综合性路线。例如“58同城”，作为一个本地生活服务分类信息提供网站，相当到位地提供中国各个城市里与生活相关的各种信息。随着近期家政服务、美甲、水电维修等各种生活类型垂直领域O2O服务的涌现，58同城也意识到除了信息方面的链接外，直接让供给者与需求者通过它进行服务供需连接的必要性，因此推出了以居家场景为核心的“58到家”O2O服务。2014年年底“58到家”经营范围包括家庭保洁、看护、料理、上门美甲、车内空气净化、搬家、空调维修、开锁换锁等服务品类。需求端在线选择服务需求，通过标准化的公开价目信息下单。“58到家”的平台则依照平台另一端服务人员累积的用户评价与地理距离派工。在这样的模式下，为了控制服务质量，“58到家”建立了一套包括理论说明、实务操作、进阶训练和定期回训的培训体系。譬如家户清洁的“阿姨保洁”服务，“58到家”请给菲佣进行职前培训的菲律宾老师来进行，提供标准而专业化的服务质量。

无论是特定领域或是综合性本地生活的O2O，平台除了媒合之外的另一项重要价值，便是确保不同服务提供商都能有接近标准化的服务表现。也就是说，平台提供一种品牌化、专业化、质量均一化的服务（针对服务需求者）与训练（针对服务提供商）。

四、在线导流到店型O2O模式

互联网时代则出现各种新生的企业，尝试打破地点的限制，通过在线引流，将客源带往传统上无法开店的隐僻店点。

譬如中国的“LOHO眼镜”，便是走这一路线的眼镜O2O电商模式。在网站上通过正品保证与详细商品信息集客，去除传统业内中介层以压缩进货成本；而面对验光、校对等需求所开设的线下店铺，因客流导自网络而非过路客，则采取非黄金店铺的“写字楼”店点战略，压低店租成本。又如发源于南京的“糊世刺身”，在偏避巷弄间经营日式餐饮，瞄准25～35岁的年轻人，通过微博与微信带入第一批客人，再由口耳相传拓展客源。通过这一模式经营餐厅，甚至开在公共厕所对面的店点，据称每个座位每天都能接待十位客人。

2016年LOHO眼镜生活的线下体验店已经发展到115家，主要入驻各大核心城市商圈。例如：北京站富力广场店、西单大悦城店、金地广场店；上海站正大广场店、人民广场店、吾悦广场店；广州站乐峰广场店、西城都荟店、广百店，一共覆盖了39个城市。同时，LOHO眼镜生活全新版会员上线，LOHO会员不仅可以终身免费验光，还可以终身查询验光数据，老顾客可以省去门店验光直接查了之前的数据在线下单。登入LOHO眼镜官网或者官方微信，一键导航就可以找到距离自己最近的门店。

五、小区型O2O模式

小区型O2O，强调本地汇纳需求至在线，服务提供商在线取得信息后，再通过线下管道提供需求的满足。中国快递业标志性企业的顺丰，近期尝试的也是线下到在线再到线下的路子。早几年顺丰即租下小区便利店，改造成小区服务中心；2014年更尝试以店内产品平面信息+QR code为主的“嘿客”便利店经营模式，提供体验、预购、充值、缴费等服务。消费者在店内扫QR code进入顺丰网店选购，所选商品再由顺丰快递至店。顾客在店体验送到商品后，若不满意无意购买，不用支付包括运费在内的任何费用。2016年又到一年春茶上市季，每到此时，以次充好、以旧抵新以及假冒名茶的现象层出不穷。面对传统购茶渠道鱼龙混杂的局面，“互联网+小区服务中心”的新型购茶方式，为消费者购买春茶提供了信誉背书、速度保障以及“眼见为实”的购物体验。据AC尼尔森的调查报告显示，当下消费者的消费观念正在转型，正从基础性需求过渡到高生活品质需求，比以往更关注健康和生活品质。超过32%的消费者关心健康，80%的人愿意为提高生活质量埋单。

六、电子商务实体化

电子商务实体化是大势所趋，现在零售实体店和电子商务当中有一个很明显的界限，实体店跟网店之间有很多紧张的情绪。但未来10～20年后，世界上最大的电子商务公司也会成为世界上最大的实体店，2016年4月亚马逊发布了自己第一个实体书店。未来线上和线下一定是互相融合的，未来最大的电子商务一定拥有最大的实体店。

第四章
印刷电子商务

第一节 2016年印刷电子商务现状分析与展望

经过科印网（www.keyin.cn）对国内超过300多家的印刷电子商务网站的认真遴选，2016“中国印刷电子商务网站20强”如期问世。在国内印刷触网日益频繁、电子商务发展进程不断提速的今天，我们希望通过这份榜单忠实记录中国印刷电商的发展进程和成长轨迹，客观见证中国印刷电商格局的演变历程。2016“中国印刷电子商务网站20强”如表4-1所示。

表 4-1 中国印刷电子商务网站 20 强

公司名/品牌	网域名品	公司名/品牌	网域名品
世纪开元	www.36588.com.cn	片客云印	www.pptake.com
一幅图	www.yifutu.com	云印	www.ininin.com
有福网	www.yofus.com	爱的影集	www.iyingji.com
网易印像派	yxp.163.com	佳印网	www.joyinker.com
我的相册	www.wodexiangce.cn	名片网	www.mingpian.sh
名片天下	www.namex.cn	印刷加	www.mpbang.com
阳光印网	www.98ep.com	米莫印品	www.mimoprint.com
印通天下	www.ep365.com	开心印	www.kaixinyin.com
虎彩影像	www.hucai.com	缤纷乐	www.binfenle.com
飞印网	www.92mp.com	多多印	www.duoduoyin.com

此外，针对我国“互联网+”发展日益蓬勃的创新之势。在评选出“中国印刷电子商务网站20强”之外，科印网还特别推出首届中国印刷包装业“互联网创新产品

榜”，用于表彰那些运营时间不长、在利用互联网作为工具改造现有印刷产业发展具有积极创新意义的产品及电子商务平台。首届中国印刷包装业“互联网创新产品榜”的上榜产品分别为：一撕得、筑书网络、印刷君、简印、e盒印。

一、印刷电商网站20强

本榜单聚焦于在线印刷与交易类型的网站，包括个性化定制平台（以印刷为主流）、商业印刷网络订单平台、包装印刷平台、按需印刷平台，既不包括综合性贸易平台（如阿里、天猫上的印刷专营店），也没有包括从事印刷设备器材的销售平台（如印刷家），以及印刷电子商务服务、咨询网站等。

“中国印刷电子商务网站排行榜”排行关键指标之一是科印网自主研发的PEK指数（Printing Industry E-commerce Data Key Indicators），结合中国大陆（不含港澳台地区）网站的实际情况，从网站质量、内容质量、内容数量、网站安全性等方面对所收录的印刷电商网站进行综合评价，PEK得分最高的前30家网站有机会进入下一个环节的评选。

除了参考PEK指数，“中国印刷电子商务网站排行榜”召集专家评委、主办评委、大众评委，对入围网站进行全方位的体验，针对页面设计、流程设计、产品质量、响应速度等方面进行综合评分。再者，“中国印刷电子商务网站排行榜”还将考虑各家印刷电商网站的模式潜力、运营实力、用户关注度、新闻关注度等。

因此，本榜单对于从宏观上了解目前印刷电商的整体建设、成长和发展水平等情况具有重要的指导意义，并一定程度地反映出这类网站在现阶段的流量、质量、网站服务质量、用户体验等状况，也能部分反映出该网站的创新实力、发展前景、渠道建设、生产端整合实力等。

二、创新产品榜

中国印刷包装业‘互联网创新产品榜”是科印网在对“中国印刷电子商务网站20强”评选的基础上，站在更广义的“互联网+”角度，表彰那些刚刚起步、在利用互联网作为工具改造现有印刷包装产业的具有积极创新意义的最新产品及电商平台。在评选范围方面，创新产品榜更加侧重于移动互联网的应用，同时将那些未纳入原有评选范围内的爆品创新、资本创新、资源整合创新、细分领域创新等有益的开拓动作纳入行业视野。

科印网希望通过这份榜单，选出这一年中最值得被鼓励并获得荣誉的创新产品，让大家在更广阔的视野下，看到印刷领域从业者为印刷业的发展做出的巨大贡献，彰显创新的力量。

三、变化特征

2016年中国印刷电商网站的数量超过300家，比2015年多出约150家。审视这300多家网站及最终入围的20强榜单、创新产品榜单，可以看到中国印刷电商正在呈现出如下的变化特征。

1. 边发展、边洗牌

最终入选榜单的20强网站，与去年相比增加了6个新面孔。在榜池中全部的300多家印刷电商网站中，约有40家的网站因为各种原因无法打开链接或是链接指向错误，占比超过13%，比上届提升了3个百分点。其中，在2015年关闭的网站中还有全球知名的个性化冲印网站喀嚓鱼。三届均在榜的网站仅剩8家，占比为40%。

一方面，我们的榜池正在逐渐扩大，从2014年的近100家，扩大到现在的300多家，榜单的影响范围日益增大；而另一方面，随着后起之秀的不断涌现并后来居上，对于部分印刷电商的先行者带来了冲击。印刷电商边发展、边洗牌的现象依然存在。在印刷电商市场不进则退的道理，在这个榜单中演绎得淋漓尽致。

2. 业务融合加速

从三届榜单的发展情况来看，以"商业印刷"业务为主网站占比，从第一届40%，逐渐提升到本届的55%，以"商业印刷"业务为主的网站影响力正在提升。此外，无论是"商业印刷"，还是"个性化印刷"网站，融合趋势正在增强。部分"商业印刷"网站中融入个性化印刷业务，而"个性化印刷"网站同样也希望在商业印刷市场中有所斩获。在所有统计的300多家印刷电商网站中，既有"个性化印刷"，又有"商业印刷"业务的网站占比约为10%。"商业印刷"与"个性化印刷"网站的融合，反映出印刷电商的全新发展逻辑，即坚持以用户为中心，满足用户的各种市场需求，而不再单纯将目光聚焦于某一个细分的客户群体中。但是，对于印刷电商来说，新市场的开拓并不容易，而且专注于印刷的某一细分市场，并将其做到极致可能更容易做出成绩。因此，如何应对好融合带来的新挑战，考验着印刷电商经营者的智慧。

3. "个性化印刷"发展渐入佳境

从本届榜单来看，2015年，"个性化印刷"网站保持了足够的稳定性，尽管上榜网站从上届榜单的10家，减少到了9家，占比为45%。但有7家网站与去年相同，仅有2个新面孔。

对于"个性化印刷"市场，印刷电子商务网站们慢慢意识到，如果放弃前端的摄制和内容设计环节，仅仅依靠线上来自个人的碎片化订单，又没有很好的前端导流和后端整合生产能力，实际上很难获得丰厚的利润。值得欣喜的是，2015年，"个性化印刷”网站在前端导流和后端整合生产能力方面有了长足的进步，发展渐入佳境。“个性化印刷”网站的春天虽然仍未到来，但不少网站已经做好了准备，并积累了很多经验。只有这样，在春天来临之时，才能快速抓住机会，迅速脱颖而出。

4. 资本力量的影响力开始显现

作为一种新型的业态，印刷电商的快速发展离不开资本力量。2015年，资本的盛宴正式向印刷电商倾斜，而这些印刷电商在获得新融资后的增长势头也非常明显。

资本对于电子商务网站的发展，将起到推动其快速发展的重要作用。目前，经过前期的积累和发展，部分印刷电子商务网站在资本的助力下快速发展，在市场中的影响力逐步提升，预计在2016年，我国印刷电子商务市场将迎来新的一轮融资高潮，发展前景值得期待。但需要注意的是，依靠资本的力量，虽然能够快速抢占市场，但也要承受相当大的风险。而且，这种模式具有不可持续性等特点，在资本的耐心耗尽之前，如果网站还不能找到一个能够持续赢利的商业模式，那么后续的发展将陷入极大的困境。

5. 平台整合能力持续提升

2015年，印刷电商的整合能力已经初步显现，而整合方式也各有千秋，无论是采用自营的方式，还是加盟的方式，或者两者兼有之，都呈现出相同和不同的特点。各平台的影响力，也在从区域市场走向全国化。同时，在区域深耕，进而辐射全国也是不少印刷电商网站发展的重点。毕竟，在一个区域局限市场中，服务能力可以得到有效的扩展，服务质量也能得到有效保证。

2015年，可以看作是印刷电商平台整合发展的元年。无论是已经在这一领域探索多年的网站，还是最新加入者，大都以搭建平台为己任，希望通过整合前后端资源实现快速的发展。这对于目前相对零散的印刷资源是个好事，但在平台整合方面，也要量力而行，且不可过于激进。

6. 移动端布局日益深入

2016年，印刷电商网站接入移动端，主要有两种方式：一是，对网站结构、网页编辑器等进行移动化改造，推出APP客户端。二是，接入微博、微信等社交软件，通过微博、微信等社交软件实现品牌宣传、优惠信息和活动推送、信息分享、印刷报价、订单信息查询和下单，以及依托社交软件推出微博书、微信书等。

据对入榜网站的不完全统计，推出APP客户端的网站有6家，占比为30%；对网站进行移动端改造的网站有7家，占比为35%；两者兼有之的有3家，占比为15%。相比之下，利用微博、微信等社交软件的入榜网站就很多了。几乎全部的入榜网站都开通了微博账号，而开通微信公众号的网站也达到了17家，占比超过85%。这其中，可以使用微信公众号查询订单的有6家，占比为30%；可以实现微信下单的有6家，占比为30%；两者兼有之的有4家，占比为20%。以上网站中，既有APP客户端或移动版网站，又有微信公共账号的网站有10家，占比达50%。一半的入榜网站都在加速移动端的布局，足以说明印刷电子商务网站对于移动端入口的重视。

尽管由于印刷品的特性，以及编辑复杂程度等问题，大部分印刷电商来自移动端的流量并不突出，短期内流量大幅增加的可能性并不明显，但印刷电商依然要加强移动端入口的建设，完善服务体系，从而提升用户体验。

7. 设计的力量备受关注

随着印刷电子商务的深入发展，从设计切入印刷的模式越来越受到印刷电商的关注。这种模式因为可以为平台导入真正的流量，因此广受关注。八戒印刷就是一个很好的导流案例。

8. 用户体验仍待优化

随着电子商务的持续深入发展，以及印刷技术的成熟、设计系统的优化、支付系统的完善、递送速度的提升，印刷电子商务网站端的基础建设日趋扎实，明显的短板已经并不常见。

统计，用户体验主要对于网站的打开速度、会员注册、网站分类、在线支付等情况比较满意。这说明，印刷电子商务网站的基础建设水平已经较高，基本的电商功能均能得到很好的实现。需要指出的是，体验者对印品在线设计功能、订单处理速度、印品质量和客服响应等服务功能稍感不满意。在所有体验者中，认为“订单确认较慢，制作时间较长，印品到手超过一周”的占比超过19%。这说明印刷电商在印刷质量和订单交付速度等服务功能，仍有很大的提升空间。

如果说网站的基础设施建设属于网站的硬实力，那么网站的服务功能则算是软实力了。现在大部分印刷电商的硬实力已经非常完善，且功能和产品类别日益趋同，但软实力千差万别，与网站的资源整合能力联系紧密。随着用户对于服务质量要求的提升，各印刷电子商务网站必须在印品在线设计、印刷质量、产品交付速度和客户服务层面苦下功夫，这也将是未来决定印刷电商能否脱颖而出的关键因素。

第二节 2016年印刷电子商务20强

一、世纪开元

1. 关于世纪开元

山东世纪开元彩扩摄影有限公司（简称世纪开元定制平台）成立于2001年3月9日，早期是国内最大的数码照片网上冲印平台，后引进国外先进的经营模式和理念，对公司产品和服务进行重塑升级，2013年10月升级后成为国内最大的集设计、购买、出售为一体的创意礼物个性定制平台。

世纪开元的用户不仅可以享受专业的照片在线冲印、最新潮的个性DIY照片礼品定制服务，购买个性化的创意礼物成品，同时可以将自己的创意、设计图案和文字转化成具有商业价值的产品在网站上出售，真正实现零成本开店赚钱，还可以在该商品原有底价的基础上进行调价，最高可上调30%，从中获取丰厚的利润。目前，世纪开元定制平台吸引了2万多名设计师入驻网站开店，其中包括经验丰富的资深设计师、刚入门的初学者、在校大学生、自由设计师、PS爱好者等，世纪开元旨在为他们提供一个实现自己创意价值的平台。

2. 鼎龙股份5000万元增资世纪开元“云打印”模式落地

鼎龙股份公司2015年11月26日披露，全资子公司鼎龙爱视觉拟出资5000万元向山东世纪开元彩扩摄影有限公司（以下简称“世纪开元”）增资，获得后者20%的股份。

线上部分，世纪开元自有官网设计师及DIY定制平台、“这里印”商务数字快印平台，已形成国内最大的设计师创意服务社区，为小微企业和终端消费者提供近千种产品的个性化定制服务。目前同时在淘宝、天猫、京东、阿里巴巴等国内主流电商平台以及在速卖通、敦煌、兰亭集势等跨境电商平台开设多家旗舰店。不仅在自建独立B2C网站的流量和订单数量超过竞争对手，同时在淘宝、天猫、京东等国内最重要的电商平台上，在行业类目大部分主要产品的销售上也居于绝对掌控地位。世纪开元在移动端也有完善的布局，微信粉丝超过100万人。

线下部分，世纪开元的中心工厂拥有国内快印产品最全面、效率最高的综合“全能印”车间，独立完成几乎所有产品的生产，保证了产品的品质和生产时效，并从2015年开始在长三角、珠三角等经济发达区域展开加工中心和分运营中心布局。

世纪开元近三年主营业务收入年均复合增长率约70%，整体毛利率水平超过40%，公司客户总量超过500万，以客户总量来看，2013年、2014年以及2015年年度复合增长率超过90%，且老客户重复购买率、新客户购买率等均保持稳定增长。世纪开元2015年前9个月实现营业收入8361万元，净利润618.6万元，原股东承诺今年销售收入超过1.2亿元，且自2016年起连续三年每年增速不低于50%。

3. 全国布局云印刷，抢滩万亿级市场

2016年7月，世纪开元董事长郭志强表示，“在共享经济的时代，发挥各自优势进行合作才是最好的选择。”通过与华方、长荣健豪这样的行业领军企业合作，世纪开元“这里印”预计将在今年下半年完成整个中国的区域布局。作为2016中国印刷电商20强之一的世纪开元在去年11月获得鼎龙股份5000万元之后，开始转型商务印刷，为此世纪开元成立了全新的子品牌“这里印”，专注于中小微企业的印刷业务。自今年三月启动以来，单月增速均超过100%。在开辟了商务印刷这个新模块后，世纪开元面临的是一个万亿级的市场。

二、一幅图

1. 关于一幅图

武汉改图网技术有限公司是国内最早的图像创意网站，一直致力于图像设计和印刷领域。凭借“快速设计，快速印刷，快速配送”的产品服务特性，充分满足用户日益增长的印刷需求及多元化设计体验，现已成为中国最具影响力、最受用户喜爱的网络设计印刷平台。

目前，一幅图自主研发了在线图像创意互联网平台系统，该系统涵盖了图像创意设计交易平台、图像应用技术和图像设计衍生品三大平台。一幅图自主研发了覆盖多种印刷产品的在线设计平台（如名片、宣传单等），解决广大用户在商务活动、现实生活中的各种设计需要，并通过联手全国印刷产业展开资源整合，实现网络设计和印刷的无缝衔接，专业且高效地为用户提供从设计、印刷到配送的一站式服务。

2016年3月一幅图推出“印链”为印刷网络交易信息化的最佳解决方案，电商平台、智能接单、处理插件、微信及设计工具等结合，优化印企现有工作流程，完善文件流转体系，提升印企与门店的黏度，将手动变为自动，将复杂变简单，将简化变为无，为印刷企业印前流程提供最佳解决方案。

2. 一幅图CEO陈涛：解读印刷电商

在“互联网+”的时代，传统产业被破坏、重建，这种现象比比皆是。例如，我们现在发现商场的生意越来越差，而报纸也逐渐被新媒体取代，包括现在很受关注的滴滴打车也已经开始动摇传统的出租车行业。所以在这个时代，印刷产业被互联网颠覆、破坏和重建，是必然的结果。当前的印刷人应该要觉醒，不要再观望，不要再等待，大家应该迅速向互联网转型。

在一幅图的陈涛看来，电商的概念其实并没有那么玄乎其玄，他认为，电商是销售渠道、销售手段和销售方式的一种创新。而在互联网时代，销售可以分为三个部分：拉新、服务和活动。在第三届印刷电商年会上，陈涛对此作了深入的解读。

（1）印刷电商关键词：拉新

“拉新”即是开放新客户。在传统的销售过程中，获得新客户，拉新和服务是一个统一的过程，是没有被分割的，但是在互联网时代，我们的服务可以云端化，你可以通过云端去服务客户，那么拉新和服务这两个过程就是可以完全独立的了。

拉新对于电商网站来讲是一个重要的问题，如果获得新客户的成本很低，那么你就可以比较快速地发展，所谓线上的拉新就是网上营销，但是随着电商的快速发展，线上拉新的成本也在逐渐攀升。因此如何降低拉新的成本成为陈涛一直在思考的问题。

（2）印刷电商关键词：服务

如果脱离了服务去谈电商，就犹如抛开了女孩子去谈恋爱，因此整个品牌是需要非常好的线上服务来作为支撑点的。陈涛认为印刷电商是属于非常特殊的电商体系，它与传统的标准电商是有很大差别的，印刷电商在印刷购买商品之前就有一段很长的服务过程，因此印刷电商的本质是服务加电商，不能解决好服务的问题，那么印刷电商是很难走通的。

在这个过程之中，陈涛认为有三种服务：第一个是天上的服务，第二个是设计的服务，第三个是地面的服务。

天上的服务包括了两个层面，第一个是网络平台的用户体验，也就是产品的能力。今年一幅图对整个平台的架构做了调整，专门在北京成立了平台事业部，部门负责人经过网络平台的竞争，重点启用了大量的90后。陈涛表示，希望今年把用户体验能够做到足够好的程度，这将是一幅图未来重点规划的一部分。第二个是客服体系的能力，从用户到网站再到用户收到产品，整个过程是否能给客户带来惊喜是很重要的，比如现在一个非常知名的互联网品牌“三只松鼠”，这个品牌是卖坚果的，但是当你收到坚果的时候它不仅给你提供了坚果，还给你提供了工具、垃圾袋、纸巾和手帕，这就是一种非常惊喜的体验，如今一幅图在客服体系上也加大了投入，引进了一家手机客服中心的主管，负责客服体系，希望打造惊喜的购物过程。

设计的服务一直是一幅图重点专注的。印刷如果不进入服务的环节是没有办法实行印刷的，所以这个能力对于平台来说是非常重要的。陈涛表示，这几年一幅图开放了软件、形成了设计师设计的氛围，目前已经有一些设计师可以拿到五万元的月收入，我自己没有设计师，但整个平台有两万多名设计师，这极大地丰富了一幅图的设计能力。

地面服务，可以从两个方面来讲。第一个是落地生产的能力，第二个是地面服务店铺。以一幅图为例，就是以店铺的方式进行服务的，我们成立了设计服务中心，我们的店铺叫体验式咖啡馆，这是设计师设计的场所、办公的场所、设计师与客户沟通的场所，这是我们今年会尝试推出的。

三、有福网

1. 关于有福网

有福网是广州有福科技股份有限公司旗下的网站，成立于2008年。目前已拥有超过百万注册用户，是国内领先的网上冲印和个性印品DIY定制平台，旨在为热爱生活的人们提供全新的照片分享和展示方式。从形式简单的照片冲印到充满创意的个性产品，从传统的影像产品到自己创意无穷的个性印品，从实物形态的有限分享到互联空间无限展示。在有福网即使是不懂设计的普通用户也能借助于这个创意平台来实现自己所想；通过简单易用的DIY软件，设计出专业级的作品。如：照片书、画册、木版画、台历、杯子、贺卡等。每个用户都能发挥自己的创意，用照片来记录自己的故事。

2. 有福科技董事长姚宏兵解读新三板的实质

在“2015全国印刷经理人年会”的合作集市环节，有福科技董事长姚宏兵带来了一场关于“新三板上市经验”的精彩演讲，风趣幽默、妙语连珠的他，掀起了一场集市小高潮。他到底讲了哪些新三板上市的大实话，引得现场观众一片叫好?

有福科技成立于2008年，一开始的定位就是做一家个性化印刷公司，我们已经做了8年，现在正处于发展转型期。现在很多大佬出来做平台、做电商，我到了这个年纪再做就有点力不从心，所以我们还是老老实实地做好自己的本分工作吧。

我们的本分工作是什么呢?就是搞制造业。你们要搞平台、卖东西，总不能卖空气和水吧?只能卖产品!刚刚猪八戒网倪明锋说他们不搞生产，那生产总得有人搞，那就由我们来搞。有福网每天差不多能做几千个订单，这几千个订单在某种意义上都是加工型订单，客人拿来什么我就给他们做什么。在互联网时代，这个模式可以从琐碎的订单里找出规律，通过归纳整合找到共性。我们还开发了很多产品，为此设立了一个产品开发部，大概有二十余人。目的就是从每天琐碎的事情中找到共性，看能不能做到产品化，将他们放到互联网上让大家选购，这是我们干的活儿。当然，我们的产品都是基于个性化的，像文件夹、照片书、回忆录、家谱等，我们不希望做大规模的产品。

3. 有福科技“三驾马车”并行，专攻个性化“智能印刷”

提起印刷行业，给人的第一印象就是小、散，快印店倒闭司空见惯，而广州本土企业有福科技则从20世纪90年代初（当时的天意输出）一直顽强生存，并且在2016年登陆新三板，成为数字印刷第一股，它凭什么?

有福科技之所以能很好地生存，主要得益于多区域中心生产、重视投入研发，对市场快速反应，推出适销对路的新品。

（1）有福“三驾马车”

地处广州麓湖旁的有福科技总部，集运营推广、产品研发和生产于一体，有福科技董事长姚宏兵是计算机数学专业出身，投身印刷行业已有20多年。有福科技第一个品牌“天意”以胶片输出起家，20世纪90年代后期转型数码印刷，在全国发展出30多家直营连锁店，面向B端企业市场。

那时候，快印店都是“前店后厂”的模式，接到订单后在店里生产，相当于一个小工厂。在姚宏兵看来，如此分散生产的成本太高，很难把规模做起来。于是从2015年开始，尝试把门店的订单进行集中生产，并初见成效。据姚宏兵介绍，有福科技未来的目标是门店的面积、人员能大幅削减，只需承担前端的产品展示和设计服务功能，而订单生产则统一交给生产中心。

（2）集中生产提升了产能，那市场的开拓能力如何跟上?

有福网总经理解释，有福网2016年新推的“云印刷”平台，主要就是向第三方图文快印店推广，提供从网络接单、生产印刷到物流配送的一整套服务；这些快印店相当于都是有福科技的代理商，把同行和代理商的订单整合拼单，一是扩大市场规模，二是降低开版成本。

另外，与商务客户一起并行的还有面对C端的“有福网”，2008年上线的“有福网”，已经实现用户上传照片，实现个性化印制相册、台历、海报、杯子、T-shirt等一系列生活类产品。

（3）批次变少，成本怎么控

提到个性化印制，不得不提及印刷行业高昂的开版起印费用。一般印刷厂起印量是3000份以上，这怎么解决？董祖明指着一台隆隆运转的机器说，这是惠普indigopress10000，是目前全球最先进的数字印刷机，能够实现每张印出来都不同。个性化印刷的订单很小，比如用户需要印一两盒名片，那么我们就采用合版，把几百个相同类型的产品拼在一起，就成一个大订单了。

比如某家电客户，一个批次的空调不到10台，但总共有上万个批次的产品。这怎么办？习惯大批量印刷配套的传统供应商没法解决，而数字印刷则可以灵活满足需求，而且省去了传统制版的复杂过程，从下单到生产出来只要几天时间。

而由于产品个性化带来的管理难度，有福科技给客户提供“即时生产、零库存”的解决方案，使物料即时供应、减少库存损耗。“我们生产的东西看似不值钱，但又必不可少，像格力、美的都视我们为战略供应商，保持长年合作的关系。”

四、网易印像派

1. 关于网易印像派

杭州昆仑数码影像设备有限公司负责网易印像派在所有广告平台上的推广。印像派是中国领先的在线冲印和照片印品定制商城，竭力践行“亲密时刻，永久珍藏”的品牌理念，通过高质量的产品和服务为用户提供便捷愉悦的在线定制体验。在印像派，客户可以将自己的照片、设计作品或者收藏的图片定制成照片书、日历，或印制在水杯、手机壳、墙画、抱枕、丝巾、T恤、卫衣等载体上，也可以选择印像派精心挑选或者创作的设计作品进行购买定制，此外印像派也提供48小时发货的网上照片冲印服务。总之，印像派可以让客户的“亲密时刻”不仅仅是存在于硬盘上，而是将这些珍贵记忆更有意义地记录，更恒久地珍藏！

2. 网易印像派将持续冲印好照片

网易印像派作为中国领先的在线冲印和照片印品定制平台，创立于2007年，是网易旗下的业务之一。该公司表示，“网易印像派将一如既往地致力于为用户提供更精湛的照片定制服务与更恒久的品质保证，坚守中国的在线冲印市场，并力争将此项服务推送到更多用户身边。让更多人在满足基本需求的同时，也能享受照片定制带来的乐趣和幸福。”

网易印像派拥有独家高清晰银盐冲印工艺，坚持影像质量高标准，保证每个珍藏的亲密时刻永不褪色。从2007年创立之初倡导“自己做的就是不一样”，到2010年携手视觉中国提出“无设计不生活”的理念，到如今提倡“亲密时刻永久珍藏”，网易印像派对于影像定制的深刻解读将为用户提供全新的情感体验和品质感受。

网易印像派还提供一系列更针对用户需求的个性服务。如为年轻父母提供宝宝册的定制服务，独家记录宝宝成长的感动瞬间；为热爱旅行的用户推出旅行照片书和明信片定制服务，其中旅行照片书全新定制功能可按行程自动排版，10分钟完成照片书创建，定制过程简便快捷。此外，印像派已携手三星GalaxyS4推出移动端冲印服务，用户通过GalaxyS4手机自带的故事相册软件生成电子照片书，印像派将根据订单信息快速制作实物照片书。这项服务帮助用户省去了电脑上的复杂操作，在手机客户端即可轻松完成照片产品定制。

网易印像派负责人还说：“网易印像派运营7年来，我们对影像定制的本质和用户需求的理解更加深刻。从一开始完全不被了解的产品，到现在冲印照片、定制照片礼物、纪念品又重新成为了很多人生活中重要的一部分，‘亲密时刻，永久珍藏’这一品牌理念被越来越多的用户认可。一路走来，我们越发深刻地感受到照片定制为用户的生活所带去的那些改变，也许微小，但却珍贵。这就是印像派坚守的动力，也将鞭策着我们不断地优化平台体验、提供更好的服务，满足更多用户的在线冲印和照片定制的需求。”

五、我的相册

1. 关于我的相册

我的相册网冲印成立于2006年1 月10日，是中国最大的在线照片网上冲印照片、照片书制作、个性创意礼品定制的大型电子商务平台。率先在全国2000多个城市开通快递上门及货到付款服务，首家提出并承诺30天有质量问题无条件退换货，买贵了双倍差价补偿服务措施。用户可通过我的相册网在线辅助软件，自己轻松设计出专业级的效果。产品包括：个性照片、照片书、画册、台历、版画等产品，真正做到了所见即所得的效果。公司的使命是为每一位用户提供及建立一个无与伦比的数字化个性影像服务。

2. 宣布接收喀嚓鱼用户

2015年11月1日，喀嚓鱼宣布停止在中国区的所有服务，而在此之前，喀嚓鱼在印度、比利时、荷兰等4个国家已先于中国关闭印刷O2O服务。

据了解，目前用户仍可通过喀嚓鱼英文网站访问并下载自己的照片，之前上传的照片也不会因网站关闭而丢失。对大部分中国人而言，使用喀嚓鱼英文网站无疑是有门槛的，且咔嚓鱼英文网站仅提供存储照片下载，并不提供照片冲印服务，很多老用户在惋惜的同时，不得不另觅新的冲印服务商。

日前，我的相册网（以下简称相册网）宣布接收喀嚓鱼用户，负责人表示，2015年12月期间，凡注册相册网的新用户，均可享受免费洗30张照片的优惠；喀嚓鱼用户关注相册网微信（wdxc-wang）并发送“喀嚓鱼”至微信，还可额外享受订单包邮、免费洗证件照、免费送相册等福利。

我的相册网于2006年成立于北京市海淀区高科技园区内，是中国最大的一站式照片冲印网站，不仅提供网站照片冲印，还提供围绕与照片相关的一站式服务，如照片云保存、证件照、照片周边产品、个性照片礼物定制、手机微信下单等。

客户不仅覆盖至北京、上海、广州、深圳、成都、重庆、杭州、南京、沈阳、苏州、天津、武汉、西安、长沙、大连、济南、宁波、青岛、无锡、厦门、郑州等主要一线城市，还覆盖国内边远山区。

六、名片天下

1. 关于名片天下

名片天下成立于2007年，立志要用互联网和软件技术改造传统印刷制造服务业，让小企业也能用得起便宜、优质的市场宣传物料、定制文具、定制礼品，最重要的是名牌天下要消灭定制服务行业的最低起印量这一通弊，做到1件起印。名牌天下在北京大兴设有自己的生产中心，投资最先进的印刷设备，投资开发各类生产控制、调度、分拣、物流软件，就是要将定制服务的管理成本降低到极致，当然名片天下也在前端服务上不断投入，用互联网和SAAS软件技术将定制设计服务过程的成本也能降到极致，让用户免费使用名片天下的各类SAAS设计工具自己完成设计，或者通过我们的呼叫中心人工服务完成较复杂的设计制作交互。

2. 互联网时代，请制造业登场！

也许你会认为，受到互联网及新媒体的冲击，印刷行业越来越举步维艰，但即使在这样的时代，也不缺乏领导者为我们指引方向。在第三届中国印刷电子商务年会上，名片天下CEO钱贵昱便提出了“即使在互联网的时代，制造业依旧可以登场”的理念。

名片天下网站凭借不同的运营方式、销售渠道以及经营理念，成为网络印刷的佼佼者之一。它曾经与Vistaprint倾力合作，又最终购回了所有的股权，自己当家作主。这一系列的经历，使得企业的发展有了更多的个性和独特之处。

（1）从不同方面开创新的蓝海

如今，有越来越多新的电子商务网站出现，也有更多的人接受了电商这样的形式，甚至开始认同以及加入其中。面对国内行业中强大的竞争力，以智能制造为中心，自己制造而且又具备自己开发产品的能力，能够真正打通线上和线下，必然能够异军突起。

钱总说道：“在中国的市场足够大，像云印、阳光印网、一幅图等这种模式，更多的是解决信息不对称，把印刷的产能如何更有效更精准地展现给用户。而我们是假设印刷行业已经是高度竞争的行业，我们要开创新的蓝海，必须在产品上想办法，别人做画册是500本起印，我们就50本起印；别人50本起印，我们就10本起印；别人10本起印一本20元，我们就一本起印一本10元，永远在起订量上不断突破。”所以若想从不同方面开创新的蓝海，必然要有自己的独特之处以及独到见解。

（2）用户定位

作为昔日名片天下的合作者，Vistaprint作为行业公认的一家领先的、专门为微型企业和家庭提供在线营销产品和服务的集团，无疑它的经营模式和理念有很多值得大家学习的地方。首先也很主要的一点就是，他们能够明确自己的用户群体。

作为一个企业，不同的用户群体有着不同的经营模式，而如今随着个性化趋势越来越大，也就意味着面临的群体将不再是单一的大客户、大企业，而是更多的微小型企业以及个人用户，那么如何经营更加成为需要完善的地方。但如果想不断挑战起订量、不断降低成本，更好的甚至是唯一的办法就是用软件技术把人工和设备的效率大大提高。这也是名片天下从Vistaprint学到的最核心的内容之一。

（3）面对“互联网+”

互联网在早期只是一个通信技术，到后来它的发展逐步改造了传媒业、商业，颠覆了商品的流通；现在又进入了制造业，促使了电商的出现；之后互联网还会继续向人类生活的各个角度去蔓延，也会蔓延到我们的脚下。钱总表示，“我相信它会来改造制造业、改造印刷加工业，所以这就是‘互联网+’给我们带来的前景。”

（4）别着急，机会还有

目前，有这么多企业从事网络印刷，后来者是否还有机会？钱总表示，在印刷人都在寻找商业机会的时候，更需要明白的是整个服务的链条，从设计咨询、售前方案，到直销、分销，再到产品、生产、物流，最后到外协、结算、服务，整个企业运营的链条，每一条缺一不可，但有自己的侧重点，有自己突出的地方才能吸引更多的目光。因此，印刷企业面对的机会还有很多，印刷人不用着急。

钱总强调，在这样的互联网时代，我们需要想清楚的是：自己是谁、有什么能力、有什么资源、这些资源和能力对什么样的用户能转化为优势、提供什么样的产品、互联网和软件技术在这样一个链条中能起到什么作用……有一天我们将如上的问题搞透彻了，那也就即将迎来我们的巅峰时代。

（5）出发前的叮嘱

最后，钱总表示，在出发前，总要叮嘱几句。电子商务现在也不仅仅是做一个网站那么简单，花钱抓广告的时代已经过去了，也不要相信有任何神奇的商业模式。而且干这行，软件不是工具，而是能力，不是花钱买了一个软件工具就可以做印刷的电子商务。互联网也是在不断试做中前进的，所以谁都不知道该怎么做，通过尝试和收集数据去验证自己走的路对不对。

那么，忘掉以前所有的成功，摆脱以前所有的束缚，勇敢地去尝试，去寻找答案吧。印刷的互联网时代才刚刚开始。

七、阳光印网

1. 关于阳光印网

阳光印网隶属于北京阳光印易科技有限公司，是中国领先的在线印刷电子商务服务平台，一直致力于图像设计和印刷领域。网站开发了基于互联网的图形设计工具，结合其完美的后端印刷流程控制和分发网络，使用户获得最方便、最快捷、最便宜的印刷服务。现已成为中国最专业、最受用户喜爱的网络设计印刷平台。

2. 有点不可思议的营销模式

在孙周导演的3D科幻喜剧电影《不可思异》首映礼上，张红梅低调亮相，除了阳光印网董事长兼CEO的身份外，几乎没有人知道张红梅的另一个身份是孙周导演的太太。这次张红梅出现在《不可思异》的首映礼，一是因为阳光印网在电影里的植入；二是因为她是该电影的总策划之一。

从印刷业到金融业再到互联网行业，张红梅的每一次跨界都充满惊艳，此次担任电影总策划，又是一件“不可思议”的事。不过，同样“不可思议”的，还有她带领的阳光印网。

“互联网+”印刷，不可思议的领军黑马在《不可思异》电影中，阳光印网扮演了怎样的角色？

实际上，除了为电影《不可思异》承印海报等宣传推广物料外，阳光印网还专门为其推出了配有电影宣传照的“1块钱老板杯”“微信名片”等。当然，阳光印网在电影中植入自身广告也就是自然而然的事。看来不管对于电影还是阳光印网，这都是一次共赢的合作。

这种愈发“不可思议”还有另一个更为直观的体现：天猫刷车。

2015年“双11”，阿里巴巴将监测“双11”情况的主战场从杭州园区内一个叫“光明顶”的会议室移到天猫在北京设立的“第二总部”。而在菜鸟网络协调下，包括“四通一达”在内的快递车都要统一刷成“天猫红”的配送形象。阳光印网，就是这次“天猫红”的刷车供应商。

一时间，“全北京城的油漆工都被调用来刷天猫”“北京油漆工收入翻番涨，日入2000”等话题成为新闻热点。对于阳光印网来说，万余辆的刷车成绩早已不重要，他们已经赚足了品牌关注度。

不过，在这两大热点事件中，阳光印网是不是有点不务正业？非也。

早在2004年，张红梅就曾提出一个观点：“印刷不止在印刷”。张红梅认为“印刷是一个很窄的领域，但客户的需求其实不止在印刷。基于印刷，服务好所有企业的营销需求是阳光印网追求的企业价值。”难怪，阳光印网“全能印刷品和营销物料电商”的特点会愈发明显。不过，在张红梅的规划地图中，印刷依然是现阶段的核心和根基。

在阳光印网平台页面上，名片、单页、折页、纸袋、画册、票据、封套七大主要业务依次罗列。根据长久积累的用户需求，阳光印网为这七大模块制定了相应的标准化需求订单，用户只需选择相关需求数字即可下单。在印刷领域摸爬滚打多年的张红梅深知，近九成的订单实际都是普通印刷，通过标准化订单抓稳这块“大蛋糕”，才是阳光印网的明智选择。

3. 现印刷业新生态的“拓荒”之路

在中国，印刷业是一个很有潜力的行业，不但在市场规模上有着极大的发展空间，更在提升服务质量方面有着令人向往的发展余地。张红梅和她的阳光印网就在这方面不断突破，创造出了令世人瞩目的销售业绩，真正实现了一条印刷业新生态的“拓荒”之路。

众所周知，中国的印刷市场蕴藏着不少可以开发的宝藏。然而，在传统的业态形式下，那些小规模的印刷企业缺乏必要的竞争力，不但在供应链上差强人意，更是在成本管控和质量提升方面达不到理想的效果。同时，单个的印刷企业在为客户提供产品和服务时，其能力也是有限的。不但材料成本和人力成本居高不下，在专业性方面也是令人担忧的。而阳光印网的出现，则解决了这些难题，让全国化、平台化、标准化、定制化的服务成为现实。

阳光印网通过建立一站式在线印刷电子商务服务O2O平台，以及确立全业务链、全国化平台、全系统对接的“三全模式”，让有印刷需求的客户可以获得产品价格自动计算、在线设计、在线订单跟踪、生产分配、物流配送等一系列的专业服务，大大提升了印刷平台在客户心目中的形象，也让诸多客户享受到了实惠。目前为止，天猫、京东、58同城、赶集网、美团、饿了么、滴滴e代驾这些知名的互联网企业都成为了阳光印网的客户。

阳光印网刚刚获得了“胡润百富2015未来之星奖”。作为这一殊荣的获得者，阳光印网将继续大力开发商务印刷市场，提高阳光印网在国内的知名度、美誉度以及市场份额，让印刷行业的B2B生态圈就此完成。

八、印通天下

1. 关于印通天下

印通天下是集企业行政办公、商务印刷、私人定制为一体的一站式采购平台；是集设计与印刷服务为一体的在线销售服务平台。

印通天下拥有丰富优质的产品，品类包括：名片、海报、台历、照片书等个性化定制产品及企业所需的办公用品；无论是企业还是个人，印通天下均可以提供优质的服务。

印通天下网络科技有限公司由香港、台湾、大陆三地资深印刷企业合资成立，印通天下采取线上网络服务与线下门店连锁的O2O运营模式，目前在全国已部署多家分公司；无论客户身在何方，只要有网络覆盖的地方，就可以获得“印通天下”的贴心服务。

印通天下拥有资深的研发团队、先进的印刷设备及严格的颜色管理体系；并致力于打造方便快捷、质优价廉的网络一键式采购平台，打造中国网络印刷第一品牌；为客户提供7（天）×24（小时）×360（度）的全方位无缝隙服务。

2. 钱能解决的问题都不是问题

印通天下是一个正吹着集结号的企业联合共同体，它的操盘手张宏波先生说，“整合，不是钱的问题。钱能解决的问题都不是问题。”

Q：《印刷经理人》杂志；A：印通天下董事长张宏波。

Q：大企业忙着兼并收购，小企业想着联合重组。目前，整合成为行业中的一股风潮。对于这一现象，您如何评价?在您看来，这一风潮出现的原因是什么?

A：无论是兼并收购还是联合重组，其实都不能看作是大企业或者小企业生存发展的固有模式。重要的是，每一家企业都应该科学、正确地评估行业现状、企业现状，以及所处行业未来的发展大趋势，然后在这个评价坐标系中找准适合自己企业状态及目标，又符合所处行业发展规律的一种模式。而这种模式，有可能与曾经出现过的商业模式相契合，比如你们提到的兼并收购与联合重组，但也不排除另一种可能，那就是一家企业或数家企业，根据自身的具体情况，创造出一种未曾有过，但是适合自己，或者适合一个企业群体的全新商业模式。就我个人看来，无论是什么商业模式，在当下扁平化的商业时代，符合资源整合这一大趋势才有未来的生命力，这也正是题中所言兼并、重组渐成风潮的原因，它证明，大家都看到了资源整合的力量。

Q：前不久，印通天下在重庆吹响了中国商务印刷企业集结号，声势不小，而且也是开创了一种新的联合模式。您为什么会想到用这样一种模式、做这样一件事?在您看来，印通天下做这件事的优势有哪些?目前情况如何?

A：我们之所以采用这样的模式，首先基于印刷行业的特殊性，这个特殊性是任何人、任何力量都打破不了的，那就是一家独立的印刷企业，他的服务半径有限。从这个服务半径的有限性而言，任何一家独立的印刷企业，都只能面对巨大的全国乃至全球市场望洋兴叹。以往，很多企业家都采取在各地兴办分厂的方式扩大自己的市场，但实践证明，这虽然也是一个办法，但投资巨大且效率相对较低。印通天下采取的是联合全国包括港、台、大陆各大中型城市的资深印刷人、优质印刷企业组建“印通天下企业联盟共同体”的方法，以共创、共建、共享为原则建构“印通天下网络云印刷电子商务平台”，迅速在全国布局。印通天下采取线上网络服务、线下门店连锁、区域生产互助的立体、多元化服务方式，无论客户身在何方，只要有网络覆盖，通过电脑登录www.ep365.com或下载手机APP，就可得到印通天下的快捷优质服务。站在印刷企业运营角度，这也就实现了服务半径的尽量无线化。

印通天下目前已进入平台成熟、快速推进的阶段，作为个人，我并不想过多宣扬，我只能说，印通天下厚积薄发，会通过自己的创新与努力，为客户带来服务的惊喜，并满足行业在进军互联网道路上的期许。

3. 印通天下，吹响中国商务印刷企业集结号！

2015年5月26—27日，“印通天下投资管理有限公司”在重庆首次吹响中国商务印刷企业集结号，在召开“印通天下”全国联盟企业大会的同时，更对众多来自数十个大中型城市的一百余名优秀商务印刷企业代表公开并详细解读了“印通天下网络云印刷电子商务平台”的运营模式及自主开发的各项运营软件、应用工具。吹响了印刷行业迈步“互联网+”时代的号角。

“印通天下”，由香港、台湾、大陆三地资深印刷企业合资成立，是电子商务这棵大树上结出的一枚新果，它采取线上网络服务、线下门店连锁、区域生产互助的立体性、多元化服务方式，无论您身在何方，只要有网络覆盖，通过电脑登录网站，或下载手机APP，就可以看到“印通天下”真诚的笑容。同时，遍布全国各大城市、区县的“印通天下”连锁门店网络，更给客户带来直观、直接、面对面的超值服务尊享。

印通天下自主开发的互联网云印刷电子商务技术平台被称为目前国内最优秀、最具实用价值的印刷行业综合性的线上线下解决方案，它可一站式连通营销、销售、新产品研发、生产管控、原材料进销存、财务管理、大数据分析等与印刷电子商务、线下生产等各方面相关联的各个节点，并可连接印刷行业上下游的包括设计师、设备及原材料供应商、工厂、客户、经销商在内的不同角色。所有功能，均能在PC端和移动APP上轻松实现以下功能。

（1）外部客户端

包含产品展示、自动报价（客户可自主快速查询产品销售价格，销售拓展人员可快速掌握产品销售价格）、在线编辑（所有产品均可在线进行编辑，并提供丰富的产品模版供客户自由选择）、在线下单（包括客户通过网站直接在线下单、客户通过专门安装的客户端在线下单，以及由客服人员代客下单三种方式）、在线支付（平台支持多种支付方式，以满足不同时期的业务拓展需求，包括在线支付、预充值折扣优惠消费、现金及后付费方式）、动态跟踪（只要有网络的地方就能随时进行订单状态全追踪，360度全覆盖等多种功能，如通过客户端跟踪，下单的同时即可关注订单动态；

如通过手机APP跟踪，订单信息，一手“掌”握）。

（2）内部生产端

可支持精品印刷、数码印刷及合版印刷。包括订单自动分流、任务驱动处理、自动领料采购、智能排产计划、生产过程追踪、出库及配送管理。

（3）平台管控端

包括产品管理（印通天下的产品未来将达到10万种以上。客户可以从印通天下产品库选择或者增加自己的个性产品，可以随意设定产品的可生产属性如：纸张，工艺，可随意设定产品的销售价格、数量，一次设定，全平台可用）、定价管理、促销活动管理、订单管理（可修改、取消订单，可进行收款确认，可进行补印与重印，可进行收货确认，可进行退款处理等）、客户管理（可设定客户不同的等级、价格体系、账期、权限，可管理不同体系的客户）、资金管理（可进行对业务资金情况进行总体管理，包括资金统计、收款退款、充值、财务对账等）、统计分析（提供各种业务数据的统计分析，辅助内部管理和业务开拓，如：销售业绩、资金、工作效率等方方面面的统计）、异常监控及预警（对日常业务开展提供各种预警广告牌，让业务风险提前发现）。

（4）设计解决方案

包括DIY设计体系（让客户自己动手设计自己的印品，可应用于所有产品，如照片书、名片、海报等几乎所有印品）、模板体系（海量模板提供，减轻客户设计负担和费用，同时也让模板成为一种可持续销售的商品）、设计师威客体系（让客户和设计师可以通过平台完成设计交易）。

九、虎彩印艺

1. 关于虎彩印艺

虎彩印艺股份有限公司创立于1988年，全球优秀的奢侈品纸包装整体解决方案服务商，全国印刷十强，亚洲最大规模数字印刷机群，中国个性化印刷领跑者。致力于让印刷走进千家万户，为企业及消费者提供包装印刷、按需出版、个性影像、个性包装、安全印务等个性化印刷服务。

公司旗下投资设立了山东虎彩泰山印刷有限公司、绍兴虎彩激光材料科技有限公司、青海虎彩印刷有限公司、北京京华虎彩印刷有限公司、（香港）虎彩印刷国际有限公司、广东虎彩影像有限公司、北京虎彩文化传播有限公司、广州虎彩网络科技有限公司、虎彩印艺欧洲有限公司9家公司。

21世纪的虎彩，紧跟科技创新、社会发展趋势，大力推进“互联网+印刷”创新商业模式，引领个性影像产业从B2C转向C2B、由单一实体渠道转向实体、线上、手机APP多元化销售渠道，致力成为深受全球消费者喜爱的品牌，让印刷走进千家万户。

2. 虎彩印艺新三板挂牌上市

2015年11月25日，虎彩印艺股份有限公司正式在全国中小企业股份转让系统（简称“全国股转系统”）挂牌并公开转让。证券简称：虎彩印艺，证券代码：834295。

自2015年4月虎彩印艺启动新三板挂牌计划以来，在主办券商、律师、会计师、公司项目组成员的共同努力及全公司员工的共同配合下，历经4个多月紧张、扎实的筹备工作，于2015年8月31日正式向全国股转系统提出挂牌申请；仅经过一轮反馈提问，公司即获得了股转公司的认可；2015年10月30日，股转公司出具“关于同意虎彩印艺股份有限公司股票在全国中小企业股份转让系统挂牌的函”，同意公司挂牌新三板。

新三板挂牌成功，标志着虎彩印艺在资本市场上迈出了可喜的第一步。虎彩印艺特别感谢各界及公司各位同人的帮助与支持，表示今后将以更高的标准来要求自身，守法合规经营，科学治理，锐意进取，开拓创新，不断提升公司业绩，努力早日把公司打造成具有持续创新能力的行业标杆企业，更好地回报股东，回馈社会，报效国家。

十、飞印网

1. 关于飞印网

飞印网隶属深圳市飞印网电子商务有限公司，是专业的在线印刷服务商，自2014—2015年相继在全国印刷电子商务网站商务印刷类排名前三名。飞印网目前已成为全国领先的印刷电子商务平台。

飞印网开发并运营的核心技术是名片在线设计器，该技术有超强的设计功能，让不懂设计软件的人可以轻松方便地在网页上设计出自己想要的个性化名片。

飞印网推出的在线彩页设计器属于全国首创，功能强大。该设计器使用方便，让不懂设计软件的人可轻松设计彩页、宣传单、海报等。用户可将设计好的名片和彩页文件直接下单印刷。飞印网的名片和彩页设计程序受到越来越多用户的欢迎。

飞印网结合网络技术使印刷流程标准化，提高效率和节省成本。为客户提供更优质、便捷的印刷体验，“让印刷变得简单”，真正做到“足不出户，快捷印刷”。

飞印网印刷业务包括印刷名片、彩页、产品宣传册、画册、优惠券、PVC卡等，为全国企业提供从设计、印刷及配送一站式服务。

2. 引领名片和宣传单印刷新潮流

自助在线设计是飞印网的“看家”本领。飞印名片设计器和飞印彩页设计器，由首席技术官邱益彬带领团队自主攻关开发。在飞印网上，飞印彩页设计器的宣传语是“全国首个在线宣传单自助设计系统”“让文员都会设计彩页/宣传页”，而飞印名片设计器，也已经升级到4.0版本，其宣传语为“只要你会打字，就轻松完成名片设计”。飞印网希望借助这两款软件，可以让不会操作设计软件的人轻松完成名片、彩页、宣传单和海报等产品的设计工作，而用户也可将设计好的名片和彩页文件直接下单印刷，在增加操作便利性的同时，也受到了越来越多用户的欢迎。

3. 名片设计器——会打字就会用

用户在进入名片类产品的首页后，可以进行三项操作。第一，“选择模板设计并下单”；第二，“名片价格查询”；第三，“上传文件印刷”。

我们先看一下第一项操作，即“选择模板设计并下单”。在这一部分，需要使用到飞印网的飞印名片设计器4.0版。在使用前，首先需要选择名片设计时所使用的模板。飞印网具有数千款各式名片模板，并按照方向、颜色、行业等进行分类，还可以按照销量、评分和最新上架等进行排序，非常方便不同的公司和不同的用户使用，查找起来非常便利。

4. 用户体验的印刷电商网站

在互联网快速发展的刺激下，各种印刷电子商务网站如雨后春笋般不断涌现，但其中真正做出名堂并享有广泛知名度的网站并不多。下面我们要评测的这个网站，是众多印刷电商网站中成绩较为出色的网站。该网站自2014年起已经连续入选科印网评选的“中国印刷电子商务网站20强”，这个网站就是飞印网（www.92mp.com）。

5. 飞印网的前世今生——印刷也能飞

飞印网隶属深圳市飞印网电子商务有限公司，是一家专业的在线印刷服务商，成立于2012年11月，总部位于深圳，主要经营名片及其他商业类印刷品的设计和印刷服务，为用户提供便捷的名片、彩页的自助设计印刷，以及宣传册、画册、优惠券、菜单、不干胶、会员卡、表格、票据、手提纸袋等的印制，是一家地地道道的印刷电商。

小米创始人雷军说过，站在风口上，猪也能飞起来，而飞印网名字的由来，也许与之有着异曲同工之妙——站在互联网的风口，印刷也能飞起来。飞印网的域名为www.92mp.com，说来有趣，据飞印网创始人兼CTO邱益彬介绍，mp就是名片的拼音缩写，而92则代表自己从自学计算机技术到攻克在线名片设计技术所投入的92个月的时间。看似随意的命名，实则饱含着创始人的创业情怀。

飞印网自2014年起，连续进入“中国印刷电子商务网站20强”。一般认为，流量是印刷电商的关键，且与网站的知名度密切相关。事实上，已经创业三年有余的飞印网一直在潜心打造网站，完善用户体验。如今，随着飞印名片设计器4.0版和飞印彩页设计器的上线，飞印网的发展又进入了新的阶段。下面，就让我们全面了解一下飞印网。

6. 飞印网如何闻名——口碑说了算

通过第三方数据平台，我们可以大致了解到，飞印网的ALEXA排名为570699（2016年2月），百度权重为2，百度的信誉认证为V3（最高级）， 谷歌PR值也为2。这在印刷电商网站中，已属表现不俗，要知道在几百家印刷电商平台中，以上数值均为零的不在少数。

对于任何网上平台来说，做竞价推广应该是一个快速获得流量的好办法，但也非常烧钱，还有竞争对手恶意点击的风险，效果如何则见仁见智。之于印刷行业，我们认为竞价推广的性价比并不高。或许也是意识到这一点，务实的飞印网并没有选择直接烧钱竞价，其获得流量的办法，倒是和小米略有相似，那就是注重口碑。

在百度口碑中，飞印网全部的评论数为155个。其中，好评153个，中评1个，差评1个，好评率可以达到99%。网民的印象，主要集中在以下5个部分：质量好（30）、服务周到（21）、价格便宜（14）、速度快（11）、物流快（7），这也可以从侧面反映出飞印网服务能力的出色。

对于印刷业这个专业性较强的小众行业来说，如果电商网站的口碑不好，用户体验极差，产品质量不能达到用户的要求，则不会形成稳定的用户黏性，而好不容易吸引来的用户也可能随着网站的信誉一同流失了。而口碑好的网站，不仅能够获得重复订单，而且也会随着业务规模的升级进一步扩大影响力，这可能也是飞印网这种纯印刷电商平台能够不断成长的原因吧。

十一、片客云印

1. 关于片客云印

片客云印（原公众冲印网）是中国领先的数码冲印与云印刷平台，拥有实力雄厚的技术开发团队，自主设计、研发并负责运营大型数码冲印定制及云印刷平台。片客云印为用户提供照片冲印及照片书、纪念册、木版画、台历等照片礼品个性定制及云印刷服务，为企业提供宣传单、折页、宣传册、画册等印刷品印制服务，全国送货上门。

2. 片客云印与晋江文学城合作，探索按需出版新发展

近日，北京国脉旗下片客云印平台（www.pptake.com）与原创网络文学网站晋江文学城（www.jjwxc.net）达成合作，探索按需出版新发展。利用片客云印平台成熟的线上DIY设计制作优势，自动化的系统合成技术，覆盖主要城市的独立生产车间及印刷生产能力，最大限度降低按需定制设计周期及生产成本，以强强联合的商业合作模式撬动按需出版市场。

晋江文学城是中国最具影响力的女性原创文学网站，以耽美、爱情等原创网络小说而著名，目前拥有注册用户1600万、在线作品190万余部，上百万注册作者和2万余名签约作者，日均登录用户220万，日均页面浏览量超过1亿次。

片客云印此次与晋江文学城的合作是一种全新的尝试，以台历定制按需印刷制作为开端，由晋江文学城的签约作者发起定制个性化台历，作者的粉丝及晋江文学城的全部注册用户均可购买。随着平台的稳定接入、合作的深入、合作模式的成熟发展，今后将不断丰富产品种类，接入更多按需定制产品，尤其在书籍定制按需出版方面将做更多的尝试。

按需出版市场潜力巨大，但受多种因素制约，目前国内从事按需出版的印刷企业寥寥无几，片客云印平台将以此次合作为契机，不断创新发展，借鉴国外成功的按需出版运作模式及经验，结合国内市场实际，不断在实践中积累经验，紧跟互联网技术发展浪潮，利用数码印刷技术及新型互联网商业模式突破按需出版的发展瓶颈，探索符合国内市场的新型按需出版发展模式，抓住机遇，迎接挑战！

十二、云印

1. 关于云印

云印技术(深圳)有限公司成立于2013年8月，深圳十大O2O互联网公司之一，是新一代互联网印刷品牌。云印将以互联网的方式重构传统商务印刷领域，致力于打造中国最大的互联网印刷和设计服务平台。云印核心团队来自华为、腾讯、赶集、雅昌、当纳利等知名企业，团队成员具有多年的互联网和印刷行业经验。

云印已获得A轮融资。始终坚持对产品极致体验的初心，所有的产品都采用先进的印刷设备进行生产，优质的原材料、精细的颜色管理流程以及经验丰富的印刷专业人员保证了产品的绝佳品质。云印拥有豪华的专业团队，包括产品设计、IT开发、运营推广、印刷技术、颜色管理、客服、物流等。

云印是新一代O2O模式的践行者，线上构建电商平台，线下展示体验店；通过自主研发的互联网平台中心，管理线上、线下的入口流量，并和ERP系统完成无缝对接；同时拥有完善的流程管理体系和贴心的产品服务，通过线上、线下相结合的方式给用户带来360度超质感的体验。

2. 获得5000万元A轮融资

2015年7月22日，印刷O2O平台“云印”宣布获得5000万元A轮融资，投资方未透露。

据了解，云印创办于2013年8月，主要为企业级用户提供个性化印刷服务，线上采用的是APP+PC端构建的淘宝式模式，线下开设体验店从而改造传统印刷业。在此之前，云印曾于2013年11月就曾获得过旦恩创投等联合投资的1000万元天使轮融资。多年来，印刷行业确实一直被低端化且不受资本重视，而云印则要做的就是颠覆这一现状。目前，云印上线一年时间里，已服务超过10万用户，印刷超过1亿张名片。

3. 全国招募供应商，布局印刷O2O生态

印刷行业是特别传统的行业，也是传统行业里标准的红海，据统计，国内规模大大小小的印刷厂有10.5万家，从一年营收50亿元（如当纳利）的跨国企业，到只有几个人几台机器的“家庭作坊”遍布在全国各个市县。在目前中国制造业面临转型，互联网O2O创新的背景下，印刷产业链将面临怎样的挑战和机会，印刷厂将何去何从？作为全国最大的印刷互联网O2O公司——云印技术，正尝试给出答案。“在云印创立之初，我们定下的一个基本原则就是自己不做印刷厂，相反我们将为传统印刷相关企业提供更好的生存发展空间，让它们能够回归生产本身，做出更好的产品和服务。”云印技术CEO张军如是说。

云印投入研发了一年的供应商平台在2015年11月实现上线。根据张军的描述，这个平台可以让全国各地的印刷企业非常方便地接入云印系统，从而接到系统分配的各种客户订单，同时云印发布“千家供应商招募计划”，面向全国的传统印刷相关企业，寻求生产合作伙伴。

在供应商系统设计之时，云印对于传统印刷企业的痛点需求就了解得非常深刻：订单少，利润低、回款慢是印刷生产类企业不能承受（也不得不承受）之痛。为此，印刷厂不得不“想尽办法”降低成本，甚至牺牲工艺、材料质量来换取利润空间，形成产业的恶性循环。举个很简单的例子，一盒300g/m^{2}铜版纸名片，印刷厂出厂价格在7～9元，小的印刷厂通过用250g/m^{2}的纸来替换，将出厂价降低到5～6元钱，而客户购买的价格，至少在20元以上。在传统印刷价值链中，收益主要分配在流通渠道环节，而不是核心的生产环节，最终的结果既伤害了客户的利益，印刷厂也活得很艰难。

云印之所以有迅速发展的机会，其中之一就是通过互联网方式直接连接了客户和工厂，消去了中间环节，客户感觉产品不仅便宜了而且质量更好了，另一方面，和云印合作的工厂同样有稳定的客户订单和利润空间，只专注于生产就好。“对于印刷O2O，这仅是第一步，离云印的目标还差得很远。”张军继续说道，“印刷O2O最终要实现三方面价值，分别是服务价值，设计价值和生产价值。”

印刷产品本身是一个用户需求特别简单，但是设计和生产端特别复杂的商品。一张小小的名片，在客户付款以后，要经历设计、选材料、选工艺、合版、印刷、切割、分拣、物流等环节才能到用户手上。

云印的客户遍布全国各个地区，要求产品类型多、供货快、设计好、质量好。云印的产品系列，也从单一的印刷，到印刷相关类，产品系列从几个增加到几十个，生产端关联的供应商从深圳一个地方一个工厂到全国各地多家供应商，云印供应商系统即为这个目标而设计。

以技术为驱动力的云印供应商系统，能够根据用户所在不同地区，不同产品类型智能的匹配到对应的供应商。供应商只需登录系统，通过PC、手机即可接收到订单和相关需求，同时生产完成通过物流完成直接送货，用户签收后货款即到供应商账号中。

云印对于每个订单的状态可以做到实时的监控，保证用户需求的供货时间及对异常订单及时干预。同时，供货稳定，质量优秀的供应商会获得信誉累计，系统会根据供应商信用评估，在分配订单和利益奖励上偏向优秀供应商。

“云印供应商系统将给加入的优秀供应商提供充分的订单、利润空间以及现金结款，这个过程是完全通过云印系统实现的，云印供应商只需要做好生产环节，保证产品质量，实现生产创新，相信随着云印客户数量的不断积累，越来越多的供应商将在‘云印生态’中获益！”张军最后说道。

云印目前为超过10万家的大中小企业提供互联网印刷服务，自2015年3月以来，月度订单数量保持50%以上的增长。2015年7月，云印宣布获得近5000万元人民币的A轮融资。在O2O发展的热浪中，如何整合互联网和传统行业的价值，寻找到新的高速发展的机会，云印模式是值得关注和思考的。

4. 云印荣获2016中国最佳创业服务商称号

2016年6月24日，亿欧于北京万达索菲特大酒店召开了2016中国互联网+创业创新大会，揭晓了“2016中国最佳创业服务商TOP20”获奖名单，云印荣获互联网设计印刷行业最佳创业服务商称号。

这次评选活动历时一个月，累计七万余投票数，综合考虑企业的成长情况等因素后，又综合了VC及行业机构的多方面讨论与打分，进一步对企业的融资与估值情况、成立时间、成长速度、市场占有率、行业及公司前景进行综合评判，最终筛选出了“2016中国最佳创业服务商TOP20”获奖名单，云印经过层层筛选获此殊荣。

十三、爱的影集

关于爱的影集

网上冲印是对传统相片冲印服务模式的一次进化，是当今互联网推动生产力的又一体现。爱的影集致力于网上照片冲印业务，把传统的线下数码冲印、数码印刷技术和互联网结合起来，让客户安坐家中即可接受最先进同时又是最经济的数码照片冲印服务。

爱的影集免费提供强大易用的数码照片DIY软件——“点精”，我们相信这也是目前世界上最好的照片在线编辑软件之一，客户只要会用鼠标就能自己设计个性相册、海报、台历、挂历、记事本等产品，而且收费合理，为广大网民深爱。

爱的影集是新浪印品的技术提供商，所有新浪印品技术均由爱的影集提供，并由爱的影集和新浪合作经营。

爱的影集是兴业银行兴业商城冲印频道的技术提供商，冲印频道的技术由爱的影集提供，并由爱的影集和兴业银行合作经营。爱的影集是华信投资公司的合作伙伴。华信投资公司是国内专业的互联网行业天使投资人。

十四、佳印网

关于佳印网

佳印网（joyinker）是由福州福昕软件开发有限公司打造的名片一站式网络服务平台，成立于2009年4月。由福昕软件研发，由上海悦橘网络科技有限公司运营的名片自助设计和印刷服务网站，通过整合PDF技术、网络技术和胶印技术，向中小企业和广大用户提供创新的、专业的名片自助设计和印刷服务。

佳印网（joyinker）主要提供“佳印名片设计器”软件自助设计、在线订购名片服务，结合福昕软件的PDF技术优势，并借助其长达25年的资深印刷经验，为广大用户提供一套卓有成效的小批量、高品质、低成本的印刷解决方案，目前我们的印刷厂还拥有CELSIS大型滚筒电分机、日本网屏SCREEN全开胶片输出机、惠普对开数码打样机、全计算机控制日本小森四色印刷机等国际先进印前和印刷设备，全方位保证印制物质量，让用户足不出户就能享受到国际最先进的印刷技术。

十五、名片网

关于名片网

名片网作为专业的名片一站式网络服务平台，一直致力于彩色印刷领域。凭借自主研发的“在线名片设计”工具及多元化设计体验，于多年向中小企业和广大用户提供创新、专业的名片在线设计和名片印刷服务中取得了宝贵的经验。在众多用户中赢得了较好的口碑，也逐渐成长为具有影响力、受用户喜爱的网络印刷平台。

目前，名片网自主研发了商业印刷线上信息采集及处理平台，该系统以订单为导向贯穿，图像设计、订单交易、生产管理、物流配送整个业务流程，订单状态一目了然。我们在生产环节植入了物联网的应用，可以实时方便连线订单管理查询用户的订单进度情况，用户可以通过在网站的会员中心、订单中心，或是手机终端随时查看订单进度，有助于高效管理工作计划。

为解决企业用户商务活动中的即时印刷需求及设计体验服务。名片网现已投入多种印刷产品的在线设计平台（如名片、信封等），并通过物联网的应用与全国各区域印刷资源紧密衔接，实现网络设计和印刷的无缝衔接，从而以专业和高效地为中小企业及个人用户提供从设计、印刷到配送服务的一站式解决方案。

名片网拥有覆盖全国的现代服务网络，印刷及物流配送体系；目标是通过以图像设计为基础应用平台、交易平台、云计算平台的产品战略的实施打造简单、省心、实惠、高质的名片定制体验，成为行业中优秀名片印刷平台。

十六、印刷加

1. 关于印刷加

扬州市聚名网络科技有限公司打造的一站式印刷、移动营销服务平台——名片邦，成立于2012年5月。公司提出印刷+印刷后移动自营销的概念，致力于帮助小微企业解决设计印刷需求并通过与移动自营销的结合达到最大的企业营销目的。

公司自主研发名片自助设计器（名片邦），通过整合PDF技术、网络技术和胶印技术，向用户提供创新、专业的名片自助设计；依托长达20年的资深经验、颜色管理技术、品质管理系统，为小微企业提供一套小批量、高品质、低成本的名片、宣传单等营销物料的印刷解决方案，让企业及个人用最少的费用享受到世界最先进的印刷技术及网络印刷体验。同时公司开发出基于H5技术的设计器（码上秀），让用户无须编程，也能创造出炫酷的H5动态场景，并无缝集成微信等移动社交平台的分享机制，让用户的企业宣传、活动推广、产品展示等免费在移动互联网中迅速传播。

公司正积极用众包模式打造出有价值的移动营销媒体平台，助推小微企业在移动互联端的营销推广。

名片邦努力打造极致的网络印刷体验和码上秀移动自营销利器，服务于广大中小微企业，与您一起成长，致力成为国内首屈一指的网络印刷平台。

2. 从“名片邦”到“印刷加”，颠覆和重建印刷新模式

企业要发展，名片不可少，几乎所有的企业对于名片印刷都是极为重视的。传统的印刷方法显然是无法满足小微企业对于精美名片的需求了，“印刷加”才会在这样的背景下脱颖而出。

说起“印刷加”的快速发展，不能不提到陈东和他的团队。从“名片邦”到“印刷加”，陈东和他的团队，设计的不仅仅是名义上的改变或升级，更不是对于“互联网加”浪潮带有朝拜心理或虚荣心作祟的盲目跟风。“印刷加”要做的，是颠覆和重建。

“印刷加”以互联网的方式解决小微企业的设计需求，结合其完美的网络印刷建设，让印刷因互联网而缩短渠道并变得高效。创造性地将印刷与移动营销相结合，为印刷注入更大的生命力，免费帮助印刷客户生成与发行与印刷品相关的移动营销内容，不仅帮助客户印刷，还强化了客户印刷的目的——营销。甚至帮助客户减少印刷采购成本，跳出印刷的框框做更多的印刷生意，为客户提供更多的价值。

对于众多小微创业型企业商户来说，营销需求是必然存在的。然而在线下，订单小、客户散、设计弱、需求杂、程序繁导致了众多小微企业在营销活动的起步——营销物料准备流程中，就遭遇到价格不透明、交货不及时、质量不可控、个性化无依托和服务体验差等种种难题，而线上的移动营销，由于团队、资源、技术方面的种种约束，对于专注于各自行业的小微企业来说，要营销自己，无论在人力和财力方面，都是极度困难的，数目如蝼蚁一般的自媒体、自营销揭竿而起却极少崛起，已经成为当下互联网江湖一个非常残酷且不争的事实。这些痛点最终必然导致整合营销方式的被动单一、营销效果听天由命。

基于20年耕耘、成为传统印刷行业“巡洋舰”过程中对行业上下游的深度理解，今天的“印刷加”，着力打造小微企业云印刷加印刷后移动营销服务平台。

第一，“印刷加”将中小客户的海量长尾需求汇集起来进行标准化、流程化，让中小客户享受到大客户的福利，打通长期制约小微企业营销活动效果不可控的“任督二脉”。通过专属网站“印刷加”的“傻瓜式操作”，这些小微企业可以完成和“屏幕后”庞大印刷专业团队的对接，使设计、订单管理、合版印刷、品控、物流整个流程可视、可控。

第二，“印刷加”开发出基于H5技术的“码上秀”设计器，让用户无须编程，也能创造出炫酷的H5动态场景，并无缝集成微信等移动社交平台的分享机制，让你的企业宣传、活动推广、产品展示等免费在移动互联网中迅速传播。同时致力于打造众包模式的移动营销媒体平台，为小微企业提供有效的移动营销推广渠道。

第三，“印刷加”又能通过对不同行业庞大客户资源的整合，利用大数据等技术，让“屏幕前”这些小微企业，精准地找到另一个“屏幕前”企业，“它可能是供货商，可能是准客户，可能是风投，可能是生产链和消费链上错综复杂关系的任何可能”陈东说，这是一个令人振奋的前景。

从物料准备开始，到营销效果为止，是小微企业一次营销活动的主要过程，而站在整个流程最前端的“印刷加”，在服务小微企业营销活动中，掌握着太多先人一步的资源，“以前我们是在这些小微企业的营销活动过程中做好我们印刷的一块，在流程、质量、售后的各个细节中精益求精，但是这种努力无论做到多细致，无论做了多少年，我们所做的，不过是‘分一杯羹’而已，同时，在这种模式下，小微企业仅仅是我们的客户。”陈东说。“印刷加”所要做的，是从“分一杯羹”到介入到营销活动的全过程，从印刷准备开始，到营销效果为止，同时变小微企业的客户关系，为伙伴关系，“这是‘加’的实质”。

十七、米莫印品

1. 关于米莫印品

米莫印品是中国领先的在线冲印和照片印品定制商城，凭借先进的印刷技术、稳定的产品质量、热情贴心的服务，一切都做到让客户十分满意。每一次当顾客收到人生最美好时光的瞬间定格，加上纸质成品的完美呈现，总是表现出十二分的惊喜，由此循环订单成为了米莫印品的核心力量。

2. 提供区别于传统影楼的个性产品

区别于影楼传统砖头一般重的冲印相册，米莫的产品大多采用纸品印刷，书籍胶装方式，轻便易携带，适合照片大量入册以及通过照片讲述故事的展现方式（宝宝成长纪念、婚礼全程记录），支撑工作室与影楼的差异化商业策略。

3. 通过互联网工具节省摄影师的宝贵时间

米莫不是传统的相册工厂，公司中IT人员占比超过50%，公司希望能够通过互联网、移动互联网等方式，帮助摄影师提高效率、开拓更多的生意。

4. 良心用好料，严谨出精品

米莫是国内首家将六色印刷应用于个人影像产品领域的公司，并坚持采用国外进口专业纸张与纯手工制作的方式。优质产品能帮助摄影师获得更好的口碑，同时也能支撑摄影师更高的定价策略。

5. 专属服务，让您后顾无忧

米莫为您提供样片打样服务、产品高级定制服务，如果您愿意，我们还可以帮您把所有产品直接寄送给您的客户，免去您二次打包与快递的成本。未来我们还将推出更多工作室专属服务，让您无后顾之忧。

十八、开心印

1. 关于开心印

南京开心印电子商务有限公司总部位于江苏南京，是一家依托互联网技术专注商务印刷的现代企业，是国内网络印刷的先行者。公司一直致力于以互联网思维探索商务印刷新模式，公司自主研发的印刷业务电子商务平台系统自上线以来，已有数万名注册会员，其中有3万多家广告设计企业使用开心印自动报价系统，每天的询价规模达数千万元，开心印报价已成为商务印刷行业的标杆。开心印平台系统的上线真正为印刷行业实现了自网上下单、自动报价、订单分配、生产安排、交货配送到线上支付无缝对接的自动化操作，开创了传统印刷与互联网结合的新模式。客户只需简单的操作就可以在系统中完成在线下单、自动报价、文件传输、在线支付、印刷生产、物流配送，还可以随时随地跟踪订单。

开心印率先将O2O模式与商务印刷相结合，成为中国印刷业O2O最早的践行者，通过自身运作与强强联合等方式，开心印已在南京、上海、无锡等地设立印刷生产基地，开心印系统已成为长三角地区最有影响力的印刷电子商务平台之一。通过线上统一品牌、系统与线下工厂连锁经营的结合，开心印能够帮助客户就近完成印刷业务，同时坚持采用最为先进的硬件设备及软件管理，坚守严苛的质量标准，坚持产品标准化、流程标准化、颜色管理标准化，以统一管理体系确保为客户提供稳定的印刷服务品质。

2016年，开心印顺利完成了A轮融资，未来开心印将以赢利模式创新和网络平台的应用为核心竞争力，以实体工厂的高效率生产为发展基础，迅速引进优质的战略投资者为合作伙伴，打造能够应对激烈市场竞争的管理团队，增强资本和技术实力，整合旗下全部资源，实现开心印系企业全面转型升级，成为移动互联网时代中国商务印刷第一品牌。

2. 匠人精神，铸就高效开心印

开心印因专版高效而著称，曾以1个班次在12小时内完成120套专版而闻名，平均每套专版仅6分钟即可完成上版、印刷、下版的速度令人惊叹。2014年9月，在已有两台小森LA-437对开印刷机的基础上，开心印又添置了第三台小森LA-437及小森八开印刷机，年底更是率先采购了小森C61数字印刷机和小森KCS颜色管理解决方案。

在挑战与变革成为行业主题的2014年，开心印异军突起，完美上演逆势增长。这样的成功和增长其实既非偶然也并不是幸运。仔细剖析开心印团队的企业运营之道，您会发现，效率、专注、团队、创新正是令其胸有成竹的四大法宝。

（1）效率

个性化定制是商务印刷的趋势也是挑战。个性化意味着产生大量短版印刷作业，因此提高效率是重点。经过细心调研，开心印发现在210mm×285mm尺寸的画册细分市场上存在着最大的印刷业务需求，因此确定以该业务领域为核心，开发产品、提升效率，在做好一个产品基础上，由点成线、由线成面，致力于商务印刷管理精细化。在单一专版画册品类中，逐渐形成客户口碑，成为客户群心目中的好品牌。

为了提升效率，开心印所有订单都是在网上提交、网上接单、线下生产，线上线下沟通，力争产品以最短工期交付客户。目前商业印刷日益短版化，印企若想在保持赢利的前提下，以最合理价格生产出高品质的产品，提高效率是不二法门。基于这种考虑，开心印选择小森的LA-37作为主力印刷机型，大大节约了版材、印刷辅料和能耗等成本，同时每台机器都选配了自动橡皮布清洗装置、自动预放墨系统、闭环的墨色扫描与自动反馈调节系统，从而极大提高了印刷生产效率，并降低了原辅材料损耗成本。

（2）专注

“品味虽贵必不敢减物力，炮制虽繁必不敢省人工”，对于同仁堂的匠人精神，开心印联合合伙人郭立伟赞赏有加。开心印一直在借鉴同仁堂的这种精神——做产品，材料即便贵也要用最好的，过程虽烦琐也不能偷懒，坚决做到“真材实料”。郭立伟认为，印刷是持续性生产，需要回头客，而让客户满意继而感动是唯一能够留住客户的办法。具体而言：

品味虽贵必不敢减物力——除了对印刷机的精准选择，开心印对油墨及纸张的选择也一丝不苟，这些规范的基础动作，保证了产品品质，为企业赢得了口碑和认可，随之而来的必然是合理的利润。

炮制虽繁必不敢省人工——开心印常年保持印刷车间恒温恒湿，对于印刷机的日常保养也从无遗漏。

除了对于印刷原料和设备的选择一丝不苟，生产流程的优化及管理也是开心印一直以来关注的重点。过去的2014年，生产效率、管理效率、流程效率和改善创新是开心印的关键词，开心印管理团队将更多精力和时间花在内部流程优化和建设、ERP完善和自动工艺研发等软实力上。此外，专注还体现在开心印只专注于做印刷，客户以设计公司、广告公司等专业制作商为主，以此保证公司全力专注于精益运营生产，通过提高效率、降低成本，以更优惠的价格回馈给客户。

3. 访开心印投资管理公司董事长华强

开心印是一家专业的网络商务印刷报价采购平台，其依托统一的网络接单平台，在线下进行印刷工厂连锁经营，就近完成印刷业务。目前，已有3万多家广告设计公司正在使用开心印的自动报价系统，该系统每天的询价金额高达数千万元，印刷生产也供不应求。目前开心印旗下已拥有3家直营工厂和4家联盟工厂，并因其在网络印刷方面的实践探索，被《印刷经理人》杂志评为“2013年度中国印刷业创新十强”。

（1）模式：从餐饮连锁中找到灵感

相信许多印刷企业都经历过这样的瓶颈期：印刷企业活照干、钱照赚，却似乎看不到更广阔的前景，也难有更大的发展。华强在谈到这种困境时只是轻描淡写：“这个时候，我尝试做了两年的餐饮。”然而据记者了解，就在这短短的两年时间里，由他经营的包子铺红红火火，而且已经做到11家连锁店。

跳脱印刷行业的华强，站在更高的位置，以完全不同的视角，重新审视了印刷这个行当：“印刷行业其实还有很大的空间。就拿中小型印刷企业来说，可以通过专注做到极致，再在这个基础上，进行模式的复制。这和餐饮连锁类似，一个小馄饨店，如果能在保证品质的前提下复制几千家，也能形成很大的体量。而印刷业也有这种可能。”

基于这种想法，对印刷有着强烈归属感的华强又回归印刷业，找到了符合自身特点的市场空隙：“在商务印刷领域，大企业并不会在乎简单的短版印刷业务，而小企业又因为成本、管理、品质等问题不能达到最优性价比，而且在未来，印刷活件多品种、小批量的趋势也一定会越来越明显。这就是我们的机会点。”

别的企业不愿做或做不来，自然有其道理，而开心印在这块却恰好有信心和能力形成自己的优势。据华强介绍，早自2009年起，他就在网络印刷方面做过尝试，建立了“易捷印刷网”。该网站可与华强的印刷工厂相配合，做到商业印刷品标准化、价格透明化、报价统一化，实现客户自助报价、自助下单、网络支付等功能，通过该网站，可在不依赖业务员的前提下，获得订单量的稳定增长，模式运作较为成功。这也正是开心印网络平台的雏形。

易捷印刷网的成功经验促使华强对印刷连锁模式有了更加细化的思考：“我们的网络印刷模式，无非分为线上和线下。在线上，我们可以统一品牌、统一服务，实现线上的营销和接单功能；在线下，我们则可统一管理体系、统一采购环节，实现工厂的连锁化经营，实现活件的就近生产。”

而在具体实践上，华强提出“将连锁工厂车间化”，让其只提供生产职能，而其他的标准制定、营销管理、接单服务、物流配送、财务管理、采购管理、技术研发、IT技术等，则通通交由开心印投资管理有限公司（以下简称“平台公司”）进行统一的规范和管理。这样一来，连锁工厂的职能得到大大简化，而对连锁工厂进行复制的关键，就都浓缩在平台公司里。

（2）策略：稳字当头，勇于说No

找到了合适的模式，起步阶段的开心印还有一些特别的坚持。

比如在连锁工厂的扩张上，开心印就非常克制。面对频频找上门来的合作工厂，开心印并未快速布点、狂飙突进，而是坚持在近2～3年，集中火力将长三角地区的三家直营工厂做强，而尽量避免因扩张造成精力耗散。华强说要“以稳为主，快放第二。只有当一个工厂赢利了，稳健了，开心印才会再投入下一个工厂”。在这种坚持下，我们也看到开心印线下工厂的复制能力正稳步提升：开心印南京工厂从投产到赢利花了一年左右的时间，而2014年3月投产的上海工厂将这一时间缩短到了半年。

除了对有合作意向的印刷企业说No以外，华强还将许多不符合开心印当前定位的印刷活件也拒之门外。目前开心印的业务中有90%是画册印刷，他认为，从画册这一单一品类切入，将其做到极致，再从中汲取经验，形成标准，并逐步推开，当这一产品足够完善后，再来丰富产品品类才是开心印要做的事。

（3）执行：硬件是基础，软件是重点，人是核心

工欲善其事，必先利其器。一台好的印刷设备是企业开展印刷业务的最基本保障。在华强眼里，印刷设备并没有好坏之分，而最为关键的，是要适合。开心印的印刷活件以小批量、多品种为特点，且对成本要求非常高，为保证印刷活件的快速流转，开心印在反复考察和长时间使用后，将小森公司的LithroneA37作为其短版印刷的首选机型。低成本、低耗能、高效率是当初开心印选择LithroneA37的原因，而半自动换版、CIP3油墨预置系统也是其过人之处。在实际使用中，华强对印刷机的保养丝毫不怠慢，“磨刀不误砍柴工，再忙我们也坚持做好印刷机的保养，加上兆迪服务团队高效及时的工作，使得我们用了两年的设备与用了半年的几无差别。”

有了设备作保障，ERP、网上接单系统等软件就成为活件高速、准确流转的重点。在这方面，华强是舍得投入的，“对于印刷企业来说，‘软’的这块是最为核心的部分，必须根据自身情况进行自主研发和改进。从短期来看虽然投入很大，但从长远来讲，回报率一定最高。”目前开心印的网络印刷平台已能实现从前端报价、下单，一直到后端生产、物流配送的统一管理和无缝对接。

“要想做好高效生产，不论多么优秀的软硬件系统都只是辅助工具，而实现高效

生产最为核心的，在于是否能够充分调动员工的积极性。”华强说。据了解，开心印的各级员工都有较为完善的绩效考核体系，就拿一线生产人员的来说，其实际工资中只有4成是基本工资，剩下的部分都与产量、效率、品质、损耗等挂钩，而其实际工资通常也比同行业高出一些，这样员工们在生产中就能很好地发挥自身的积极性。

“做中国商务印刷第一品牌是开心印的愿景”，华强说，“这里的‘第一’并非‘最大’，开心印愿意从单一品类、单个区域出发，各个击破，稳步达成我们的愿景。”让我们共同祝愿这家创新企业，能够在网络印刷的道路上越走越远！

十九、缤纷乐

1. 关于缤纷乐

上海诺彩信息技术有限公司是一家具有丰富行业经验和良好品牌形象的新型网络公司，是国内领先的个性印品产品及内容供应商。其独一无二的“缤纷乐制作软件”模板套用功能，让平凡大众变身卓越设计师，轻轻松松将纷乱的照片幻化成一本本精致的相册书、一本本精美的台历、一张张温馨的木版画、一块块QQ的鼠标垫、一件件个性T恤……缤纷乐目前的产品链包括相册书、台历、挂历、照片冲印多款产品，未来会继续研发更多新产品。公司秉承“唯诚信、唯客户、唯技术”的企业文化，致力于前景光明、新兴的网络个性印品行业。

2. 生活缤纷，分享快乐

缤纷乐，属于每个热爱生活并乐于分享快乐的人。

将您的照片设计成各款时尚个性的印品：图文并茂的相册书和台历凝聚了家人温馨的画面，精美的台历记载了宝宝的成长足迹，时尚的旅游挂历记录了心灵的跋涉出行……一切在缤纷乐都可以分享给乐友、朋友或家人。您可以是小资白领、新婚爱人、摄影发烧友、旅游爱好者、宠物主人，也可以是一个普通人，只要您热爱生活，崇尚创意，追求品质，缤纷乐一定适合您！

对于相册书、台历和挂历，专业设计的海量模板可任意套用，你不需要辛苦设计，只要挑选您满意的模板就好了，缤纷乐提供的正是“自由挑选”和“搭配创新”的乐趣，轻轻松松就能DIY自己的时尚个性印品。缤纷乐提供的相册书、台历、挂历、照片冲印多款产品，专业影印和冲印品质，精美的制作装帧，彰显品质与价格双优势，专业时尚个性印品尽在缤纷乐！

二十、多多印

1. 关于多多印

多多印网由青岛创易智联网络有限公司独家运营，是国内领先的商务印刷电商，是具有影响力的创新型互联网商务印刷品牌，提供设计、印刷、配送一站式服务，满足企业及团体的印刷需求。

多多印网为用户提供印刷定制、自助设计等服务，并有千余款在线精美模板可供选择，全面打造企业专属的个性化印刷品。而多多印网通过自主研发的线上平台、独具一格的在线自助设计操作等，重新定义商务印刷，成功集中全国分散的商务印刷订单、降低企业印刷成本，提升商务印刷的效率与质量，迎来互联网印刷的新时代。

2. 互联网与印刷行业相拥，“多多印”专攻互联网商务印刷

“互联网＋”的模式我们已经屡见不鲜，越来越多的企业通过传统行业和互联网的结合迎来了新的发展时机。多多印网便是“互联网+”拥抱传统印刷行业的电商平台，提供在线设计、存管、印刷、配送一条龙服务，满足企业商务营销物料采购需求。

多多印网线上商城以及所有印刷品类是2015年4月开始筹备，7月10日正式上线运营，挑选了广东、上海、北京等几个城市作为初期试点运行。在公司旗下设计交易平台“创意猫网”的平台的渠道支持下，在上线第一个月即产生一批企业种子用户，2个多月的运营后累积有效企业用户8000多家，日出货量1000多盒。

创始人王明是一个连续创业者，创办过广告策划公司、威客网站，以及后来的创意猫网和多多印网。而之所以会选择商务印刷这一领域，是因为看中了印刷行业的巨大市场。

根据《2013年新闻出版产业分析报告》显示，印刷复制占印刷发行业营业收入的60.8%，全年实现营收11094.92亿元，增长7.09%，其中商务印刷占40%。换言之，中国的互联网印刷拥有将近5000亿元的巨大市场空间。而互联网与传统行业的相加，让传统印刷流程更标准，更简单。

多多印目前是自营模式，用户可以直接在多多印上下单，多多印整合订单之后由本地合作工厂进行批量生产，因为资源的整合而让印刷变得更便宜。

当用户除了印刷还有设计需求时，多多印也能提供多重选择。首先，用户可以免费使用多多印自身设计团队打造的线上印品设计模版库，结合多多印自主研发的在线名片编辑系统，实现自助设计，快速完成自己的名片设计；其次，用户还能在多多印旗下的创意猫网购买个性设计服务。

印刷术起源于中国，发源于中国独有的印章文化，可以追溯到唐朝初期。这一历史悠久的传统行业在国内发展迅速但畸形，利润低下、信息不对称严重，买卖沟通不畅、熟人交易为主等问题屡见不鲜。而随着国内互联网逐渐盛行，媒体印刷市场份额每年不断下滑，而包装与商务印刷需求却在持续增加，这也正是企业刚需。

对此，王明向记者表示，“传统印刷工厂如果始终处于被动心态，创新意识薄弱，一如既往地延续老一套渠道方式，在接单方式和区域方面都受局限却不思变通，只能做一个淘汰者。而互联网的模式缩短了生产环节，让生产中间更加简便，所以多多印决定拥抱互联网，期望成为重度垂直创新型互联网商务印刷品牌。”

王明透露，多多印网常驻专业设计公司、设计团队及设计师等有5万多家，在线工作，能全面满足企业一切商务设计需求。

据了解，多多印在2015年4月自筹了200万元启动资金，目前正在寻求天使轮融资。

第三节　2016年印刷电子商务创新平台

一、一撕得

1. 关于一撕得

一撕得是一家致力于帮助电商企业建立简单、高效整体包装解决方案的创新型公司。一撕得，用科技让开启从此变得与众不同。没有胶带缠绕，无须任何开箱工具，轻轻一撕，让原本复杂的开箱过程瞬间化繁为简。同时创新的箱体结构，让包装的效率得到大幅度提升，帮助电商企业有效减少人工，降低成本。

一撕得包装箱现已与国内多家知名大型包装制造企业深度合作，拥有完善的技术开发与设计团队，能够最大程度上塑造品牌价值、提升企业包装效能。一撕得，正在为电商企业迎来一个全新商机，助推广阔的事业空间。

2. “一撕得”的颠覆性玩法 印刷包装企业做得来吗?

有位客户需要做个装药瓶的箱子，市场价是3.7元，一撕得给他2.42元。我们完全可以把价格再提一些，从中赚到更多的钱。但没关系啊，这些都不重要，我就是要让客户觉得非常爽！

一撕得创始人邢凯所学的专业是药学，而对于他来说，做包装并不存在隔行如隔山的困惑。他相信，大概两周的时间就可以让一个人修炼成专业人士。而投身包装领域，竟完全源自于被客户选择。在此之前，邢凯做的是化妆品电商，包装纸箱只是个随手的小发明之一，竟没想到会得到众多消费者喜爱，后来有大的电商企业想买断这个专利，因为他坚持没卖，才有了现在的一撕得公司。

而这样的选择，也给了邢凯意外的收获和更多期许。在他看来，纸箱行业是一个近30年没有发生变化的行业，总会有人来创新，现在只是刚刚好被一撕得撞上了。

3. 赢利？等做到100亿元再去考虑吧！

Q：提起一撕得，有人说它是科技公司，也有人说它是互联网公司，您是如何对公司定位的？

邢凯：我们是纯粹的互联网公司。我不是卖包装的，只不过在把我们的想法作为包装在做，我们想要得到世界上所有买包装的人的喜爱。培养客户习惯是我们要做的事情， 我根本不在乎现在赚不赚钱。

Q：不在乎赚不赚钱？

邢凯：是。对于我们来说，成本并不重要，重要的是得到客户的喜欢。让客户热爱你，拥抱你，这是唯一有价值的事。我现在不需要赢利，等我做到100亿元的时候再去想这个事情吧。

这番对话不知你听明白了吗？如果不是面对面采访过他，小编也觉得这种说法有点儿玄乎，觉得这人挺能吹的。其实日常生活中，我们也能找到些一撕得包装的雏形，但为何只有邢凯做出了名堂？不可否认，他确实是把用户的真实痛点分析得很到位。因为做过化妆品电商，也吃了很多拆包装的苦头，他了解消费者对快递包装的需求；因为初期价格高而错失过很多合作机会，他用数学建模优化成本管理，用高性价比的产品赢回了客户认可；因为始终坚持冲在工作一线，他明白也心疼员工们因拆包装而拉伤的双手……正如邢凯所说，一撕得有三个顾客：消费者、企业主和员工。这是一切的出发点，他用产品证明了这看似疯狂背后的良苦用心。

4. 没有秘密，只有共赢玩的是透明

Q：一撕得纸箱成本从3元/个降低到0.9～1.1元/个，是很惊人的。在包装印刷行业内，我们也很少听到企业会直接把生产成本公布出来，对成本和利润还是很隐私的。您就不担心客户知道成本之后就会想要压价？是如何考虑的？

邢凯：我不接受客户讨价还价，我们最大幅度就是一分钱，真的没必要。现在都是高科技时代了，哪还有什么秘密？！

Q：您也不担心一撕得的专利和工艺很快就被其他企业模仿？

邢凯：对技术也一样。我认可技术，也认可技术的价值。我们这个纸箱专利出来已经三四年了，相类似的发明也有好几个。将来有一天，我会把这方面的专利全部开放，谁都可以做，谁都可以来玩儿。

5. 一撕得：中国包装行业里一家没有围墙的工厂

一撕得，是它的名字，也是它所传达的包装服务理念。

我们先来了解一下一撕得：

成立于2013年的一撕得，是一家为电商提供简单、高效整体包装解决方案的创新型互联网企业。一撕得包装箱没有胶带缠绕，无须任何工具，轻轻一撕就能开箱。

因为简单，因为好用，因为性价比高，目前一撕得品牌拥有了大批忠实粉丝，包括罗辑思维、唯品会、阿芙精油、三只松鼠、茵曼、小也香水、云南白药、乐视、寺库、东阿阿胶、锤子手机等近百个知名大牌。

一撕得创始人邢凯这么说：“世界上有成本低廉的包装箱，有性能优秀的包装箱，但是只有一个名字叫一撕得的‘人性化的包装箱’。”

在电商风起云涌的时代，一撕得刚刚好来了，也许就是命中注定。

在印刷包装界，扒拉一圈产品牛掰的包装企业，大部分都有着几十年的发展史。而这个包装“小鲜肉”凭什么就爆红了？更不可思议的是，还得到了包装印刷企业的热烈欢迎。

一撕得摒弃了传统包装的拆装麻烦，用简洁的嵌入式撕拉带设计颠覆了“粽”式缠绕，也节省了大量塑料封箱胶带。这种创新的包装结构，让原本复杂的开箱过程变成分分钟的事，让包装也有了拼颜值的资本，释放人力更是不必说的了。

6. 一撕得如何做出价值6亿元的纸箱产品

什么是创业最大的坑？邢凯创业第一年就亏了1000万元。

邢凯创业前，是一家上市公司的高管，做的产品也都很高大上。邢凯的第二款产品，是纸箱子！没错，就是随手可扔的纸箱子。

一个年薪百万的上市公司高管，辞职创业却做了个最LOW的纸箱子，前同事都很震惊。

但邢凯却说：“唯品会要买我1亿个箱子。”今年他还要卖6亿个！

一个仅10来人的小团队，一年要卖掉6亿个纸箱子，疯了吗？先不说卖不卖得掉，就是生产都有问题，邢凯凭什么？

邢凯身上有个标签，上市公司高管，年薪百万，是中产阶级的典型代表。但他却敢揣着一个梦想就辞职出来创业。我一直觉得胆儿肥的人才适合创业，因为他们眼里没有墙。邢凯不是那种一眼能看出胆气的人，但他的胆大包天，是他在创业时对自己的狠上。

如果说别人创业是踩雷，那邢凯的第一次创业简直是在踩屎。不搞潜规则、不刷单，一头扎进淘宝电商里，结果一脚就踩没了1000万元，把之前当高管存的那点钱亏到裤底都没了。换个人说不定就重新找大公司做高层了。但邢凯闷声把自己老婆买房子的钱给挪出来了，继续创业，不做电商搞纸箱！

创业哪那么容易？！聚美勾搭了几个月，嫌箱子用起来不够人性啊，不要！顺丰拿了十万个试用，说粘箱子的胶水不行啊，算了！唯品会、小米谈了小半年，成本太高先不考虑！

看起来又踩进了一个坑？先告诉大家结果：2015年销售超过3500万，阿芙精油、三只松鼠、茵曼、乐视、云南白药、东阿阿胶、罗辑思维都跟他合作，唯品会要给他一个亿订单。今年要卖出6亿个纸箱子。

估值1亿美元，他要颠覆传统的纸箱子。他怎么做到的？

前段时间，邢凯和爆品会的会员分享了他的创业故事，让我们一起来看看这个只靠产品的产品经理，如何做出估值6亿元的纸箱子！

7. 1000万元的失败教训：要找真实痛点

大家好，我是一撕得的创始人邢凯，也是一撕得的产品经理。我认为想要把产品做好，仅仅做好体验是不够的。你要学会挖掘用户的真实痛点，有针对性地进行产品的研发设计，产品才有竞争力。那怎样挖掘？我认为要从产品使用角度进行分析。一撕得的真正用户有三类人群：消费者、企业主和打包员。

首先说说消费者，我2012年开始做化妆品电商，我曾为完善用户体验，自己动手做了一版包装——在成型的纸箱上方嵌入撕拉带，让包裹一拉就开！虽然我的电商业务失败了，但箱子却备受用户喜爱。我发现了纸箱的第一个用户，就是消费者。我们这个一撕即开的体验打中了用户开箱麻烦的痛点。

第二是企业主。因为箱子体验好，我很自信，所以就和小米去谈了合作，结果是小米认可了我们的包装箱，却不认可我们的价格。这让我知道，对企业用户而言，成本是他们最大的判断依据。所以我们不断对产品进行迭代，让成本降到比一般的纸箱还要低，才有了后续跟更多企业的合作。

第三是仓库员工。他们是最容易被忽略的用户。但认真想想，仓库员工的职责是什么？包装！所以他们相当于我们产品使用的启用端。他们的痛点是包装麻烦且不安全，经常被纸箱划伤。我们针对这个，设计了锯齿边缘没有直角的纸箱，并把包装步骤变得更简单。结果就是，打包员总是优先选用我们的纸箱，唯品会也因此向我们追加了订单。

这些事对我的启发是，找到真正的用户，解决最真实的痛点！当你把产品做得足够好，世界都会去支持你。

8. 价值6亿元的产品打造秘籍

找到了用户，该怎样改良产品呢？这里和大家分享个秘籍，我叫它接触点方法论，这个秘籍贯穿了我打造一撕得的全过程，我认为它价值6亿元！

第一步，把接触产品的每一步画成图表！

想做好产品一定要看接触点方法论，研究用户在接触产品整个过程中，每一步流程的细节。详细点说，就是在各种感官、视觉、味觉、行为的条件下，用户是怎样跟产品接触的。

以纸箱为例，用户开始接触的时候，怎么看的？会怎么开启？有什么手感？厚硬程度怎么样？把用户跟产品接触的每个环节设置成一个节点，然后把整个接触过程画成图表，一个一个去研究，在优化的过程才可能找到产品改善点，诞生颠覆。

第二步，把不可能的产品做出来！

知道产品哪里要改，还得敢搞定很多不可能，才会颠覆！

我开始跟顺丰谈的时候，顺丰要求我的箱子在全国都能用。一撕得是用双面胶粘贴箱子的，但胶水的黏性会随着气温的下降变差，天气一冷就不粘了。当时整个中国都只能生产这种常温胶。顺丰提出需要我们的箱子适应不同的气候，我们满足不了顺丰的要求，被拒绝了。

这是出自对传统工业产品制造极限的挑战，后来我们研发了一款在零下20℃到零上60℃之间都可以进行有效黏合的全温胶。挑战不可能，还要有胆去突破传统工业制造的极限，让产品更进一步。

二、筑书印品

1. 关于筑书印品

杭州筑书网络科技有限公司是杭州的一家提供个性化排版印制服务的互联网公

司，成立于2015年4月，总部位于浙江杭州。筑书网络目前的主要产品是微信E记的个性排版与制作。

为了表彰那些充分利用互联网工具改造印刷产业，在发展过程中具有积极创新意义的产品及电子商务平台。在第四届中国印刷电子商务年会上，组委会特别推出“首届中国印刷包装业互联网创新产品榜”。其中，筑书网络荣获“中国印刷包装业互联网创新产品榜五强”的美誉。

2016年7月，筑书网络官方微信宣布筑书网络正式更名为筑书印品。

随着时代的发展，“网络”这个词似乎已经被大家玩坏了，不再像以往那么科技范十足。筑书网络团队认为，在这个略显浮躁的时代，更应该回归实业，做好产品本质，“印品”一词更能体现筑书网络想要打造精品、爆品的态度。陈啸谷先生本身也是出自印刷行业，更名筑书印品，也许正是不忘初心，始终对印刷行业怀有一颗赤子之心吧。据了解，筑书印品在毕业季推出了一款爆品，其基于微信的社交优势，打造了一款与众不同的毕业纪念册，帮助广大毕业生留下最美好的回忆。

2. 知名财经作家吴晓波：怎样拯救一家印刷厂

时令的冬季已经随着第一波寒潮不约而至，然而中国制造业与服务业的寒冬却早已带着凛冽的大风呼啸而来。目睹众多企业萎靡不振，痛心焦虑之余，我们却也意外地发现，在一些最烂的行业里，有转型企业凌霜傲雪。

（1）百货店的奇迹

在电子商务的强力冲击之下，实体零售商面对其价格与种类的优势，毫无抵挡之力，兵败如山倒，几乎成为了最烂的行业。

偏偏在这个时候，有个湖北人迎难而上，利用了三个红利：

“中国制造”红利：他跑到广东、浙江一带——那里生产着全世界最好的小商品——豪气地与800家外贸工厂签订大规模生产合同，采购量甚至达20万件。

闲散资金红利：20万件单品需要1000家店才能出售，开店成本大约在20亿元。他没这么多钱，他带着这些优质优价的商品订单在全国招商。今年炒股有风险，买房有市无价，大部分闲钱没地方去，都投入进来，完成了千家连锁的众筹。

互联网红利：他引入大数据系统监控遍布全国的售卖，一般百货的商品流转时间是三个月，而他们可做到21天。也通过实体店，凝聚了600多万微信粉丝。

短短两年，一千两百多家店欣欣向荣。

（2）自行车的逆袭

如今中国车满为患，但其实2015年的汽车保有量为1.5亿，而自行车保有量竟达3.7亿。

尽管自行车市场比汽车市场大两倍多，但自行车行业却是满目疮痍：前轮胎冲撞次数5万次这一合格标准30年不变，而国外早已提升为20万次；手闸间距套用欧美标准，但中国人普遍手小，使用刹车不舒适且不安全；中间商抢夺利润，一辆自行车渠道成本超过60%，各方利润异常微薄；研发缺乏资金，各厂家闭门造车，与市场脱节。

不想，一个自行车迷，刚把前公司送去纳斯达克上市，回头就带几十个车迷朋友开起自行车公司，扎进这烂泥一般的行业。

他的团队坚持从细节入手，研发零件，甚至把公司的研发平台向全世界开放——只要有人能立足中国人的身型改造自行车零件，他们就愿意付钱。最终，85%的零件被改造或替换。

为了打压渠道成本，在产品还未进入市场前，他大胆地在互联网上开启盲购计划：花不同的金额可获得不同的优惠券和优先取车权利。于是他轻松卖掉了1.3万辆自行车。

（3）个人出书的梦想

在传统图书印刷中，三审三校的编辑流程与几千册的首印要求，让个人出书变得长路漫漫。而电子书的大行其道也使得传统出版日趋式微。

不过，“个人出书”的奇妙创意却在朋友圈里火了起来。用户只需关注它的公众号，上传照片就能快速制作相片书；或者授权抓取朋友圈内容，整理排版，便可获取一本独家定制、图文并茂的微信日记。如果想获得实体版，一键点击，这本电子书将马上被发送到印刷厂付印，并在48小时内送货上门。令人惊喜的是，它的价格竟然不到30元。

个人定制恰好满足消费者张扬个性的欲望，按需印刷也不会造成社会资源的浪费。就这么一个小小的公众号，神奇地让这家印刷厂起死回生了。

（4）转型的四个秘诀

没有什么行业是真正坏得一无是处，只要勇于改革、勇于创新，你总能够撕开那个冬天的缺口。三个最烂行业的逆袭，非常好地诠释了以下四个转型成功的秘诀。

第一，坚持匠人精神，注重细节，追求商品的极致体验，好商品是根本，是口碑传播的必要条件。

第二，重估一切价值，商业模式、消费者关系、流通方式、金融资本等都可以突破旧制，价值链的变化是产业改变的基础。

第三，迭代试错快跑，与时俱进，任何产品必须根据消费者的痛点实时修订。

第四，权力世代交替，大胆放权，让身在其中的80、90后去挑战转型，让中国的商业世界更加年轻。

穷则通，通则变，但是很少有人能够做出真正有效的尝试。转型之战，不要害怕摧毁，因为只有摧毁才有重建。勇敢地去做一个少数派。我们必须，在自己的身上，干掉这个时代。

三、印刷君

1. 关于印刷君

（1）印刷君是什么?

简单来说，你可以把“印刷君服务系统”看成是印刷行业的“滴滴打车”。——印刷君通过数据分析和系统调度，解决印刷企业的各项与设备和生产有关的服务需求，将服务标准化、产品化、透明化。

（2）印刷君的理念：

印刷君，您的专属服务商：让服务无处不在，触手可及!

随时随地，有一个专业服务团队为你处理各种设备生产问题。

随时随地，有一个仓库可以取用你的设备所需要的零配件和相关生产资料。

随时随地，有一套机制记录你的每一个问题、每一笔花销并理清楚来龙去脉，通过数据分析告诉你该如何改进或规避同样的问题。

（3）印刷君要解决什么问题?

印刷厂是需要靠生产来维系收入的，所以与设备和生产相关的各类问题都直接影响生产。印刷君首先是一站式解决印刷厂的这类与生产直接相关的维修服务问题。

2. 一站式解决印刷企业的设备问题

2015年，我们的印刷行业突然冒出一个叫“印刷君”的东西，宣称要用互联网的方式一站式解决印刷企业的设备问题。印刷君的海报是这样介绍自己的：“像发朋友圈一样，上报故障!像滴滴打车一样，随叫随到!像京东团购一样，一键下单!像银行查账一样，一目了然!

诚如印刷君的创始人肖皓天所言：一个有价值的东西必定是把一个复杂而庞大的商业需求，巧妙地浓缩成一个简单的触点，并呈现在最终客户面前，只需要您轻轻一点，就能解决困扰您许久的问题!

那么，印刷君是怎样呈现这个简单的触点，又解决了什么问题呢？

对于所有的印刷企业而言，车间的产出是营收的主要方式，与产出最息息相关的就是设备。而一个印刷厂从印前到印刷再到印后，差不多有十几种设备，每一种设备又可能属于各种品牌。任何一个环节的设备出问题都必将影响整个生产流程。我们的印刷厂不可能为每一个设备都配备专业人员，不划算也没这个必要，专业的人干专业的事，这是社会分工发展的必然。但是，设备出了问题我们又要到处找人紧急处理，花很多冤枉钱。所以，我们的企业需要一个“管家”来管理和调配资源保障所有这些设备的运行正常。让整个过程变得清晰透明、可追踪，服务能力和流程标准化，并且及时迅速响应——印刷君服务系统就是为此而来，它要一条龙解决印刷企业各种设备的问题！

印刷君诞生于2015年9月中旬，正式为外界所知是在2015年11月中旬，从面世以来，以每个星期新增100多家工商认证的印刷企业客户的势头增长。它给我们一种类似印刷企业设备服务行业滴滴打车的感觉，通过打造一个智能的管理调度系统，并对接有各种“用车需求”的企业客户和有“司机资源”的服务提供方。收编游击队、提升正规军，为这个行业的企业服务确立清晰透明的规范。更为难能可贵的是，他们通过技术手段（拍摄故障现场、录制现场视频）并建立一套能够把工程师的经验、案例、知识体系不断完善的“最强大脑”来辅助和指导工程师或者客户自己车间的人员解决问题，减少停机等待和派工上门，以大量节省客户的时间和金钱。一方面让客户减少不必要的费用支出，另外一方面帮助服务商工程师快速解决问题。

印刷君致力于解决印刷企业的各项与设备和生产有关的服务需求，集提供APP、调度系统、知识库和“零配件采购服务系统”于一身，将服务标准化、产品化、透明化，为印刷企业提供一站式服务：如紧急维修、年检保养、印刷零配件询价、下单、在线支付、物流追踪等一条龙综合服务。通过优化整个供应链，提升响应速度、降低行业服务成本。

印刷君掌门人肖皓天，典型的湖南人性格，又是O型血的狮子座，敢于挑战、勇于创新，喜欢做开拓性的事情。用肖皓天的话说，印刷君服务系统是“一个能持续学习、会数据建模的大脑”，它通过将用户问题以数据的形式反馈给系统，通过数据分析和智能学习，优化解决问题的每一个环节的快速响应能力，并将这种能力固化下来，提升到新的水平，通过系统的方式将资源得到最合理的配置，并将行业成本降到最低。

四、简印

1. 关于简印

简印是一款智能化的照片书、台历、照片卡制作应用，2016年虎彩尝试移动端APP推出客户端。采用照片讲故事的模式，通过智能算法对照片的拍摄时间、地点、天气等进行分析，实现智能化的排版。用户只需从相簿选择照片，即可一键成册。

2. 让你三分钟完成一本个性化定制相册

“‘数字印刷+互联网’正是如今非常热门的工业4.0概念，是企业行业的转型和时代发展的需要”，简印总经理邵振新说。

我们可以看到，随着数码照片和数码相机的兴起，柯达等传统影像公司出现了衰退，数码照片的发展好像预示着纸制品的终结。但是，其实用户仍然有着以实体方式保存回忆的需求，当他们满怀欣喜地将心爱的照片制作成册收到货的时刻，就宣告了数码照片被冷落的命运，这意味着电子相册并不能代替一切。

2013年，搭上互联网的顺风车，有着20多年传统包装印刷资历的广州虎彩网络科技有限公司因此上线了第一版网站，不过在整个过程中发现很多用户都需要耗费很长时间才能完成一本相册制作（上传慢、DIY流程太复杂），经过试验和考虑到用户体验。虎彩今年尝试了移动端的方向，便有了如今的简印。

那么，简印便是一个面向C端用户，为他们提供消费级的个人影像服务的APP，目前主要功能有照片书、明信片、卡片、台历、T恤等产品的个性化定制。整个操作包括选择产品、选择照片、预览和支付的简洁过程。

邵振新告诉记者，简印希望满足用户想要快速地拥有一本珍藏相册的需求。APP在设计中引入了很多智能化排版，90%以上的内容都可以由程序自动分析后填充，用户只需要选择照片即可。

并且，照片品质方面，虎彩基于多年高端印刷的经验，测试了上百种纸张和工艺，最终确定了几种最适合于个人影像的材料，并且性价比力求一体化。

目前来说，简印刚上线不到1个月，累计用户已经2万多，然而邵振新颇有情怀地觉得，为用户制造合适的产品，保存回忆就是最大的赢利点。谈及未来时，他还说：“简印可能会做社区，因为单纯的个性化定制不足以长久地留住用户。”

五、e盒印

1. 关于e盒印

e盒印是中国彩盒包装电商第一家，2015年10月正式上线，是用技术推动彩盒包装印刷行业进步的创新者、领导者。e盒印是专注彩盒包装小订单的互联网印刷公司，专注于互联网碎片化、个性化的小订单，是由印刷行业著名的广东金冠科技股份有限公司重金投资的，由印刷行业实力雄厚的专业人士、经验丰富的电商人士、技术水平深厚的系统研发人士领衔公司运营团队的，致力于提供让市场惊艳、让用户尖叫、让行业惊叹的印刷电商服务平台。

e盒印是互联网彩盒包装印刷的小订单专家，秉持“善小者有大成”的品牌理念，专注于彩盒印刷的垂直电商领域，善于做小订单，为小企业服务，积少成多，积小成大，提出了“善小而为，陪您成长”的口号，坚持为用户提供简单、省钱、专业、快捷的服务，同时开行业先河，向所有用户提供免费下载刀模图、免费生成3D打样的服务。

e盒印利用互联网思维和技术，实现彩盒包装小订单的标准化、快捷化、产业化；利用互联网3D建模技术实现包装设计所见即所得，缩短印刷流程，提升用户体验，降低生产成本，重新整合包装印刷的产业链条；利用工业4.0技术和先进的大数据印刷管理系统，实现订单管理自动化，生产信息化、标准化；利用自主研发的柔性供应链管理系统，统一管理和控制全国生产供应链，实现同一品质，同一服务，同一标准，同一成本。

e盒印邀您一起用技术改变行业，用技术改变人生，用技术改变世界。

e盒印陪您成长!

2. e盒印：专做包装盒业务的网络印刷平台

他是国内第一家，也是唯一一家，专做包装盒业务的网络印刷平台创始人；他创立的彩盒电商弥补了市场空白，把大家觉得不行的事情变为可能；他将设计与下单融为一体，让客户直接与印厂对接；他用“小订单”汇聚了“大市场”，他就是“e盒印”的总经理吴登米。

起初吴登米是做防伪票据印刷的，当他提出转型做彩盒包装电商平台时，大多数同事是反对的。原因很明显：彩盒业务通常订单量小、个性化需求多、生产工序复杂，同时对技术要求高、设备投入大。吴登米在这一行业耕耘多年，自然明白其中的道理，但是他更相信与困难并行的是机遇，“因为大家都说不行，才有行的可能；如果大家都说行，那做的人太多了，我们就没有机会了。”找准了方向，吴登米就带领大家把不行的原因挖出来，用了近一年的时间，逐个去突破解决，寻找行的可能。

为了解决技术难题，保证客户体验，金冠科技不惜花费4000多万元上线印刷机以及辅助设备，夯实硬件基础。当然，前期积累的大量资金为这一改变提供了保障。

为了提供打样服务，金冠科技利用互联网3D建模技术，完成在线打样，实现包装设计所见即所得。这一改进省去了实物打样流程，用户在电脑上就可以看到成品的样子。

为了加强团队建设，吴登米为此不惜高薪挖来人才，开发互联网平台。

经过持续一年的努力，2015年10月，彩盒包装电商平台“e盒印”正式上线，目前功能模块主要包括在线报价、在线下单、在线更单、在线打样等。对于用户提出的个性化需求，“e盒印”接下来会上线在线设计功能模块，汇集彩盒包装设计师来为企业用户服务。

“e盒印”的亮点在于设计与下单是一体的，客户可以直接跟印刷厂对接。而且据吴登米介绍，他们有庞大的数据库，共有500多款盒型，基本上覆盖了市场90%以上的需求。

“e盒印”的优势在于价格低。“同样的盒子，算上开机费、包膜费，在别的平台没个一两千元搞不定东西，我们几百元就可以了。”

聚焦小订单业务，与小企业合作，去中间化，把炒单的干掉，这是吴登米总结的市场路径。将碎片化的小订单笼络在一起，积少成多，聚沙成塔，这是他们的战略目标。

|第二篇|

商 学 院

第五章

店长商学院

第一节　店长的认知与能力

一、店长的角色定位

我曾就这个问题问过许多店长“你的角色定位是什么？”

大多数人觉得一个门店就是一个家，店长就是这个家的家长。家长要操心这个家的所有问题，如人员、前台、文件处理、收银、卫生、印刷产品、数码印刷设备……方方面面都要照顾到，任何一个细节考虑不到，都有可能给工作带来不良的影响。

店长的工作就类似交响乐团的指挥家。交响乐团的指挥家一面要根据乐谱正确地指挥各部位，一面要协调全体声音演奏出交响乐。店长要正确指挥各部门，要边指导部下，边激发其潜在能力，此举可以说是与交响乐团的指挥相通的。店长是门店中最重要的灵魂，可以带动团队，赋予门店生命力，以团队精神塑造门店特色。

1. 公司的化身

店长除了自营店店长的身份之外，在与总公司合作的过程中，他的另一个身份就是总公司的代理人，是被派驻到市场上冲锋陷阵的先锋。因此，他必须与公司配合，一肩扛起在市场上攻城略地的责任，而非只是一个自营商或是门店店长这样单纯。

2. 顾客的代言人

门店店长是品牌与顾客沟通的桥梁。店长，必须在第一时间将企业的文化、活动的信息传递给店员，店员才能及时让顾客了解。同时，店长要以最快的速度将顾客的需求和反应反馈给总部，店长就是顾客的代言人，只有这条信息渠道一直保持通畅，企业才能更好地为顾客服务，让顾客满意。

3. 员工的向导

店长是一名管理者，是领导员工把事情做好的人。门店店长要想让店员把事情做好，首先要教会他们应该怎样工作，此外还要对店员进行品牌文化、规章制度、工作流程、文件处理、产品知识等方面的培训。店长就是员工在店中的向导，店长的观念左右着店员的行为。

二、店长的核心能力

“店长”不只是一个头衔，它还是蕴含着促进企业发展的神圣使命，这需要店长在为自己准确定位的同时，也要具备成为最棒店长的核心能力。

在我到快印店参访过程中，我发现很多店长都是从一线店员做起的，因为自身卓越的接待客人、文件处理、设备使用、销售业绩与良好的销售技能而被提拔为店长。这个转变不仅仅是一个职位的转变，而是全方位的变化，所以必须正确认识两者之间的内在区别，以便更好地完成角色变换，要有以下六点的核心能力。

1. 经营管理能力

店长必须具备相应的管理能力，才能够承担起管理门店日常运营的职责，团结所有门店员工共同完成总部下达的各项业绩及人员稳定指标。

2. 领导能力

店长的领导能力是一个店的核心所在。店长的领导能力会影响到店员的心情及工作态度，从而影响到工作的成果。

3. 执行能力

店长作为一个执行者，处在一个承上启下的层级，他的执行能力不仅反映在准确迅速地执行上级的命令上，还反映在对市场机遇的及时把握上，因为市场是瞬息万变的，门店的所有者往往只能从大方向上把握经营决策，而具体的经营策略、经营方针则需要店长自己去把握。

4. 学习能力

作为店长，不管门店里员工人数多少、门店面积大小，拥有先进的管理知识是不可少的。

在这个互联网信息极度膨胀的时代，知识更新的速度越来越快，店长要想与时俱进，必须提高自我学习的能力，在工作之余要不断地学习和更新印刷专业与智能流程知识，不断地充实、完善自己。

5. 服务能力

当门店出现问题时，店长往往会埋怨员工做得不够出色，没有服务意识。其实店长是员工的榜样，要说没有服务意识，首先应该反省的是店长自己。如果在要求员工做到的同时，店长却老是在他面前做出错误的示范，那么再多的要求和埋怨都将无法改变服务质量不高的现状。因此，店长的服务能力决定了门店店员的服务质量。

6. 较强的沟通能力

店长就像架构在本门店与员工、顾客与门店之间的桥梁，他必须妥善地处理好对内对外和对上对下的种种关系。同时，他还要将自己的门店管理知识和经验毫无保留地传授给门店的其他员工，以提高门店员工的整体素质。为了保持与员工的良好沟通，店长应注意以下要点：

（1）注意员工的身心健康，注意观察每个人的表情。要保证每天和员工有一次交流，闭店前慰劳各位员工，这是获得员工信任的重要手段。

（2）对总部下达的各项通知、任务要传达清楚，并保证员工理解确认，以免因员工的误解造成失误。

（3）对有不良情绪或困难的员工，要重视沟通、聆听意见，尽量帮助员工解决问题，避免他们的不良情绪影响整个团队的工作。

一个有着很强的沟通能力的店长，就能带来门店的成功。

第二节　超级门店的三大关键

一、服务

店长要想提升业绩，首要任务就是在同行业中，把服务做到卓尔不群。很多店长抱怨说很希望能够提升服务，却不知从何入手。其实带动服务是有规律可循的，并不复杂，只需要做到以下五点即可：以身作则+制订流程+制定标准+监督检查+树立榜样。

1. 以身作则

店长是门店的灵魂，因此他是店内的典范，是店员学习的榜样。正确的带领和示范会有正确的结果，当然，不正确的带领和示范就有不正确的结果，逃不开因果关系的约束。所以，店长要以身作则，做好服务上的榜样，店长的形象仪态以及对待顾客的态度、服务标准甚至个人的情绪表达，都会被店员模仿。就服务而言，店长的服务质量决定了店员的服务质量。

店长对待顾客的态度决定了店员对待顾客的态度，店长的不良情绪会影响整个门店的氛围，所以要时刻注意自己的言行。

2. 制订流程

在提到服务流程这个问题的时候，店长们大多会说，我们有服务流程啊，然后拿出厚厚一本标准书展示他们的标准化。相信没有什么人仔细地阅读过，更别说执行了。制订服务流程时，从接触顾客的那一瞬开始直到关闭店门，都应有相关规定，从行为规范、服务用语等入手，并注重对细节的把握，用一点点的小细节来满足顾客的需求，提高服务水平。

服务竞争的取胜就在于细节上的取胜。在制订服务流程时，一定要真正做到细致入微。

3. 制定标准

标准的制定总是很困难，它需要店长仔细分析店内的实际情况，例如分析门店顾客类型、产品类别及仔细地考虑店面装修情况等。

4. 监督检查

由于企业都有着自己的管理规范，很多的门店都定下制度来保证日常的管理。但是制度不在于多或者少，关键在于是否能够有效地执行，这就需要店长时时检查，明察秋毫，看看制度在执行上是否有漏洞，有漏洞的话要及时地修补，若是有顾客投诉，出了大问题，那就为时已晚了。

5. 树立榜样

一定要在团队之中树立3 ~ 5名优秀员工作为榜样。当然，企业一定会组织服务培训，但培训的成本是很高的，培训结束后，最终还是要由店长来做管理，由于员工的水平不均，培训效果是不一样的，这时候就需要优秀员工帮忙，切记，榜样的树立是不可或缺的。

二、制度

1. 行为是制度的产物

俗话说“没有规矩，不成方圆”，制度的制定是必需的，没有制度的门店，将是一盘散沙，将是一个没有战斗力，更不具备长远发展条件的门店。店长要做的就是制定制度、执行制度并监督制度的落实，将制度最终化作员工的习惯，习惯决定员工的行为，而行为就是制度的产物。

大到一个国家，小到一家门店，制度可以更好地完善员工的行为。生活在制度世界里的人，会将制度时刻置于心里，心甘情愿接受约束。

2. "压力+动力"是店长的掌中宝

现代管理注重"以人为本"，尊重人才，要能体现人性，而事实上，管理和人性是相冲突的。这要求店长能非常清晰地看清管理和以人为本的矛盾关系，善于利用奖惩方法，调动员工的积极性。对店长而言，"以人为本"代表的是有形、无形的成本投入，这种投入是值得的。如果门店本身的利润空间和劳动力成本非常固定，那么"以人为本"的管理成本会跟门店的利润成反比。

（1）奖惩的必要性

对店员实施奖励、惩罚是店长进行人性管理的法宝，但无论是奖还是惩都要讲究方式和方法。一个人的优点和缺点是相对的，是发展变化的，对员工的奖惩管理就是为了创造条件发挥员工的优点，并尽可能地抑制其缺点。

（2）赏罚分明

做一个赏罚分明的店长，要能够把握赏与罚的分寸，多一分则过，少一分又不够，这是一门艺术，那么对于员工是以奖励为主还是以惩罚为主呢？事实上，在具体的操作中往往是奖励与惩罚并用，做到赏罚分明。

（3）奖惩管理方法

店长在实际工作中，在实施奖惩管理时要注意方式、方法。心理学家认为奖励比惩罚更有效，惩罚只能让人知道做哪些事是错误的，而奖励不仅可以让人知道做哪些事是错误的，还可以让人知道怎样做是正确的。

"人无完人"，有些人进步快不是因为他们没有犯错误，而是因为他们犯错后能够及时改正。所以，店长应该明白员工犯错误是正常的，关键是如何采用恰当的方式使其改正。

压力和动力是一个平衡的过程，在制度的确立过程中要正确把握其中的尺度与平衡，让它们成为店长的掌中宝，让店长能够更好地管理员工。

3. 制度不在于多，而在于执行

企业传统的做法总是制度制定多，检查落实少；突击性检查多，日常性检查少；口头要求多，实际落实少，表面严格多，具体过硬少，检查的随意性成为"表面文章"的典型代表。不检查、不督促，就难以保证制度的有效落实。

（1）执行

执行是制度管理最关键的环节，无论多么好的制度，不能得到有效的执行，都会变成一纸空文，更重要的是，不注重执行一旦形成习惯和风气，将会影响整个组织的有效运转，甚至会导致组织的灭亡。

在制定制度时，要想到执行时能否顺利，一家门店的制度范围非常广泛，关键是要建立一套能在组织中清楚地指导员工怎样做的制度，一定要对店内情况了解得清楚细致，否则不要在某一特定领域制定规章制度。就某一问题来说，不明确的制度比没有制度更糟糕。

制度应当在任何情况下对所有员工统一使用，如果出现了合理的例外情况，如对某一长期顾客的特殊优惠等，可把这一情况通知所有相关人员。如果例外的情况很多，那么制度一定是制定得太严了，就有必要进行一些调整。

制度制定后，下一步就是执行，此时店长除了要以身作则，还要勤检查，保证制度能够很好地被执行、真正地被落实。

（2）检查

检查与考核是管理员工的一对孪生兄弟，只检查不考核，检查缺乏力度；只考核不检查，考核便失去依据，强有力的检查和考核是推进各项制度落实的锐利武器。店长要把跟踪检查当成一项日常性的工作，不能忽视。

检查的过程既是落实制度的过程，也是揭露问题和修正错误的过程。对于检查中披露出来的问题，能当场纠正的，绝不要留到日后去处理，要在日落以前结束当天应干的事情，做到日事日清，绝不拖延，这一原则同样适用于检查工作，如果把检查工作作为日常性工作，暴露出来的问题就不应拖延到第二天解决。

落实制度无小事，没有落实一切都是空谈，有没有落实的意识、能不能将制度真正落实到位，是店长最不应该忽视的问题。

（3）考核与奖惩

考核监控与奖惩机制是让制度得到有效执行的重大措施，没有了监控与考核，人们会对制度视若无睹，这是人类的惰性使然。但是要发展、要成功，就必须克服惰性，其中非常重要的一个方法就是加强监控，同时配以公正的考核，并且运用好奖惩机制进行引导。

严格的工作考核、检查与奖优惩劣相结合，是各项制度、政策得以顺利落实的关键因素。

考核是一种制度，更是制度得以落实的核心环节，如果考核流于形式，模棱两可，无论是对管理者还是员工，都是一种欺骗和成本浪费。

对员工进行考核，最主要的内容是绩效考评，绩效考评的结果可以直接影响到薪酬调整、奖金发放及职务升降等员工的切身利益，绩效考评的最终目的是落实制度，改善员工的工作表现，以达到企业的经营目标，并提高员工的满意感和成就感。

4. 只有利大于弊的制度，没有完美的制度

一家门店要想在激烈的市场竞争中生存和发展，需要不断地进行制度上的改革和创新，不要妄想一次就可以制定出完美无缺的制度。制度永远是落后于现实的，因此不可能拥有完美的制度。

所以，店长必须进行制度管理创新，将门店的各要素在质和量上发生新变化，以适应新的形势需要，使门店创造持久且更高的业绩。

制度上的不断优化就是不断调整和优化企业、店长、店员之间的关系，平衡各方面的利益，如果没有一个创新有效的制度保证，店内的任何创新都不会持久有效，这就要求店长能够适时地调整、完善内部的各项规章制度，使之最大限度地发挥效能。

如今在市场上，谁胜谁负的关键就在于创新，创新是一家店的生存之本，店长要将创新的理念融入制度，更好地激发员工的积极性。

（1）换位思考

店长是公司和店员对话的窗口，在制度的制定过程中，店长要学会换位思考，兼顾公司的目标以及店员的感受。在制度层面，这很大程度体现在对店员的考核上。制定考核标准的时候，店长需要重点把握。

标准是考核中用来衡量员工的尺度，规定员工完成工作任务时需要达到的状况。因此，标准要具体明确，不能让人感到模棱两可，最好可以直接用数字来表示成果。

标准一定要定得“适度”，简单地说，就是制定的标准既不能过高，也不能过低，再形象一点说，就是“跳一跳便可以摘到藤上的葡萄”。

（2）没有理由，只有执行

制度的制定是一个科学系统的过程，它的每一项规定都有着企业的考虑，所以店长也好，员工也罢，落实制度是唯一可做的。执行制度的过程中，该出手时就出手，但与此同时，也要拒绝借口，管理者遇到的最大麻烦，就是手底下的人往往问一大堆废话，找一大堆借口，却很少有人能马上去做。没有任何借口是执行力强的表现，这一种很重要的思想，体现了一个人对自己的职责和使命的态度，思想影响态度，态度影响行动，一个不找任何借口的店长在对员工进行教育时一定强调执行力。制度需要毫无借口地去执行。

店长和员工在对制度的执行上都不要找任何借口，有了借口，就有了执行的漏洞，最终所有有效制度都将无疾而终。因此，店长们要树立一个观点，面对制度，只有执行、没有理由。

三、模式复制

1. 人员培训

现在很多门店的管理中，店长并不会下大力去培训店员，除了客观条件上的一些限制，店长都要先衡量培训的成本是否能够收回来，一旦提到这个问题，店长们会有几种比较普遍的理由，但其实这是对于人员培训的一种错误认识。

（1）店长“留一手”

让店长最为头疼的是，人员培训的时候，员工无论如何都学不会，这一般有两种可能：一是员工不具备可栽培性，二是指导方法不对。前者应该在招聘时便被过滤掉，或是在问其店中运用测评工具，提早评估出下属的潜在特质，以便择优培养，方法方面便是店长自己要加多锻炼了。

大部分店长担心“教会了徒弟，饿死了师父”，因此在传授技巧的时候，常常有“留一手”的习惯。这种传统的观念是建立在古代农业社会基础之上的，当时的社会信息极少、进步缓慢，只靠个人手艺或功夫便能生存，甚至一辈子都有保障。但在当今竞争激烈的市场环境下，单打独斗是不可能成功的，因此不尽快把员工培养好，有可能店长的饭碗都不保。因为无法发挥门店的效能，门店绩效不好，店长将无法在门店长期立足。

（2）培养专业技能

店长在人员培训中的一个重要目标就是提高员工的专业水平。工作基本能力和在工作中处理问题的能力是工作能力的两种类型。工作基本能力是指员工从事工作所需的知识、技能和心理，而工作中处理问题的能力包括理解判断能力、创造开发能力、交流调节能力和组织领导能力，在员工具体的工作过程中，员工在工作中完成任务的数量和质量，以及在工作中的态度，如纪律性、协同性、积极性和责任感等，都是工作能力的具体体现。

门店人员培训的目的就是提高员工的工作能力，使之在工作岗位上充分发挥自己的潜能。如果培训后员工的工作能力确实得到了提高，那么培训的效果就比较理想。

（3）增强自觉性和责任感

经过培训，员工了解了自己的工作与其他工作环节的联系及其重要的作用，就会主动按时上班，增强工作的自觉性和责任感，门店管理工作的重点可以从令人厌烦的纠正错误，转移到相对愉快的计划工作和对员工的鼓励工作上去。此外，培训对门店和员工个人都是有极大好处的。

培训可以使员工自身得到发展，因为每个员工都有一种追求自身发展的欲望，这种欲望如不能满足，员工就会觉得工作没劲、生活乏味，最终导致员工尤其是优秀员工流失。对一般员工来说，每个人也都希望在门店中有成长或晋升的机会，这就需要不断学习，而这些都要通过有效的培训才可以获得。

2. 优秀是选择和教育的结果

日常工作中，我们所见到的店长大都像上满了发条一样，没有停下来的时候，除了职责所在的事，其他的小事也扛在肩上，整天疲惫不堪。有的店长抱怨说，都是因为优秀的员工太少，什么事都做不到位，只能自己亲力亲为，很是无奈。其实，优秀的员工是选择和教育出来的，把好聘用和培训两大关，就不愁没有优秀的人才可用。

在门店的培训中，对于直接与顾客接触的人员培训应该重点注意以下几方面：

（1）门店经营政策

在绝大多数情况下，顾客与门店是通过前台人员来联系的，前台人员往往是门店的代言人。因此，前台人员要通晓门店经营政策，特别是和顾客关系密切的政策，诸如打印产品利润、对文件处理、赊销业务和议价等。除此之外，对于营业时间、休息时间、午餐和晚餐时间、酬金办法及定期考核标准等政策，前台人员也应熟悉。

（2）产品知识

应使前台人员对门店内打印制作产品的规格及纸张类别特性要有详尽的了解，这样使得前台人员在顾客订购印刷品时能提供各种合理的建议，帮助顾客订购到最满意的印刷品。此外，前台人员还应该了解竞争对手供应的印刷品的优点和缺点。

（3）顾客类型鉴别

顾客类型不尽相同，这就要求店长对前台人员就如何鉴别和适应不同类型的顾客的要求进行培训。培训中可以将顾客的各大基本类型及其接待技巧进行总结后教给前台人员，如果前台人员能懂得如何接待这些顾客，使顾客感到满意，门店的营业额将会大大提高。

3. 复制的价值

连锁加盟店的管理需要使用“3S原则”，即专业化（Specialize）、标准化（Standardize）、简单化（Simplify）。这也是其成功的秘诀。在训练店员时，这些标准化的、流程化的东西易于掌握，只需要简单复制即可，但就是这简单的复制都能够为门店带来巨大的收益。

以恒晟数码快印为例，恒晟数码快印作为中国最大的数码快印连锁之一，其销售技巧其实并不多。客户到门店打印时，前台会问：“请问您需要什么？”顾客：“要打印标书。”“请问文件在U盘吗？”顾客：“是的。”前台继续说：“请在客户专用电脑打开。”说明：客户文件一般是直接给接待人员打开，获得文件的。顾客：“打开文件后，帮我修改几个地方。”前台会问：“是改这里吗？”顾客：“好了，可以打印。”前台继续问：“要打印多少本？”前台继续问：“还需要什么其他的产品或服务吗？”前台就会一直问下去，就是这样简单的一句“还需要什么？”，每次就可以多卖一个产品，中国恒晟数码快印一年就可有1.2亿元收入。这是对标准化的执行，是复制的价值。

因此，店长应意识到标准化的力量，将产品陈列摆放、前台顾客接待中的每个细节，如接待的流程、文件处理的步骤、老顾客的回访，促销方式的设计等都程序化、标准化，只需简单复制，就可以让店员创造更大的价值。

面对严峻的人才流失形势，如何留住优秀的员工，使为门店继续服务，这是当前店长面对的首要课题。

（1）薪资刺激是一个最基本的方法，考察店员薪资在同行业中的竞争性，使店员薪资达到同行平均水平，可起到安人心作用，让店员无后顾之忧。

（2）完整的奖励办法对吸引和留住店员非常重要，这不仅能给店员带来方便，解除店员的后顾之忧，提高店员对公司的忠诚度，而且还能提高公司的社会声望。

（3）提供符合店员心意人性化工作环境，包括工作氛围、工作空间、店员关系等，店员心情舒畅，对工作效率的提高会起到一定的促进作用。

人才是渴望有用武之地的。店员需要工作表现的机会，需要有成就感，工作除了可满足基本需求外，亦能带来无价的成就感。诸如建立值星副店长制度，让员工轮流值星，检查各项报表的填写、宣传公司规章等，让每个人都有参与感，如此不但可提高工作效率，也能减少人员的流失。

（4）定期对店员进行培训，将培训作为店员的一项福利，作为企业文化来发展，通过培训来建立学习型组织。教育训练是留住员工的重策略。

（5）进行有技巧的离职面谈，了解店员离职的真正原因，避免类似情况再次发生。

店长一定要定期了解店员的心理动态，包括其对门店的最新看法、意见和建议，以及工作状态、工作情绪、个人生活问题等，并在第一时间对调查结果做出反馈，见表5-1。

总而言之，面对人员流失现象，店长唯有给予员工更多的关怀，体察员工需求，给他们足够的成长空间，帮助他们提高、进步，方能避免此项损失。

表 5-1 员工评估内容

评估内容	10	8	6	4	2	0
1. 我的员工是否全然了解他的工作职责和工作内容						
2. 我的员工是否全然了解我满意的绩效是什么						
3. 我对新进员工循序渐进的适应方法了解多少						
4. 我对新进员工循序渐进地关心辅导有多少效果						
5. 我与员工对于个人与团队目标观念的一致程度						
6. 我对员工教导的具体步骤：告知、示范、观察、纠正、检查、了解的具体程度						
7. 设法对表现较差的员工给予特别的指导						
8. 我对员工学习管理技巧和知识的积极及热忱态度的反应						
9. 我对专柜人员管理方法的了解程度						
10. 员工对上反映之事，我的处理速度是否很快						

第六章

大掌柜

第一节　供应商

一、柯尼卡美能达：愿与你共话数码印刷未来

2016年德鲁巴已落下帷幕，本届德鲁巴，数码印刷仍然是全球印刷人士聚焦的热点，如今的数码印刷应用模式越来越广泛，速度越来越快，质量也越来越接近胶印。那么，现今的数码格局究竟如何？企业该如何选择合适的数码印刷机？本章将与您共同探讨。

德国印刷工业协会会长奥斯特曼教授曾在德鲁巴印刷展论坛上，就当前德国印刷工业发展的现状进行了分析。他表示，2015年至今，德国印刷行业的整体经营状况出现下滑趋势，而从印刷门类来看，各项数据表明，传统印刷目前增长趋势明显放缓甚至出现停滞，但数码印刷一枝独秀、增长明显。虽然数码印刷还存在显而易见的缺陷，但可以大胆预测，数码印刷正在成为德国印刷的主要增长点之一。

李刚先生也分析了其中的原因，“首先，德国数码印刷技术正在不断提升，色彩、精度等各方面都与传统印刷的差距越来越小，甚至在某些方面更有竞争力；其次，个性化正在成为印刷市场需求的主流，这正是数码印刷的优势所在；再次，数码印刷在生产效益比、生产管理成本等方面具有很强竞争力，所以说数码印刷正在成为未来印刷业的主要支撑点之一。”

对于柯尼卡美能达在本届德鲁巴的表现，李刚先生说：“德鲁巴是全球最大的印刷设备展会，在今年1837家展商之中，柯尼卡美能达的展出面积排名第六，在数码印刷参展商之中位列第二。展会上，柯尼卡美能达展出的产品除了自身的数码印刷机之

外，还展示了第三方合作伙伴的设备及软件，所有的展出理念都是在向工业印刷的快速转型。展示区域包括按需出版、宣传册印刷、包装印刷、标签印刷、台历印刷等，可以让客户一眼找到自己想要的产品与解决方案。”

本次展会上，柯尼卡美能达有多台设备属于首次亮相，bizhub PRESS 1250e系列等新产品的展示，以及UV单张纸数字印刷设备KM-1、KM-C的正式发售吸引了众多观众的目光。其中，KM-1的设计适合商业印厂高品质、小批量的印刷业务，在处理可变数据时印刷速度高达3000印张/时。柯尼卡美能达宣称，此型号的UV 单张纸喷墨印刷机是首款能在如此高速的基础上同时保持高品质图像的产品。柯尼卡美能达公司也是唯一一家既能实现幅面达23英寸×29英寸，同时印刷介质不需要预先涂布处理的解决方案供应商。柯尼卡美能达还开发了专利UV墨水，可被即时固化、印后耐用性也更强。

KM-1既适合商业印刷业也适合包装印刷，喷头采用的是KM的专利技术，油墨也是自己研发生产的，可以保证用户的印刷品质；KM-C属于B1尺寸，1060×760幅面，也是主要面向包装印刷领域，约2017年全球上市；此外，还有卷对卷标签数码印刷设备，基本可以涵盖所有纸张的工业数码印刷设备。这款设备最大的优点就在于可实现商业印刷、标签印刷及包装印刷的二次加工，例如烫金烫银等工艺。“我们这次参展的主题是you-we，蕴意正是柯尼卡美能达能够帮助客户实现产品的价值。”李刚先生介绍道，“我们在不断推出新的产品，随着柯尼卡美能达四色、B2+幅面、单张纸UV喷墨印刷机的不断推出，我们愿与客户共话数码印刷未来，完成品质要求较高的数码和混合打印作业，让客户在市场增长和扩展方面抓住新的机会，实现新增长！”

［口述：柯尼卡美能达办公系统（中国）有限公司数字印刷营业部部长　李刚
整理资料来源：我要印］

二、北京兆迪印象：互联网时代下的印刷产业的机遇

对于印刷圈走出来的天使投资人凌代鸿来说，他既了解印刷产业，也深谙互联网规则，这样完美的复合背景，让他对互联网+印刷有着独到的理解。此次，凌代鸿亮相第四届中国印刷电子商务年会，分享了他对互联网+印刷包装产业的一些看法。

1. 移动互联网——印刷产业的机遇

互联网发展的脉搏可以分为PC时代和移动互联网时代，PC时代互联网的力量跟移动时代相比是微乎其微的。移动互联网时代，那些与人们衣食住行休戚相关的服务领

域，比如打车、餐饮、住宿、看病等，深入影响着人们的生活，并且涌现出了一批巨头公司，如阿里巴巴、腾讯，但这些都是浅服务行业，还未能撼动工业领域。

随着进一步扩展，如今移动互联网已经深入渗透到产业领域，如文化艺术、教育、医疗服务、汽车市场、金融服务等细分领域，这些都得益于平台的出现，特别是云平台。我们经常可以听到大家探讨哪个平台更稳定，是阿里云，还是腾讯云？这就体现出了基础建设的关键性，而得益于基础建设的完善，B2B领域也得到了很大的发展。目前为止，在B2B领域，中国有两家公司是最著名的，分别是找钢网和科通芯城。因此，凌代鸿认为当下的互联网对于印刷行业来说是一个巨大的机会。

凌代鸿就从中发现了一些机会。2015年，他发现印刷行业在供给端维修服务方面非常不方便，因此投资了印刷君来解决这一行业痛点。虽然在互联网对产业改造方面研究得最多，但凌代鸿还是犯了很多错误、交了很多学费，所以各位在尝试互联网的同时，交点学费也是很正常的事。

2. 个性化定制并非行业前景

机会来了就要勇于把握，不管是像猪八戒网、云印、阳光印网这样搭建平台的，还是像印通天下从传统产业转型做平台的，或者其他方式转型互联网的，要注意的是，这个时代重要的就是要去拥抱互联网，但这并不等同于做个性化定制。

两年前，中国市场涌现出Shutterfly的追随者，而如今这些个性化定制的网站剩下的已经不多了。最初，个性化定制是在美国兴起的，彼时的美国在线照片及个性打印服务商Shutterfly深受欢迎，但是如今在中国要想取得Shutterfly这样的成功几乎不可能了。Shutterfly主要是靠搜索引擎带来流量，而它几乎是与谷歌同时代的产物，那个时候谷歌的流量非常便宜；而现在国内百度的流量却比油还贵。我们必须认识到所处的客观环境不同，我们的方法也要改变。

因此，Shutterfly和印象派模式，已经不太符合中国当前互联网生态，更多的消费场景应该是嵌入式的服务。

3. 拥抱互联网——学会链接

如今是自媒体、明星、网红、微商的长尾经济时代，做互联网最重要的一点是学会链接。链接是要有方法和手段的，无论是从SDK的接口、技术、地推，还是销售上面连接，首先企业要进行转化。这时，企业就需要互联网人才帮助企业连接互联网印刷平台，比如云印、阳光印网等。

寻求印刷转型的企业不应该再局限于搭建网站，热衷于流量的多少。未来，互联网印刷平台会出现，但是只会存活几家，更多的印刷企业应该学会如何利用互联网思维提升自身的产业，学会从技术、地推乃至销售去拥抱互联网，这才是一种正确的做法。

4. 未来新型业务员——互联网人才

如今，淘宝或者微商等平台对包装的需求越来越多，很多印刷包装的老板都在探讨这些。但是我们通常只是从供应端来探讨这件事，是属于供给侧改革，并不是基于场景下的营销。我们并没有全面了解淘宝等平台的生态，究竟哪些人需要多少批量的盒子。企业应该思考如何做到自身的技术与平台形成无缝对接，比如物流的对接，设计的连接等。从上述内容中，我们不难看出连接至关重要，但即便如此，很多企业并没有真正花工夫去研究如何连接。

举例来说，企业收到一个订单，要求在一定时间内印品分布到全国5000个甚至10000个供应网点。这个技术如何去完成呢？假设这个企业在全国范围内有10家印刷厂，完成这个订单也有很大的难度，更何况有10家印刷厂的企业少之又少。而未来，印刷效益一定是跨越地理限制的。为了能更好地迎接这一挑战，印刷企业应该储备互联网人才，这些人才不一定能够帮助企业搭建平台，但是他一定可以帮助企业连接平台。他们将成为未来印刷企业的新型业务员，以前的业务员负责跑单，未来的业务员负责连接平台。

5. 互联网商机仍需探索

互联网为印刷行业带来了很多机会，比如做AR/VR儿童卡通书和平板电脑的结合，纸质媒体与多媒体的互动，用AR技术来增强小孩的兴趣，都给我们行业带来很多机会。

互联网还给印刷行业带来了另一个商机，就是二维码溯源技术。有一家印刷企业一直在烟包行业深耕二维码溯源技术，今年已经可以做到两个亿多元的业务。由于微信平台让每个人都知道了扫二维码，所以二维码给这个行业也带来了巨大的机遇，印刷人不可错失良机。

此外，印刷设备服务方面也是充满机会的。仅去年一个月，北京兆迪就派工五百多次，因此投资印刷君。在今后的三至五年内，像海德堡等大型设备供应商在国内的销售生态将会发生巨大的变化，将不再是由某一个子公司或者几个代理控制了，而是更多地利用社会资源，通过优化整个服务供应链，提升效率，降低行业服务成本。其中，也包括印刷家在这个方面也做出了很多尝试。当前互联网+印刷依然处于混沌之中，我们都在努力尝试，不知道哪个方向是阳光大道，但是我们一直在探索中前行。

6. 一些嘱托

印刷包装确实是一个传统的行业，但是很多做互联网技术的人不“接地气”，永远都是在数字领域里兜来兜去。这些人需要印刷包装行业的人把他们接到地上来，形成一股创新的力量，这才是真正行业的未来。

对于印刷企业而言，一定要把技术和服务做到极致，就像是生活中永远都需要米其林三星餐厅一样，行业也永远需要最优秀的印刷企业，也许你成为不了雅昌，但是你可以把印刷这块土地坚守得更好！

（口述：兆迪印象公司总裁　凌代鸿
整理：科印网）

三、上海崭新印通：数码快印连锁店改造的逻辑思维

互联网将如此改变快印产业？我们应该如此去改造自己的快印连锁店？

思维不合逻辑，不如不思维。

大家都说产业互联网时代来临了。

我们最想要问的是“互联网到底会如何影响数码快印连锁店？”

或许应该先问，“互联网改变印刷那一环节对大家生意的影响最大？”

是不是“地盘”—— 我们生意能及的范围。

想一想，一家数码快印连锁店（A）的门店能做生意的范围就那方圆几公里，在这地盘上还有其他的竞争对手（假设还有B与C），不管有没有互联网，这个范围内的快印需求和部分胶印需求中，只要A有能力从中赢得一定的市场份额（N%），就有继续存在的价值。

互联网上出现再多的个性化印刷电商，也不可能打破这地盘上平衡。

直到有一天，A发现，B没增加印刷设备，忽然多出了一本有400 ~ 500种新产品的产品册，A的老客户因为某一新产品，把订单转向B去了；C门店内人手明显减少，可订单却一点也没减少。

这时候，地盘上的区域平衡已经改变了。

电商一定有能力和不同地点的印刷机协作，让有效益的印刷机发挥适当的效益，像Uber（优步）专车一样。什么是适当的效益？无非是指适时和适地：适时，印刷机有空的时候；适地，在印刷机服务的有效距离内。至于品质和交货期，不过是印刷生意的必要条件。

B从云端找来了产品册。

C也是快印连锁店，建立了全新的ERP管理体系，开始用电脑来管理企业资源、管理订单和生产，把相同材料、相同工序的活集中到生产中心，门店的人当然变少了。

数码快印是按张收费，不论一张纸上印一个字，还是满版梵高的星光油画，都是一样的成本。

B和C应用了互联网的协作效益，B把增加的产品线去对付相同的客户，营业效益当然增加；C则发挥了连锁的成本效益。

同一范围的印刷需求有限，如果A的订单无法增加，一定会减少。

互联网改变了信息传递的速度和距离，必定会发生产业内的协作，甚至跨界的合作也会自然而然发生了。

如果，上述的情节合乎逻辑，那么数码快印连锁店的管理需要如何调整？

合理的对策：

（1）建立“一套”ERP系统管理快印店资源以外，还要能管理订单和生产。一个连锁体系用一套系统来管理。

（2）管理订单应该是连上生产管理的。用电脑判断该使用那一种工序，直接命令“生产管理”启动工序生产。

（3）生产管理是让电脑来操作生产用的电脑。PDF预飞→检查漏字缺图→拼板/合版→颜色管理→指定数量打印。让电脑自动一站接一站去执行，这些软件在市场上已经出现了十多年了，早已成熟又稳定。更重要的是，这些软件都可以设定“输入”和“输出”文件夹，只要让ERP把文件送进开始的文件夹，就能启动生产。ERP同时也把生产进度管理妥当了。

（4）让订单（文件）启动生产工序。只有用“一套”系统来管理数码快印连锁店才做得到。

管理不改造不行吗？

当然可以！

那么当B和电商合作、C要集中生产时，都还需要人工去输入一张张订单，上传一个个文件。互联网的效益也被抵消了一大半，合作的对象早晚要更换。

从2016德鲁巴印刷展（DRUPA 2016）上可以看出印刷最重要的“风向”：惠普、柯美、兰达、海德堡、小森、富士等印刷设备生产商都有志一同推出B2甚至B1的大幅面数码印刷机。

（5）海德堡和惠普现场展示了由客户订单启动的生产流程。

我们的供应商因应互联网的思维，不就是这个逻辑？

互联网改变印刷产业慢慢来，只是越来越快而已。

（上海崭新印通公司总经理　吕理哲）

四、杭州鸿印管理：我的三两思

杭州鸿印企业管理有限公司创办于2010年，主要面对图文快印行业的落地咨询管理项目、管理培训以及自主开发ERP系统销售。五年时间与图文快印行业客户的接触远远多于原来十年的积累，也比较清楚目前这个行业的痛点和这个行业想找突破点的迫切性。

回顾整个行业的成长过程，始终觉得这个行业最缺的还是人，专业人才尤其缺乏。我们未来会专注于职业化人才的教育工作，会让这个行业更多的人接受鸿印的来自于线上、线下的职业化培训，当然鸿印还有一个始终在坚持的理想——坚持帮助行业更规范化，更可持续化。

最近几年，互联网这个词时时在我们耳边的回荡，从一开始，担心如果我们没有与互联网联系起来就会带来企业发展的麻烦，到现在谈及互联网时大家一致的皱眉。很多传统的图文快印企业在互联网大潮的冲击下，不由自主地频频开始“触网”，生怕赶不上互联网时代的步伐而错失发展的良机。“触网”过程中的酸楚和幸福唯有经历过一波互联网的运作的企业才深有体会。

互联网化是传统企业发展的一种趋势，也是传统企业的转型发展的助力器，大家都想搭上互联网的快速列车，由此都开始思考传统的图文快印企业如何与互联网做有效的链接？互联网经济一定是离不开实体经济的，这也得到了越来越多的从业人员的认同，所以更多的企业考虑的是如何使快印产业互联网化，互联网+传统产业如何帮助企业降低运营成本，如何能够快速地和客户建立链接，形成更广泛的以互联网为基础和实现工具的快印发展新业态。而规模较大的印刷电商估计更多的是在集聚用户交易及流量，这些大的印刷电商平台并不是我们传统的快印行业可以进入的，但是我们能否有效利用这些印刷电商平台帮助快印企业开展上下游资源的整合？

互联网一定是未来图文快印企业无法离开的工具，如何运用好是我们每一个快印人现在需要思考的问题；互联网未来一定是会助力我们的经营和管理，如何突破传统，如何有效开展互联网交易，这个是摆在我们面前亟须解决的课题。杭州鸿印企业管理有限公司一定会与这个行业所有的同行共同去面对行业的变化，帮助大家找到解决问题的方案。

（杭州鸿印企业管理有限公司总经理　吕鸿生）

五、杭州水平图文：做图文行业的数字环保先行者

都说竞争与转型是如今数码快印行业的重大课题。数字印刷的前景伴随着新技术的优势一度被广泛看好，但近年来经济增速减慢带来的市场需求下滑，使得很多图文企业业务量减少，经营压力增加。与此同时，也有很多积极探索、顺应变化、敢为人先的企业取得了业绩的突破。因此说，没有不好的行业，只有不好的企业。

水平图文1997年成立，从创业之初的3个人发展到现今拥有200余名技师的专业团队，从创业之初13平方米的小晒图社发展成为拥有20余家门市的专业直营连锁图文制作公司。专注晒图19年，水平图文紧跟时代创新步伐，研发和改进高效实用的晒图技术，不断寻求绿色出图的突破口。2013年，采用美国Memjet矩阵喷墨技术的PRO-A1060C工正高速全彩打印机使水平图文看到了希望。通过半年的应用体验，水平图文与设备厂家一举研发了国内首款拥有自主知识产权的喷墨蓝图打印机，作为民族品牌的代表，设备及耗材性价比高，也解除了蓝图企业面临的传统工艺的转型之痛。

目前，水平图文拥有数字蓝图生产线30余条，全线运用了喷墨蓝图打印流程，拥有全国首家大规模的数码蓝图中心及杭州市数一数二的图档管理中心。水平图文现在所运用喷墨蓝图机，速度快、图面线形精细，打印出的第一张和第一万张蓝图品质无差异，且防水防晒，不易褪色。由于设备采用的是绿色环保墨水，其与静电设备相比，无粉尘、无臭氧排放、无气味和辐射；同时低碳节能，耗电工作状态为0.8kW，待机状态为0.15kW。绿色蓝图梦工场的建立实现了水平图文多年来坚持的创新和环保之梦，保卫共同的蓝天白云，助力低碳经济与社会可持续发展，既是梦想也是责任。

用绿色科技彻底革新传统晒图，数字化管理带领水平图文走向卓越。如今的蓝图梦工场，一名员工可独立完成一条生产线的操作运行，数字化底图扫描、喷墨蓝图打印、自动化叠图和自动打包一站式搞定，蓝图打印立等可取。与此同时，水平图文还大胆实践“互联网+绿色蓝图”思维。终端驻点多渠道图档收集，就近连锁店标准电子文件制作，远程互联网打印工作流，高速数字喷墨蓝图自动输折线，物流定点客服专车到连锁店，连锁店分发至终端用户，一条高效、品质的绿色蓝图之路应运而

生。标准化、流程化、规范化的管理，使水平图文稳中有进、逆势而行，夯实了自身品牌。

水平图文的蓝图出图数字化改造进度伴随着用户环保意识增强，品质和交期的标准不断提高，取得了良好的市场反响。随着国家基础设施建设相关产业的规范化运行，各种设计院（所）在社会生活中扮演着越来越重要的角色。而如何提高设计院的输出能力，使之能与其设计规划能力相适应，无疑成为当务之急。于是，水平图文尝试将图文和蓝图有机地整合在一起，为客户提供图文制作、出图和蓝图打印一体化驻场服务。不仅满足了客户的环境和成本要求，也为客户带去了优质的产品和服务。

目前的经济环境不容乐观，但数码印刷行业远景宏大。大家有危机感，正好是图文行业的洗牌开始，对于有准备、练好内功的企业来说就是机会。水平图文十分看重发展连锁经营的模式，但如今，从加工生产型向现代服务型转变是必由之路。在接下来的几年时间里，水平图文将继续接近客户服务，开拓新市场、开辟新领域和新业务，实施企业的品牌形象升级。目前公司的ERP和OA系统已基本成形，股份制的延伸、生产中心的建立、电子商务的实现等也在水平团队的部署中。19年的积累使水平图文不再满足现状、驻足停留，水平图文的连锁店能像可迪、快客便民小超市一样，星罗棋布在杭州乃至全国的各个角落。

我们期待水平图文的连锁店能像可迪、快客便民小超市一样，星罗棋布在杭州乃至全国的大街小巷。成为“中国图文行业的长跑健将”的愿景始终激励着水平人坚实地向前奔跑，“以客户为中心”以及“以人为本”的绿色环保数字化经营理念将一直引领着水平人执着追求，为实现可持续发展贡献自己的一分力量！

（杭州水平图文快印有限公司总经理　李水平）

六、南通名流名片：数字与传统印刷在名片制作中的工艺互补与结合

近些年来，数字印刷设备和技术突飞猛进，但是，在众多的印刷品中，名片，是一个特殊的小众印刷品，名片的社会属性决定了名片个性化的特征须与众不同，以此彰显企业形象或个人身份。数字印刷虽交货便捷，成本可控，抑或有一些进步的后道加工可以弥补单纯打印的单一表现形式，但是，从国际国内的名片业态来看，数字印刷和传统印刷印后工艺的结合与互补仍将是名片业态的主流方式。

我们不妨分别从两种不同的印刷方式看各自的优势与缺憾：

（1）表现在材料适应性方面，数字印刷名片大多局限于滑面纸张，目前还很少有以非接触式印刷方式（喷墨固干型商务设备）为客户提供名片服务的，大凡这些纸张，缺少个性和材料的艺术性及视觉感染力，一般仅以铜版纸或肌理不深的压纹纸张打印名片。

（2）表现在企业形象识别系统中标准专色的承印能力方面的或缺，很多企业在制定企业标准色中，非常苛刻地要求CMYK的比例，比如手册要求企业LOGO的色值C100、M100、K10（接近于深蓝色），以数字印刷方式就很难达到完全符合标准的颜色，通常还是以传统印刷方式去完成，名片亦然。

（3）表现在名片后道加工中的密套精准度很难把控，名片经过A3或A4，或更大规格的打印之后，需要加工诸如烫印电化铝（滑面纸张或将有数字式烫印机替代），激凸或压凹，或特殊要求的模切，一旦经过分切再进行后道加工，很难做到套位精准，仍然会依赖传统凸版加工完成。

（4）表现在交货速度上，数字式印刷一盒名片只是分分钟的事，而传统的小胶印名片机完成四色印刷前后须有一个待干过程，少则2～3天，碰到较特殊的纸张，多则5～7天，明显不能符合市场快节奏的要求。

（5）传统印刷中的丝网UV技术很少有应用于名片制作，而数字式3Duv应用于印刷品已悄然兴起，其表现力与平整度超过了传统印刷中的凸字粉加热烘干。

（6）传统印刷中的激光刀模只能满足细节要求不高的印后加工，而数字式激光雕刻工艺完全胜出了传统的激光刀模加工方式。

分析以上不同印刷方式，名片的个性化需求势必两种印刷方式结合，才能达到“天人合一”的特种效果，谨以以下案例说明数字印刷与传统印刷的工艺互补与结合，得以出彩的名片制作案例，如表6-1。

表 6-1　名片制作案例

（1）数字印后加烫印、激凸的印刷效果（香玉翡翠）。评判一款设备的套准率，可以用这样的方式来测试：先打印，而后用传统印刷的后道加工来检测打印设备的走纸对位精准度（当然分切精准也尤为重要）是最严苛的检测方式。	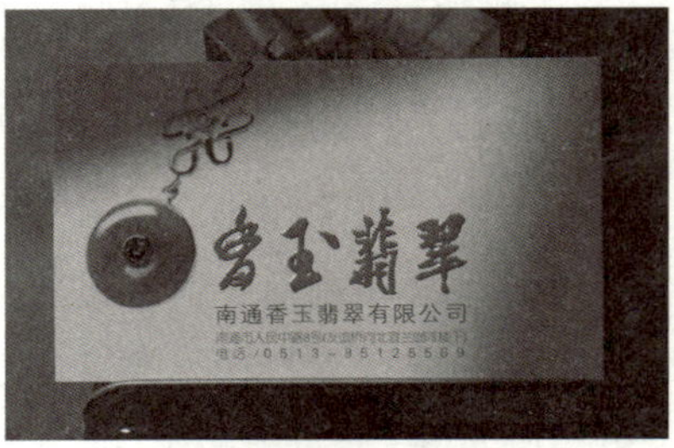

续表

（2）数字印刷后的激光雕刻工艺的应用（METEOR）。没有花哨的色彩，但返璞归真的视觉体现与现代激光雕刻工艺融为一体，使看似 简单的名片显得不同一般。	
（3）多层裱纸印后的烫印加金属标贴（康戴里）。这是一款2015年康代理公司在上海国际奢侈品包装展上的名片，其不凡的纸张品质，经三层裱贴以后的平整度，以及超级挺括的手感，应用数字雕刻的金属贴片工艺，使得名片具有了顶尖的审美与收藏价值。	
（4）单面单色印刷，二维码部分套色压凹加金属标贴（龙敏）。简单的几乎不能再简单的内容，扫描二维码即可获取主人信息，二维码部分压凹，并贴有数字切割的金属贴片，既有丰富的手感，又多了一份令受众关注的价值。	
（5）HP-indigo印刷，覆盖3Duv，以不同厚度的无色油表达琴键的黑键白键高度差（诗韵琴行）。数字印刷技术的日新月异，把我们带入了印刷技术发展的新时代，SCODIX数字UV技术让我们的印刷品更前卫，更具审美价值，尤其是这样的UV厚度可以按设计要求自由设定，更增添了作品的审美魅力。	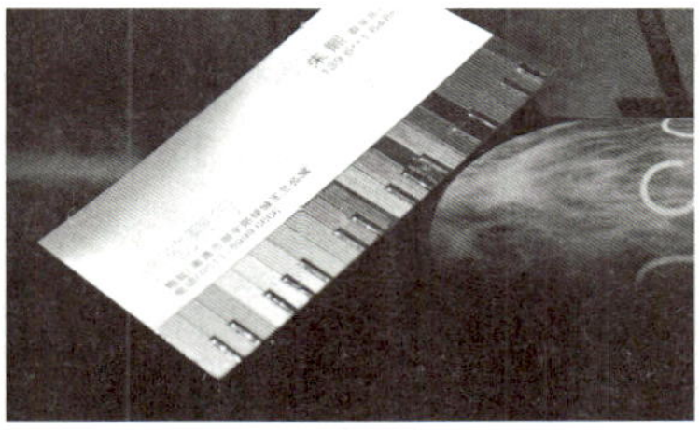
（6）激光雕刻加特色电化铝烫印（茶）。未来的名片是不是可以这样做，除了简单的个人商务信息，也可以通过互换名片，共同感悟人生，互勉生活情怀，这样的设计，以积极与浪漫将工作与生活融合在了一起。	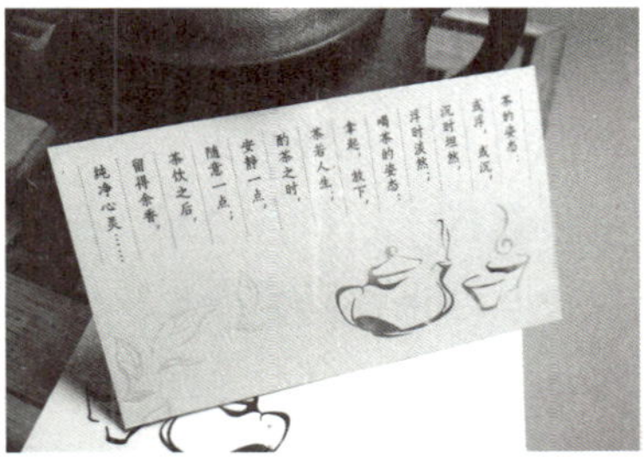

续表

（7）双色印刷，用5mm厚度的雕刻铜版将竹子部分激凸成三维视觉效果（名流名片）。名片的审美，关键是不是把握了“大众审美”的习惯，如果一款名片能获得多数人认同或喜欢，这才是成功的名片设计。取“竹”为设计元素，有“积极、向上、坚韧、不屈”之寓意。	
（8）单面银专色印刷，烫印电化铝，水晶烤凸（阿尔卑斯）。名片传递中的视觉感与手感是体现名片制作特质的重要元素，当接过对方的名片，即刻有一种特殊的视觉感和触摸感，自然，受众的目光就会在名片上延长停留的时间。	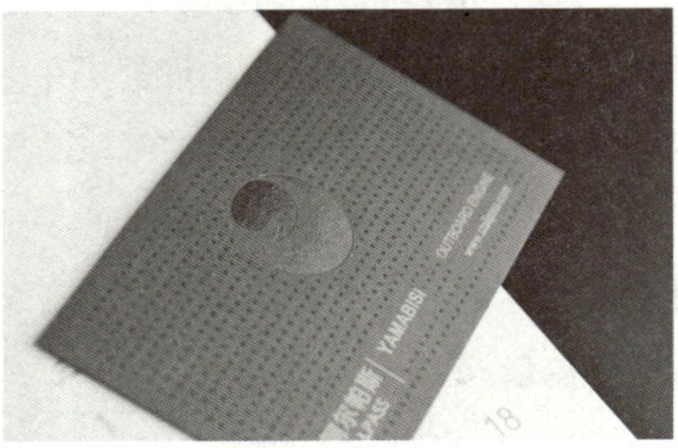

（南通名流名片公司总经理　孙振）

七、一幅画：我和我的一幅画

图文界2016年很火的一件事有人说是一幅画的推出，我是一幅画的老许，这里和大家谈谈一幅画的前世今生。

很多人认识我是因为前两年的六月新娘。六月新娘是一家以婚贴为主，以婚礼周边印刷品为辅的数字印刷机构，自有数字印刷车间一千平米。有施乐DC5000和DC800等数字印刷机及全套传统印刷后工设备。从2006年到2013年，在淘宝平台上的单品销售量一直保持领先地位。

同时我们还在淘宝上经营着一个家居品牌，并拥有注册商标的“恋家尚品”，在照片墙的类目中也名列前茅。

按照电商平台搜索上的领头羊理论，一个单品一直会因为销量领先而永远排在搜索前端，这样平台供应商就不会得到太多的回报，所以传统PC电商平台掌握着绝对的话语权，其结果都是累死卖家，只有平台供应商赚钱。

移动互联网来了，作为老电商人自然最先嗅到商机。移动互联网支持的是一个个小的个体，每个人每个企业都会变成网络上的一个节点。我们尝试把请柬与线下的图文店结合，但最后发现图文点不是个人消费的必要渠道，图文店面对的是集团消费、单位消费。照片墙也是一样，是属于家装产品，并不适合与图文店合作，虽然这些产品是可以通过图文店完成图片的制作。图文产品的B2C模式的道路还很长。

一次偶然的机会发现企业文化挂画是图文店不可或缺的产品。

我夫人经营着一家图文店，店里面接了一批订单，是高速公路收费站的企业文化展板。店里采用了亚克力夹层写真纸的工艺，做了一百多块。当时由我们工厂抽调五个工人去安装，外请一个专业木工，六个人钻孔打钉三天时间才施工完毕。结果时间不长，问题来了，客户电话说夹层图片出了问题，全都起泡。当时夫人一听就急了，要我赶紧去看看吧！我说怎么可能，不是亚克力夹层吗？怎么会起泡？其实我对广告制作并不是太了解，还是去现场看了。几处看下来，自己头都大了，该怎么办呢？想了很多办法，最后还是换了PVC夹层，成本高了很多，总算没有赔大发。

为了这件事，我下意识的思考，能不能利用我们做相片墙的工艺，制作出一种新的企业文化挂画呢？

著名的学者金元浦教授的《当代文化创意的崛起》一文指出，创意产业的根本观念是通过“越界”促成不同行业、不同领域的重新组合，通过越界，寻找新的增长点。

在图文行业，大部分展板一直是KT板写真加塑料边条，应用在过去不太讲究的办公环境中，质量参差不齐，产品随处可见。偶尔看到过房地产营销公司会用艺术框加装写真板，感到提高了一个档次。

艺术画框产生已久，一直是人像摄影和高端艺术作品的首选装帧方式，当对于图文人还很少应用，原因很多，一是艺术画框价格不菲，而是制作起来更加麻烦，要找专业的相框公司去做，还有工期上的不允许，所以一直在广告图文行业没有艺术柜普遍应用的案例。

按照金教授的重新组合理论，我在这两个行业都有涉猎，何尝不在两个行业找个跨越的东西，做一个标准化的创意产品。

首先是产品结构的研发。我自小是学习美术，对艺术有种莫名的崇拜，更是对艺术品的装裱深爱有加。首先定位在简约的框条，因为它符合企业文化的表现形式，结合油画的装裱方式，采用了用画布替代写真PP材料，打印墨水采用不褪色的颜料墨水，具有不反光、不褪色、画面平整无气泡等几大优势。

产品结构定下来后，还要做工艺研究，首先是背板和框的结合问题，我们反复地做了实验。再就是背板与画面的结合，开始采用喷胶的形式，发现这个工序太复杂不易施工。经过很多次的推倒重来，最后采用只在油画布四边用进口双面胶固定四周，然后进行折弯翻拉，使画面自然绷紧，这也得益于过去从事丝网印刷时的绷网技术的启发。画框的安装也借鉴了照片墙的安装方法，配件齐全，方便简单。

画框的制作工艺和材料完全和宜家相框相同，这也是多年制作照片墙的工艺。

这样一款制作精良的新广告产品出来以后，我着实地高兴了好多天，经常把玩它。

2015年旧历新年即将到来，大家开始准备年货，我和我的团队还在为推广这个产品想办法。开始只是想做一款产品，由大家分享出去，就把没有名字的一幅画免费寄送到全国各地的行业大咖们，让大家付了个运费。

在这之前，我电话征求了东南文化孙义老师对这个产品的看法，被告知产品很好，但要加强内容的设计，同时和快印产品目录册的缔造者蜂快印王总进行了沟通，都有个意见是内容为王。

转眼就是2016年的春天来了，权威杂志《数码印刷》刊登了一片关于我的文章，这似乎也是老许的春天来了！

天时地利人和，该出手时就出手！

年后的反馈意见也来了，很多大咖都说这个产品可以让人眼前一亮，但也有些地方需要完善。得到大家的首肯，我突然觉得不应该是一个成品给大家，为什么不可以给同行业推出一个标准化的半成品，利用大家剩余的打印产能，和大家一起利用互联网模式把这个产品的末端市场做大呢？就这样我改变了思路，让大家共同参与进来，对产品的工艺与材料大家都给了很好的建议。产品开始阶段并不完善，大家没有一味地指责和批评，而是给了良好的改进意见，这反映了大家对新产品的渴望，也反映了互联网模式下的合作精神。

销售模式上广泛地征求了各地行业领袖的意见，采取了区域代理商制度，给产品的推广规范化做了充分准备。同时得到了好彩许总、名流孙总等一批大咖们的推广与支持，深表感谢！

产品结构逐步完善以后，我们又全力以赴地投入到内容的制作上，分门别类地设计制作出几千套行业企业画模版供代理商免费下载。在这个过程中，我们会根据时事政治的要求不断地更新内容，得到了大家的一致好评并迅速地飘红朋友圈，这也不断地引起行业内部的关注。

万事预则立，不预则废。我们凭借十年的电商经验，在运输物流上做了灵活的安排，以客户需求为主，快速反应，让每一次订单都满意到极致。

一幅画有更多打算还在进行，让艺术品复制走进千家万户，让装饰画有个品牌，一路上有您有我。在图文行业的尝试要的不是红过一时的一品一事，是探索一条合作共赢的集约化生产、门店共营的合作参与之路。

一幅画不只是给您锦上添花。

（河南省商丘市一路印文化传播有限公司总经理 许自珍）

第二节 数码快印连锁店

一、上海广艺数码图文：数码印刷行业标准化的制定者和倡导者

上海，这座极具现代化而又不失中国传统特色的国际大都市，有着深厚的文化底蕴。广艺数码图文，就诞生在这座魅力之都。从最初的专业建筑图文制作，到现在服务涵盖传统印刷、特种印后加工、个性化印品定制、数码影像、广告，会展会务、平面设计等多个领域，近二十载的发展，使广艺数码图文成为国内最具规模的专业数码图文公司之一。

1998年，同济大学赤峰路上第一家专业建筑图文制作公司，前瞻性地率先提出24小时服务理念；同年，行业内率先引入蒙泰RIP光栅处理系统，极大地提高了大幅面彩色输出的速度和品质。

1999～2000年实现三个“行业率先”：国内首批获惠普公司认证的“惠普大幅面彩色输出中心”，率先将彩色激光打印引入业内，率先引进真正的无线胶装设备，实现文本装帧的书籍化。

2001年引进当时世界上单页介质输出速度最快的富士施乐彩色数码打印系统，使文本制作的品质、速度跃升到新的高度。

2003年公司改组，完善内部管理机制，建立全面的产品与服务的质量标准；公司网站建设完成，为客户提供在线输出服务；全线引入色彩管理理念，为建筑数码图文制作确立新的专业标准。

2004年，公司董事长薛平当选上海市数码印刷协会副会长。

2005年，独立自主研发的ERP管理系统在各连锁门店推广应用。

2002年之后，广艺开始了连锁模式的发展之路，至2015年，已在长三角地区拥有12家门店。

2015年，广艺“改革年”“创新年”，广艺创意工坊的建立是广艺发展史上的一个里程碑。有开创性意义的大胆举措，让广艺完成了化茧成蝶的完美蜕变。

经过多年的发展，广艺数码图文的专业化管理团队已经形成。拥有近300名高素质的专业人员，可满足客户对服务的专业化、个性化，高速度、高品质的印刷制作要求。

通过互联技术、大数据存储技术组，将客户、印刷生产厂家、原材料供应商、物流等相关资源进行整合，优化整个产业链，使订单信息、印刷资源文件、订单状态信息自动流转，实现网络接单、在线支付、智能排产、订单状态反馈、订单信息的追踪等。

广艺以高效管理的核心团队完善的技术手段，稳健做强，与社会，员工，客户共进步，用心为客户提供优质的产品和完善的服务。

广艺以上海为中心，在上海、南京、合肥、南通、无锡等地设立十几家连锁直营店。2015年投资创立的创意工坊，更使广艺的服务内容拓展到涵盖普通印刷、特种印后加工、个性化印品定制、数码影像、室内装饰、广告与会展会务、设计与策划等多个领域，为客户提供更具个性化的全方位、一站式服务。与客户形成长期良好的合作关系，获得客户的信赖及好评。广艺数码图文长期以来以“专业、高效、周到的服务”为经营宗旨，广泛服务于广告、企业、政府、研究所、专业院校、餐饮娱乐等行业，以及建筑设计院所、策划、咨询、房地产业等，同时也面向个人用户提供个性化年历、贺卡、相册、名片、证卡、个人书籍印制等服务。产品种类拓展到五大系列，数百个品种。

广艺数码图文已发展成为长三角洲地区最具发展力的数码快印企业，以一流的产品、一流的服务、一流的管理，为客户提供方便、快捷的服务。

“广艺数码图文”已经成为一个值得客户信赖的品牌，是数码印刷行业标准化的制定者和倡导者，在数码印刷行业具有广泛知名度和影响力的企业。18年来，广艺全力致力于为全社会提供高品质、便捷的服务，赢来无数殊荣。

1999年，成为国内首批荣获惠普公司认证的“惠普大幅面彩色输出中心”；

2004年，成为上海数字印刷协会副会长单位；

2006年，获第一届上海印刷大奖数码印刷铜奖；

2007年，被评为“上海市现代服务业民营百强企业”；

2007年，获“科印杯”数码印刷作品大奖赛中荣获铜奖；

2008年，荣获科印杯“2008年度创新企业”称号；

2009年，获第三届上海印刷大奖铜奖；2010年，获第四届上海印刷大奖铜奖；

2010年，获上海市“星级诚信企业”称号；

2011年，荣获第五届上海印刷大奖铜奖；

2012年，获上海市“优秀企业”称号；

2012年，荣获第六届上海印刷大奖金奖、铜奖；2012年，获上海市“四星级诚信企业”称号；

2013年，获上海市“优秀企业”称号；

2015年，荣获第九届上海印刷大奖金奖。

2016年，公司董事长薛平当选上海数码印刷协会会长。

（上海广艺数码图文公司董事长　薛平）

二、佛山富丽图数字印刷：2016年我们能为员工干点什么？

大清早，公司的陆总就发起了一条内部信息问答：“你为什么选择了内部创业？”一个新上任的3 × 3连锁微店的店长回答让我感慨万千：“世界很大，唯此处容无才无财的我栖身创业。”

一直以来我就有一个心愿，只要专心把一件事情做好，就能和家人一起享受这个世界的美好了！因此，我投入了极大的热情去经营我的公司，误打误撞就冲进了这个数码快印的行业。市场是多变的，尤其是在这个拥有十三亿人口支撑的市场中，我们面对着十三亿次的机会，有多少大名鼎鼎的企业家都因为这个广阔的市场而雄心勃勃、越挫越勇。而面对自己公司的现实，同样无可避免地接受着市场的洗礼。无论我们多么努力，多么积极进取，多么愿意学习，市场总有服务不完的客户，为了无止境的客户满意，有时候真的让我们身心疲惫。我们是用有限的精力去面对无限的市场。但这些工作只要交给员工，客户的满意度就会下降，业绩就会下滑，因为这个时侯的员工认为我是为老板而干，对未来的出路就难免产生了迷茫，利益链就在这旦断了。这样的环境迫使公司的合伙人聚在一起，好好聊聊我们今后的发展方向，共同的想法让我们明白，没有一个可持续发展的机制，形成不了一个被市场认可的、有价值的企业，我们就是累跨了也不可能有交班的一天，这都不是我们想要的生活。我们不能只是发动机，我们要构建一个发动机组，让动力承上启下、源源不断。

目标简单明确，我们是要成就一家被市场认可，在经营过程当中不断发展增值，并且容易得到市场变现的公司。思想的统一让我们迈开了大步，2015年员工的满意度，成为我们构建公司顶层建筑的标准。找准一个广阔的市场，静下心来不断深挖，是我们要走的第一步。既然行业要求创新，那就跳出行业思维来看快印。多年经营快印的积累让我们“黏”上了客户，但挖掘客户的需求才是我们广阔的空间，客户的需求无止境，我们的服务就无止境，广阔的市场就在眼前，服务让我们为员工找到了方向。

市场很大我们怎么办？我们要为员工找到施展能力的着力点。把公司的客户交给员工，把员工变成公司的客户就是我们要走的第二步。当员工像老板一样去贴心做好服务的时候，客户的满意就成了对市场开发源源不断的追求，公司的每一个业务接单口都直插客户服务的核心。这样就自然催生了新的商业模式，即“生产中心”+“3×3连锁微店服务点”+“互联网资源平台”。当然，起步阶段需要大量的条件支撑，如软件、物流、财务管理等一系列“烧钱”工具，而对员工的真诚、耐心和坚持更是必不可少。当公司和员工的利益自然捆绑后，3×3连锁微店接单口就肩负起了客户文件标准化的任务，生产和服务随着利益的分配而自然分离，各自用心的结果形成了生产中心专注提速降耗，门店服务专注创意增值的赢利模式，线上线下成为一体，互联网资源平台就交由专业的开发团队，根据不同时期的实体运作模式不断更新。

有了市场，有了模式，就到了解决有人干的问题了，即激励机制。我们公司最终选择了股权激励机制。

股权激励的起步点在于以财务公开的方式建立起上下互信的信用基石，在于以工商注册的方式建立起确保新老股东利益的法律形式，这是公司赢利模式赖以成长的土壤，让每一个用青春和精力换来的股权得到充分的尊重和保存，让新老股东连成一代传一代的知识承传体系，结成利益共同体。公司重大决策由管理团队加合伙人的一人一票制替代了股东的一股一票制，这样的决策机制并不侧重于选择的对与错，而侧重于团队的共同参与，侧重于给与年轻人体验创业的机会，让年轻松人在实现自身价值的过程中实现自己的梦想，让梦想的动力推动公司的进步，公司分享年轻人在创业过程中的增值成果。公司的管理渐渐变成了学习，市场的拓展变成了实现梦想的全程体验，商学院变成了以学习替代管理的有效工具，这样一个平台化的公司体系，未来市场将会怎样，我想就交给那些充满梦想的年轻人吧，我们能为员工做的就是帮助他们实现创业的梦想。

（佛山市富丽图数字印刷有限公司总经理　陆洪奔）

三、厦门贝斯特数码快印：各有各活法

2016年4月，参加了有45年历史、近20个国家2000多人参赛的台北“清晨杯”世界羽毛球赛，并取得分组别第三名的成绩，开心之余参观殷庆璋老师布莱特工厂及市区工作室，两件事让我感触良深。殷老师来酒店接我去吃饭时是傍晚六点，这个时间点哪怕是小城市也堵得让人心烦，于是就跟殷老师说：“我们找个附近地点吃吧，免得堵车。”殷老师笑了笑：“台北不堵车。”什么？傍晚6点，台北，不堵车？结果老师开车带着我行走在繁华的南京东路居然真不堵，所有车辆都规矩、有序地通过，行车效率极高。吃过丰盛晚餐后老师带我参观布莱特工厂，简单而整洁的前台、样品区、半成品区、成品区均井然有序。彩色印刷设备居然是我们国内规模快印店不拿正眼看的施乐700！而后道工艺设备却应有尽有地高大上：好利用、波拉刀！且全套色彩管理软件，管控色彩，这与我们快印店的投资思维大相径庭，值得重新审思。更让人没有想到的是，诺大的工厂只有一名雇员及殷老师小儿子两人，工厂及工作室均采用B2B模式，与客户建立服务器到服务器的网络对接，方便客户，方便自己，所有生产程序有条不紊地进行，更有助于提高效率与品质。整个公司加上殷老师及夫人仅6人，年产值近1000万人民币。我想，这里面深层次的问题：为什么台北不堵车，因为人人心态平和，做事讲求规矩；为什么布莱特采用现行的商业模式而不扩大扩张、开更多的分店，也是因为心态，找到适合自己的道路并不断强化自己的优势，让客户觉得你无可替代，那何愁不成功？

2016年5月参加印宜会长沙交流会，并成为理事会员单位，很开心地与各地快印同行共同探讨了行业动向及发展方向等，收获颇丰。天河艺术馆的参观开拓了视野，翰墨轩杨总、印通天下张总的艺术品复制演讲印象深刻，而东南文化孙义老师的工作阅历及个性化香囊系列礼品的开发也为我们快印企业提供了拿来即用的业务渠道。感受最深的是商丘许总开发的“一幅画”产品，让快印店维系老客户、开发新客户，甚至以前不曾涉足的医院、学校、政府部门等，有了一块便利的“敲门砖”，先送后卖的方式已成功接到了很多订单。希望业内同行能多用心开发更多的、可操作的、既叫好又叫座的新产品分享给大家，让我们的快印店以低风险、低成本快速拓展相关业务，进而提升自身生存与发展空间，达成共赢。

近距离接触佛山富丽图，对陆总与東总关于快印连锁店未来发展方向与思路的理解，甚是佩服，不盲目追求高大上的店面而用小而精致的店面，精心服务于有价值的客户，基石却是挑选出公司内愿意与公司共同成长的员工，并全心全意地培养、手把手教会他们，向市场要利润，达成员工的梦想与公司梦想的统一。

走过国内一些数码快印连锁店，各城市差异极大，北、上、广、深、杭等城市市场相对成熟，有的专注于建筑图文，有的专注于商务印刷，有的专注于菜谱、画册等，可谓只要活着就必然各有各的高招，各有各的活法。我觉得这种各自优势应该发扬光大，分析自身在细分优势业务上的结构，不足之处加大投入，无论是财力还是人力，将优势发挥到极致，才能更加筑固阵地，而不应盲目投入不熟悉的领域。前几年我也尝试过其他项目，大多以赔钱收场，由此看来，我们应分析提炼各自优势细分类型，同时不断完善、加强之，才是立足之本。

最后，我以自身经验分享给各位快印“掌门人”，我们除了工作还要有生活，多培养自身爱好，人活世上至少要有一个骨灰级的爱好！摄影、钓鱼、打球、品茗、读书皆可，并持之以恒，我想坚持是各位“掌门人”成功的首要秘诀，对于自身的身心健康，同样如此。

（厦门贝斯特数码快印公司总经理　王平）

四、东南文化：创意设计

1. 东南文化是谁

南京东南文化交流有限公司是一家定位于以数字技术实现文化创意集成的文化创意服务企业。迄今为止，先后开设四家连锁门店，成立一家数字印刷实验室；在行业媒体发表文章超过近30篇，东南文化的经营理念方法及其产品被行业媒体报道和转载超过20次；公司研发的产品获得奖项超过30项，其中，国家级奖项3项，省级5项，市级多项。特别值得一提的是，荣获连续两届中华印制大奖金奖，并获得数字印刷领域最高奖——“科印杯”数码印刷作品大奖赛的“全场大奖”；获得具有印刷“奥斯卡”之称的美国印制大奖精品二等奖。公开出版发行被《中国新闻出版报》誉为“数码印刷应用百科全书”的《能印》《能快印——快印行业产品目录册》。

东南文化还参与了以南京市为代表的诸多重大活动，提供文化创意和印刷服务支持，如青奥会、亚青会、滨江风光带展示馆及画册等；3次代表南京印企参加由国家新闻出版广电总局举办的上海印刷周；为南京印刷人创意策划《金陵印迹》被称为“南京印刷百科全书”。

公司被授予“南京市创新型印刷企业”荣誉称号，成为“江苏省省级机关及南京市市级机关事业单位和机构团体定点印刷单位”；被授予“江苏省双优诚信”“南京市双优诚信”印刷企业称号；获得中国印刷技术协会授予的“数字印刷在中国 10周年优秀企业奖”；企业带头人入选“江苏省新闻出版领军人才”，南京市宣传文化“五个一批”人才，获得“数字印刷在中国10周年杰出人物奖”。

公司“基于数字印刷的文化创意产品研究开发项目”获得江苏省文化发展引导资金资助。

东南文化对行业的探索与实践，以及取得的成果，在行业内产生了广泛的影响。2014年以来，到东南文化学习交流的全国同行超过400人次。2015年7月，行业期刊《数字印刷》刊文称东南文化经营模式为：创意导向模式。南京市文广新局网站新闻报道：“南京东南文化交流公司是数字印刷行业的后起之秀，公司总经理孙义入选第三批‘江苏省新闻出版行业领军人才’，公司多项数字印刷产品获国内印刷大奖，为行业树立了标杆。”

2. 东南文化想法

围绕个性化定制、柔性化生产主线，以数字技术为基础，充分发挥数字印刷的优势，向文化、创意、设计等产业链上游延伸发展，同时集成、融合印刷设备、介质、工艺技术等内部价值链，深入挖掘并释放数字技术应用潜力，拓展数字印刷的服务领域，开发多元产品，打造专、精、特、新的企业特色，以此探索和实践印刷企业多元增值的路径和方法。

以数字印刷实验室为平台，以数字技术和互联网为工具，以创新服务和产品为载体，整合资源，对内服务于下属门店和客户，推出创新业务和产品；对外开展广泛合作，与博物馆、文创企业等单位、艺术家、设计师等个体建立密切合作，目标创意+、艺术+、生活+，拓展相关服务领域。

3. 行业发展趋势

传统印企转型升级的方向中，数字化、向上下游延伸及跨界融合是可选项，但是成功率有多大？方法和路径是什么？这都需要研究和探索实践。

数字化、绿色印刷、融合是印刷行业的发展的未来走向，作为从数字印刷切入印刷行业的企业，东南文化对此有充分的认识和理解。因此，很早就确立了以数字技术为切入点，以项目策划创意设计为培育方向的指导思想。东南文化这几年的快速发展也正是得益于这个指导思想的确立。对于未来发展，更充分认识到因应行业发展趋势，融合创新，拓展服务领域的必要性。东南文化实施的诸多项目正是针对行业发展趋势做出的主动选择。希望能够紧跟行业大势，立足潮头，获得发展先机。

4. 小微企业选择

东南文化作为民营小企业，无论在从业时间、客户资源还是资本实力，在行业内都微不足道，甚至时刻面临生存的危机，这在印刷行业中也是很多中小企业共同面临的生存境遇。因此，对于以东南文化为代表的中小印企，在印刷大产业中，要能够立足，乃至于未来谋求更大的发展，经营者要清醒地认识到企业的定位和应采取的措施，明确如何生存和发展的思路，必须明确自己的战略方向和路径选择。用数字技术实现文化创意集成，是东南文化在充分分析自身优劣势的基础上做出的战略性选择，既与自身的资源匹配，也符合自身的成长发展逻辑。

种种因素制约着中小企业，使其在印刷行业转型中面临的风险更大。寻求更专业、更精通、更富差异、更新颖的发展之路，差异化定位，对市场进行细分，确定开发优先次序，把主要资源集中在主要的市场上，学会战略选择和放弃，走适合自己发展的专业化之路才是中小型印刷企业转型努力的方向。

5. 转型升级突破口

近几年，印刷行业转型升级是一个热门话题，印企也为之进行了不少有益的探索。未来各个企业在转型升级的方向上，依然会持续深入开展。

在市场的影响下，印刷行业走到发展低谷，转型升级已经成为必然。目前，整个印刷市场正在发生着深刻的变化。印企普遍面临着“生存、转型、发展”的压力。尽管行业发展趋势相对明朗，但是对于具体的每一个印企而言，都需要找到自身的突破点。东南文化试图以实际行动为行业和企业探索出一条实际可行的道路。既立足于印刷领域，又向上游内容挖掘、创意设计服务延伸；既坚持数字印刷方向，又融合传统行业积累的技术优势；既深入研究印刷设备工艺介质的特性，又与文化艺术的呈现相配衬；既开展理论架构上的研究，又落实到产品和商业化开发。

“跳出印刷谋发展”，坚持“内容为王”，从加工服务，转型用数字技术挖掘内容和创意设计，是最贴近客户、贴近产业链、最能增强企业吸引力的途径。这种转型既符合产业发展趋势，对印企而言又有现实意义，门槛相对较低、风险相对可控。

6. 培养核心竞争力

印刷行业一方面面临着外部市场变化的压力和整体经济形势的影响，导致印量萎缩，业务下滑；另一方面面临着行业内部竞争的压力，随着成本上升和价格下降，本来就相对微薄的利润更是雪上加霜。与此同时，国内的印刷行业普遍缺乏核心竞争能力，尤其表现在技术和自有知识产权方面。

应对市场变化和竞争，印企必须要在行业演进的过程中，培育自身的核心竞争能力。在这个方向上，创造内容、创意设计是最具有不可复制性的领域。从产业链条上来看，从印刷领域向上游内容创造领域拓展，也是最能增强客户黏性的方式之一。个性化工作日历、按需定制的中药驱蚊香囊都是很好的探索。

2015年10月，中国文化产业发展集团公司董事总经理、中国印刷科学技术研究院院长陈彦在2015年数字印刷在中国技术高峰论坛上，用东南文化做案例阐释“印企如何给客户提供增值服务”。

2016年2月，台湾崭新科技吕理哲总经理评价东南文化：“质感就是东南文化干的活。”

2016年3月，上海印刷周期间，新闻出版广电总局印刷发行司司长、中国印刷技术协会理事长王岩镔在参观东南文化的展位时说：“东南文化的好多创新作品，我有印象。”

2016年3月，中国印刷及设备器材工业协会副理事长兼秘书长王立建一行到东南文化调研时评价：“企业很小，很有特色；按需定制，很有意思。”

2016年4月，鸿印培训在东南文化开课：用文化创意集成，实现数字印刷飞跃。

（南京东南文化交流有限公司总经理　孙义）

五、沈阳蜂快印：数码快印连锁创新

2016年1月《数字印刷》发函给沈阳蜂快印，为2016年2月刊的专题“创新破局寻找延伸”约稿，我们应邀发表了《沈阳蜂快印创新在路上》，在这篇文章中我们梳理了沈阳蜂快印创新的历程和探索高效能门店、标准化运营体系的尝试历程，引发了不少同行的共鸣，很多朋友提出了宝贵的建议和帮助。

在与同行交流过程中，我们发现数码快印行业很多“大掌柜”都意识到：数码快印连锁必将成为行业趋势，其中的最大难点就是门店服务和运营如何能够做到专业化、标准化、简单化。

由此我们确定：专业化、标准化、简单化就是我们必须共同面对的课题。

1. 如何专业化?

现实客户群体中，的确有了解工艺、掌握行情且专业度非常高的“高人”存在，但客观地讲，更多的客户是基于常识而非熟知本行业特点，对于前者常见的场景可能是单纯的讨价还价，而后者如果成交，会偶有出现令人瞠目的要求。作为从业者，我们首先应该厘清的是门店提供的服务究竟是什么？物料制作，图文输出，还是简单对缝？其实本质上看，我们提供的品牌执行服务，为客户打造品牌提供专业的设计和制作。如果立足于此，那么门店的形象和服务的品类就呼之欲出了——形象专业、服务专业将是数码快印门店的基础。至于门店人、财、物如何配置、如何管控，在门店定性的基础上，无论是人员遴选、商务流程还是物料流转都将由此梳理进而形成专业化的标准。

2. 如何标准化？

门店服务标准化将会成就单店高效能运营，门店运营标准化才可能打造连锁体系。沈阳蜂快印的八位设计师历经六个多月时间，于2015年12月推出了《能快印——产品目录册》，希望门店凭借这个工具书创造客户在店滞留时间的商业价值，并且以此提高客户沟通效率；其后2016年3月初，我们推出了门店陈列《产品实物墙》，让到店客户“眼见为实”体验并感受门店服务项目的实际应用价值。产品目录册和产品实物墙将我们的门店陈列标准化，也推进了客户服务流程标准化。在此基础上，门店客服人员的职业技能和订单执行流程、物料仓储配送等各方面都需要随之调整，形成一系列新的运营标准。如今，许多同行参考我们的创新成果，让我们看到这样的努力的确提供了一个思路和一个选择。

3. 如何简单化？

信息技术发展快速迭代、互联网应用日新月异，这些都为行业转型提供了丰富的备选项，信息系统的应用可以打通数据——既为商业决策提供充分的依据，也为生意良性高效运转带来质的变化。故此，恰当选择、充分利用信息技术将成为打造体系的基石，并且与过去的IT建设投入相比较，现在成本更低且可控。

未来的商业竞争，无论身处哪个行业，企业核心服务水平和数字化程度都将起到决定性作用，而且高度数字化必将在DT时代衍生数据价值。总之，数字化管理可以帮助我们达成简单化，乃至创造大数据价值。

综上所述是沈阳蜂快印对我们所热爱的这个行业及其发展的想法，我们愿意与所有同行一同摸索前行、互通有无，通过共同努力，我们一定会找到数码快印店连锁的解决之道！

（沈阳蜂快印有限公司总经理　王晓辉）

六、上海丽缘图文快印：看好快印行业

现如今80、90后正成为时代的主流，80、90后的创业者正被大多数人所关注，印企行业也不例外，“印二代”一词也代表了这代有梦想的年轻人。印企中不断有心声抱怨“人越来越不好用了”，大多话题是80、90后不好管理，是时代造就了一代代

人，我们应该考虑如何与这代人融洽相处，并给予他们发展空间，让他们成长为企业团队的主力、行业的接棒人。很多企业已经看到这点，将员工变为股东（股权化），80、90后开始搅动快印行业的浪潮时，无疑还是当下快印行业的中流砥柱，他们兼具年龄、阅历、知识、时代、互联网的多重优势，正推进着我们行业的发展。

快印行业兴起20多年，得益于数码印刷设备的发展，行业得到快速发展的技术和设备支持，创业门槛越来越低，快印企业如雨后春笋般涌现。数码印刷设备的进步大大推动了行业的发展和竞争力，但目前行业市场严重过剩，在数码印刷与传统印刷竞争较量的时候，争夺广告及包装市场，快印行业已经进入转型、整合、洗牌阶段。国内很多大型的印企，在发展过程中成功转型升级，不仅建立了连锁机构，还拥有了品牌、团队、技术、平台等优势，成为国内数字快印行业的标杆。

如今快印店服务项目多样，不仅承接各种个性化、短版数字化印刷及制作、设计服务、营销体验，还为各种展会制作大型宣传广告、路旗、指示牌等。尽管在大型快印企业里，传统印刷依旧占据主导地位，数字印刷作为新兴技术，还处在配角地位，但数字印刷的发展也不容小觑。此次德鲁巴印刷展便可窥见一斑，时代的变革与趋势为数字印刷、快印行业展现了全新的面貌风采和前景。

作为上海丽缘图文快印有限公司创始人，我是一个标准的80后创业者。公司成立于2008年，从十几平方米的小店起步，几经风波发展到如今的6家连锁快印店，一路看来，从小店到规模扩大、单店经营到连锁经营、设备升级到重组资产、门店到工厂转型、重组到互联网平台……未来的路还很长，需要更自信地坚持梦想，虽说互联网的到来有上千种“死法”，但我们坚信只要自信+学习+勤奋，一定能成为行业的“幸存者”。

这两年，不停走访学习全国各大数字印刷、图文快印企业，寻找解决办法，各有独特模式及特色，任何时代都有当时的困难与机会，对于这些知名品牌的快印企业，我们深表佩服；其中年轻一派的印企掌门人也是独领风骚，在没有资金、人脉、圈子、背景等条件下能存活发展，时间足以证明一切。

为什么看好快印行业？在互联网时代，各种新名词络绎不绝，从B2C、B2B到O2O，再到今天的“互联网+”，在网络革命的大潮中，快印行业也在紧跟步伐。快印行业因其业务范围的特殊性，介于计算机和设备及人工之间。从业人员已经从第一代的60后，逐渐到了现在的80、90后。以前做印刷不动脑筋，现在做印刷要伤死脑筋。未来做好快印，平台和选择非常重要。随着互联网经济的发展，80、90后的图文店老板也开始学习、提升，营销、管理涉及方方面面，力争让自己的图文店更具特色、在市场上占有一席之地。数码颠覆性的巨变、互联网平台疯狂的发展、跨界融合重组的趋势，使得未来机会越来越多，分化也越来越细，发展空间更是巨大。比如：电商平台、O2O电商、云技术印企、出版印企、包装印企、拼版印企、混合式印企、印刷加工、设计印企、门店服务品牌印企、驻点服务印等。

未来以时间、效率、产品、品质、价格、技术、服务为竞争，市场更透明化。

互联网平台的竞争更多在于客户信任的基础上，如何让客户产生信任，就是在品质、服务、物流、交货时间保证的情况下成交。

价格的竞争：时间与数量的竞争：3小时、12小时、1天、2天，3天；1张、100张、500张、1000张、10000张取决于价格。

客户的竞争：用户思维、产品思维、平台思维、服务思维。

印企的竞争：拥抱变化、积极融合、主动升级、抱团取暖、品牌重组、运营经验、技术技持、售后服务、人力资源等优势。

门店的竞争：产品展示、接单、营销、服务、业务开发、代客下单、销售、推广、咨询、情感交流、标准化、小量应急时效、解决“最后一公里”的服务问题，将全身心地服务于客户，把所有时间及精力放在客户之上而获取更大的利润价值。

［上海丽缘图文快印有限公司（好印网平台）总经理　邱福明］

七、苏州爱欧连锁图文：小快印，大未来

最近这几年，困扰又迷惑快印店的事件太多……

- 以至于很多快印店的老板越来越迷茫，困惑，和焦虑……
- 市场不景气，国家整体经济低速发展的状况恐成常态
- 竞争激烈，你死我活
- 低价无底线
- 以前买机器就能赚钱，现在机器卖掉还亏本
- 关门大吉的快印店越来越多

于是，老板们各种积极向上的品格开始显现：

- 各种学习，培训
- 各种交流
- 各种大会小会
- 各种参观

其中，当然也包括我……

可是，回来后听到的最多的话却是："这还是不适合我！"

的确，我们快印店老板哪个不是苦出身，店里哪样事情不是自己亲力亲为，从前台客服到物流小哥，个顶个全能选手，忙完一天，关上店门，数着抽屉里一天的营业额，心情才稍显轻松和愉快，直到……电话铃声再次没有预告地响起："老张，有图要打印装订，快来拿，急！赶飞机要！赶紧！"

"好的，好的，马上过来！"，于是，又是"西雅图（晒图）不眠夜"！！！

可惜，好景不长

慢慢地，你发现周围开了N家快印店

慢慢地，客户抱怨你价格偏贵

悄悄地，你觉得有时间可以陪老婆孩子吃顿晚饭了

悄悄地，你的伙计去了隔壁老王家店里

生意流失，人员跳槽，业务下降

来来来，培训，上课，寻求"永恒的真理"

却发现，到头来，

青山依旧在，

几度夕阳红！

在这里，我要澄清，本人并没有诋毁和轻视培训和交流的重要性，恰恰相反，学习，总结，改善，提高，一定是值得肯定和鼓励的。但什么是我们需要的，急迫的，什么可以暂时放一放，解决企业核心问题，我认为才是重中之重。

- 网络平台
- 产品化营销
- 经营模式
- 管理模式
- 流程管理
- 品质管控
- 服务模式
- 物流体系

看到以上这些专业词汇，宝宝的心其实和各位一样的崩溃……

这真的，真的，真的是在说快印店吗？

真的，我个人真的觉得，天要变了

理想很美好，现实太残酷！

的确，我认为快印店经营的核心是"服务，品质，性价比"，说来简单，但要做

到又何其难！要快印店做到这些更是难上加难！

理由很简单：

（1）快印店大多数都是小作坊成长起来的

（2）因为原来利润还行，成本控制，管理粗放，无成本优势

（3）管理简单粗暴，没有章法

（4）服务客户，店长就是老板，客户少了还行，多了服务跟不上

（5）人员不稳定，各种跳槽

（6）同质化竞争，无底线低价，没有考虑未来，先干死别人再说

（7）无核心竞争力

（8）无规模优势

以上，请对号入座，越符合以上条件死得越快——是的！太直白，也太残酷，当然！我们可以视而不见，也可以嗤之以鼻！

但，如果，你认识到这些问题，努力去解决去改善，就应该走出自己的特色，做出自己的核心竞争力，那么，我相信快印店，也可以有大未来！也许，可能，我们会走出自己的一番天地！

现在，纷繁蛊惑的因素太多，对我们来说，不是要不断做加法，而是要学会做减法，作为一家快印店，我们真的能搞懂网络？去建立网络营销平台？去做琳琅满目的产品？

客户对我们的核心需求是什么？

我的总结是：①快速，②优质，③服务，最后才是价格，我们服务的就是大概三平方公里的客户，服务的就是客户立等可取或者当天就要的快印订单，如何快速，优质服务并满足客户需求才是我们真正需要考虑和解决的问题。试想，我们花费了大量人力物力去建立网络平台，却最终没有去优质及时地生产出客户需要的产品，那么之前的努力都将是白费的。实实在在，满足客户需求，优质快速完成快印订单，才是快印店的根本。

以人为本，对快印店来说，人才的积累和培养极其重要，快印店的员工在人力招聘中，我想都存在感同身受的问题：行业少众冷门，熟手难找！这意味着快印店再不重视人才的积累和培养，将是很难发展的，一个熟手的培养没有两三年是不行的，而培养店长则需要更长时间的磨练和训练。因此，去重视你的员工吧，呵护和培养才是用人之道，频繁更换员工的快印店一定不是一家好的快印店！套用一句葛优的电影台词：二十一世纪最缺的是什么——“人才！”

恶性竞争必将成为过去，只是我们能否坚持到竞合时代的来临？互联网将对快印

行业最终产生实质性的影响和洗牌，这个行业的每个人都无法回避更无法拒绝，如何顺势而为，因势利导，变被动为主动，去拥抱快印的明天，是今天我们快印人必须要认真思考的！

我想，未来五年，快印行业将真正面临残酷的洗牌，优胜劣汰！一个成熟的市场不需要那么多的快印店，恶性竞争必然无法支撑一个企业良性和长远的发展！竞合进而连锁的时代必将到来！品牌连锁甚至品牌整合，必将成为趋势！放眼世界，莫不如此！在美国，“kinkos,sirspeed,arc”，仅此而已……

那么，中国呢？

我和许多快印同行，最近两年走了很多企业，参观了很多牛逼的企业，我的体会是，每一家成功的企业都有其独特的经营之道和核心的竞争力，有的擅长网络营销平台，擅长生产，擅长品质管控，擅长成本优化和控制，擅长效率，所有的擅长中，都无不体现了这些优秀企业的成功之道，我想，只要精于其中某一项，都会是非常成功的企业。而我们——“爱欧连锁图文＋古得堡中央工厂”，也是在不断汲取和优化这些成功企业的成功做法中，为寻求一条适合自己的经营之道而不断努力前行。实践和时间将证明自己，并循序渐进，持续完善，走出一条适合自己的道路。

在这里，我要特别感谢台湾健豪的张训嘉先生，无私的指教和宽阔的胸怀，值得我们学习和欣赏！努力和敬业的职业精神令我敬佩！

在这里，再次由衷地表示感谢！

（爱欧连锁图文＋古得堡中央工厂总经理　汪泓）

八、印相：印世界，印未来

印相成立于2015年10月，团队由来自印刷出版、电商、大数据和投资领域的精英组成。印相致力于建设以印刷服务产品化的电商平台，以长荣健豪的产品输出为基础，以B2B2C的运营模式为核心，为成长性企业提供宣传品和个性化礼品的整体商务解决方案；为客户的不同场景需求提供组合宣传品和营销方案，以帮助客户实现营销增值、持续获得稳定的收入为首要目标。印相以诚信、品质、创新、卓越为企业精神，为传统印厂和图文快印店提供定制化的云印刷供需平台，实现企业的技术升级和增值。

印相电商平台于2015年底投入创建，于2016年7月15日完成初始化运作，并结合印相在个性化定制品上的优势和长荣健豪产品输出端的实力，于7月16日正式服务“大中电器35周年店庆活动”，短短十天的活动，印相电商平台为大中的消费者接收并制作相片书2985本，个性化台历3485本，得到大中电器全体员工及消费者的关注与喜爱，也为大中电器的用户带来更加新颖的个性化礼品的定制体验。

在为“B”端用户提供的“印相电商平台说明会”中，图文快印店及印刷厂的现场反馈从功能夯实的基础层面对印相电商平台的专业度做出了初步肯定，在网络虚拟交易流程上对有实体印刷活动的目标客户做出了更加详细的支撑服务说明，比如印相平台提供的“设计服务”、“在线审稿”、“源文件存储”、“通过大数据精准分析用户需求获得更高回购率”及多种物流服务等，为图文店省去了大量的、庞杂的工作，释放出更多精力更好地做客户拓展及开发，同时也为产销方与用户的印刷需求提供了另一种互动选择，让双方在外需不振，各项成本不断攀升及产品线不够充足的情况下避开了“只能选择传统路径”来继续发展的局促逼仄局面。案例：腾芳的王总在廊坊经营自己的印刷厂，目前已颇具规模，通过印相电商平台，王总为自己创建了网店作为印厂的前端，直接将自己的业务与网络对接，更大范围地将印厂的服务扩充到全国，这让王总很高兴，也让我们看到了线下的实体服务通过线上虚拟环境全方位展示后得到实际交易提升的过程。祝贺王总，无须任何投入，一步跨入电商行列！

目前，越来越多的客户正在从一点一滴的了解、疑问到决定使用印相，作为致力于全身心打造“印刷行业内专业的电商平台”的印相，其首要目标是找到一条最准确的路，把平台的一站式服务及核心功能推广出去，让更多的图文店、印刷厂及广告公司通过搭载平台的整体运营而获益，当然这不仅是“道”的问题，还有“术”，这个术包括电商平台的销售支持、营销活动、价格制定、财务统计、订单管理等各项功能的优化组合，“术”要落地，也就是系统的设计要落地，而且要切实落好。

印世界，印未来。印相，只为你而印。

（印相创始人总经理　张东华）

九、山东道克图文快印：做个好店商，足矣！

7月28日，在北京2016“德鲁巴来到中国”科印高新技术报告会上，遇殷老师，聊起约稿。殷老师鼓励说，这本书，前期要赠送给一两万家图文快印从业者，是做好事，书中观点提倡百家争鸣，作为一家有20年历史的图文快印公司，应该有些东西去分享，哪怕是一个好想法……

我们的感觉，图文快印行业最好的发展时期是2003年～2013年，是受益于房地产业快速发展的黄金10年。2010年以前，行业流行拼设备，理念是“先有设备后有量”，基本上买了设备就会赚钱，就会有生意来，而且利润不低。

但近几年来，一些共性的问题摆在了大家的面前：传统建筑图文业务减少、恶性竞争导致利润下降、房租和人工上涨过快、招人和留人难等。面对如此困境，同行们的各种聚会交流多了起来，也似乎找到了一些发展方向：产品多元化个性化、互联网+、门店轻资产、建立加工中心、生产智能化流程化，甚至涉足印刷等。

我们也一直在思考，路在何方？

现在各行各业开口闭口“互联网+”，或者“+互联网”，都想着通过互联网做全国的生意。难道我们这个行业，只有通过“云”才能做大做强吗？

“门店要轻资产，要建立加工中心”，是业内非常流行的理念，很多人也已经开始实施。问题是，怎样才叫轻资产？一定要建立加工中心吗？建立加工中心就能降低生产成本吗？就能赚钱吗？

我们感觉，价格战、互联网、云印刷、加工中心、自编软件、印刷厂等，凡是需要大把花钱、拼钱、烧钱的，都要慎重。在全行业都在摸索前进的时候，我们的心别太大，努力做个好“店商”，服务好周边三公里，先赚到钱才是王道！

印象中，第一次听到“做好店商”这个词是在一次聚会上，是行业秀才——杭州真彩的来总说的，我们非常认可。因为，行业电商、行业大鳄一定会存在，而且可能是越来越巨无霸、越来越可怕，我们既然无力与之抗衡，还不如老老实实地做好实体店，当好“店商”。

感觉上，在印刷和图文快印领域，行业电商和大鳄想一统江湖很难，因为大部分产品的特点是：或者具有时效性，或者必须要和客户当面沟通，或者工艺复杂依赖手工，或者不便运输等，虽然电商大鳄会蚕食一部分的印刷单页、名片、照片书等，但这些业务对传统建筑图文店的影响其实并不大。

我们不要悲观，这个行业的实体店仍有很大的生存和成长空间，关键是看我们怎么做。简单罗列我们的几点看法，供大家参考。

1. 建议尽量不要参与价格战，不要轻易降价

降价抢市场份额最简单，但要测算好，否则，看起来生意很红火，但钱没多赚多少。

举一个例子：买了台彩喷机，每个月打印2万张，每张1.5元，每张毛利0.75元，每个月毛利1.5万；但是降到每张1元钱，每张毛利0.25元，毛利是原来的三分之一，就需要每个月打印6万张才能维持原来1.5万的毛利。虽然可能会多一些印后装订上的收入，但员工工作量增加，奖金理应增加，再加上增加的电费、加班费等，公司实际获利可能并没有增加多少。所以，不要盲目跟同行斗气、跟风降价，而是一定要评估，要慎重再慎重。

现在，已经有资本运作涉足印刷甚至图文快印领域，价格战必将成为常态，而且随着更多新款B2、B1幅面的工业级彩喷数字印刷机上市，价格肯定没有最低、只有更低。

对同一个地域来讲，一个好的市场环境需要大家共同去维护。所以，不管怎样，建议大家门市报价不要太低，因为降下来就涨不回去了。可以变通让利，但尽量减少直接降价。

2. 丰富产品并尽量在店内展示出来

要从内心意识到建筑图文类业务一定会越来越少，必须要开始做产品加法，包括印刷、广告制作、标识展示、个性化印品、创意产品、菜谱、个性化包装等，甚至包括照片冲印业务；只有产品丰富了，客户对我们才会有依赖。这个不需要投太多钱甚至外协加工不用投钱，是轻资产。

虽然门店空间有限，但设法把尽可能多的产品展示出来非常重要，这样给客户留下的印象会更快、更深。

3. 做好新产品培训，梳理好生产或外协流程

万事开头难，对于要引进的新产品，不管是自己做还是外协加工，非常重要的一点是要让自己的员工显得很专业，否则就得不到客户的信任，所以，必须花大力气培训和梳理流程，提高接待质量和效率，减少差错。

4. 狠抓服务水平

说到底，我们还是服务业，所以服务好在任何时候都很重要。现在，硬件设备甚至包括产品质量越来越同质化，唯有软性的服务质量可以体现出差别。

如同其他行业，制定感动客户的条款不难，贵在坚持。如果我们的门店能做到“客户来一次还想再来”，就成功了。

（山东道克图文快印连锁总经理　王吉松）

第三节 印刷电商

一、世纪开元：印刷电商和数码快印O2O的结合

最近业务方向与未来发展趋势世纪开元的业务方向主要有三个：定制化线上影像冲印，商务印刷电商和设计师平台运营。目前，世纪开元的影像冲印业务已占到全网70%的市场份额，影像产品个性定制业务以每年60%的速度增长。定位于服务中小企业的商务印刷市场前景广阔，未来三到五年将会出现年产值过百亿元的印刷电商企业。

世纪开元自2015年10月上线商务印刷电商业务，目前销售额占比已近30%且增长迅速。预计2016年商务印刷销售额轻松过亿元。设计师平台是公司未来发展的方向，分布于全国的20万在线设计师可以随时响应并满足千万级用户的设计印刷需求，自有印刷厂与大量合作外协印刷厂通过信息系统协调配合，构建起完善的后端印刷服务网络，加上前端的客服体系，世纪开元将会搭建起影像冲印与商务印刷的生态系统。

当前中国印刷电商的发展特征

特征一，从搜索和销售指数来看，整个行业需求继续保持着高速增长的态势。

特征二，基于云计算商业模式、云印刷服务平台概念，为印刷电子商务注入了新的活力。

特征三，个性化订单越来越多，用户的需求越来越多样化。

特征四，印刷电商的移动互联网化趋势越来越明显。

对印刷电商热的看法，对数码快印行业的期待印刷电商目前仍处于“战国”时期，虽然大家都在进行模式探索，在体系建设和系统设计方面比前几年有了很大的进步，但整个行业还不成熟，没有一个特色鲜明的模式可以供大家模仿，没有大资金介入推动市场的快速发展，也没有形成直接的竞争。

数码快印行业近两年还会继续向好的方向发展，不会因为印刷电商的发展而受较大影响。但是数码快印要对价格、服务做好优化，找到新的模式，防止未来印刷电商或者其他新的模式出现而受到大的冲击。

对印刷电商与数码快印行业未来发展的建议互联网的本质是链接，互联网时代下印刷电商和数码快印行业应当进行有效的O2O结合，整合线上线下资源，形成平台。对现有的用户和潜在的用户进行大数据分析，分析用户需求，建立用户和印刷企业端的链接，改善用户体验，提高用户满意度，满足用户个性化的需求。

（世纪开元运营总监 李京）

二、一幅图：印刷电商需要真正的落地能力

经过了多年的探索和发展，印刷电商先行者们在不断地“烧钱”和“试错”中，逐渐摸索出一条适合自己发展的道路，对于印刷电商本质的理解也越来越深入。不可否认的是，印刷电商需要落地，但怎么落地，如何落地？印刷电商与渠道商、图文店和印刷厂的关系又该如何处理？未来印刷电商应该如何发展？在本文中，将可以找到一幅图的理解和答案。

Q：过去的一年，一幅图成长很快，您认为这一年中一幅图的表现如何？

A：就公司而言，我们确实在2015年成长很快，而最大的成就，就是推出了“印链”——印刷厂交易信息化及印前智能化saas系统，并在推出后就获得很多印刷厂及渠道商的认可，迅速获得客户。但就一幅图网站而言，我们觉得遇到了发展的瓶颈，而这个瓶颈应该不会只有我们一家企业感受到，很多印刷电商网站应该都会遇到这个问题。总结我们自己做独立印刷电商网站这四年多的经验，当前如果只是纯粹地做一个独立的印刷电商网站，然后去做在线推广引流实现线上接单，基本不具备成功的可能，这就是我说的一幅图网站遇到的发展瓶颈。独立电商网站一定要具备落地的能力，但是这个落地该怎么落，有很多的学问，也要慎重。

Q：印刷电商的落地能力问题一幅图是怎样处理的？

A：一幅图在落地这件事情上，可以说花费了大量的时间去探索。

大家重视落地，主要是由印刷这个市场特性所决定的。首先，印刷品的采购客户基本为企业用户，企业用户的付费习惯为后付费，印刷电商如果没有落地化的服务，付款问题基本就挡住了大部分的订单。其次，印刷品的高度定制化，较标品采购而言需要更多的前期服务，这个也需要落地的服务点去解决。我们希望主要解决两个落地的问题：一是服务及营销落地的问题，二是供应链落地的问题。其中，供应链落地的问题，我们可以通过“印链”的布局来解决，而对于服务及营销的落地，我们也做了两个小范围的试验：第一组建地推团队，在小范围内进行线下营销推广，线上服务及购买的试验；第二探索与已有图文快印店的结合。第一个试验历时半年的时间我们发现这并不是一个好的解决方案。首先，地推所获得的客户很难转化为线上下单的客户，大量的客户还是要地推人员走线下服务的模式；其次，对于中小企业而言，印刷品属于低频偶发性消费，地推人员很难迅速取得成绩，这使得地推人员的收入难以提升；再次，地推团队短期内要达到盈亏平衡很难，即使个别团队赢利了，但是要复制难度较大。虽然互联网的“烧钱”推广是当前的基本规律，但印刷与设计的生意是一门很传统的生意，如果营销团队做的业务连自己都难以养活，那么从全公司的角度讲，实现赢利就更难了，何况即使“烧钱”推广获得的线下客户也很少愿意马上使用

线上功能，这使得客户的第二次及后续的服务成本依然很高，不可能迅速像C类客户那样线上留存。基于这几点原因，我们在尝试了六个月后果断停止了地推。第二个试验是探索与已有图文快印店的结合，如何发挥我们的线上能力，帮助线下的图文店一起把这个业务做好，这就是一幅图O2O，它的全面落地在2016年6月。我相信会像我们推出“印链”给印刷厂带来惊喜一样，这次落地一定也会给图文快印店带来惊喜。

Q：印刷电商平台与印刷厂合作的问题受到越来越多的关注，一幅图的“印链”是如何运作的？

A：现在印刷电商平台与印刷厂合作，很难实现从网站直接到工厂系统的无缝链接。虽然前端的接单步骤是通过网站自动流程实现的，但是到了供应链端，就需要我们把文件处理好后，再手动传到印刷厂的系统，完成整个流程，最后这一步就非常的原始，并且耗费大量人力。当前一些印刷电商采取了建立供应商管理平台的办法，让供应商自己上平台下载订单。这个方法可行的前提是印刷电商有足够多的订单，否则印刷厂是没有这个动力的。一幅图解决这个问题的办法是提供一套系统帮助印刷厂管理好交易，这样我们就可以将一幅图与这个系统打通。这就是“印链”诞生的原因。“印链”实际上是一款印刷厂交易信息化及印前智能化saas系统。

在国内的印刷厂，70%以上的订单都是通过QQ完成的，很多系统提供商生硬地忽视了这一用户习惯，推出的电商交易系统也多采用网页或者客户端模式，希望强制客户使用，但效果很差。“印链”首先通过对QQ的深度对接，将QQ接单及网页接单进行无缝衔接，不管用户是通过QQ还是网页提交订单，都可以很方便地生成账单。同时我们的文件自动检测及处理功能模块对接了QQ及网页两个文件来源，实现了实时的文件检测及自动处理，形成标准化的印刷文件直接进入我们的拼版模块。

“印链”的功能模块很多，也很强大，“印链”要实现的是四个自动化：接单自动化、文件处理自动化、拼版自动化及打单自动化，通过这四个自动化去帮助印刷厂减员增效。

Q：从设计切入印刷，可以说是一幅图最大的“撒手锏”。目前，越来越多的印刷电商意识到设计的重要性，在这方面都有所布局。那么，在设计+印刷领域，一幅图是如何保持领先优势？

A：设计是一幅图投入很大的一个板块，我们现在专门有一个事业部做设计师的运营。遵循“有用、有钱、有爱”的运营原则，设计师平台经过近三年时间已经积累了超过三万名的设计师，形成了良好的设计师社区氛围。我认为，未来在印刷电商领域能够胜出的是那些可以很好地解决设计问题、有很强的商品策划能力、具备落地服务能力，同时又有着良好的供应链管理能力的公司。一幅图在这些方面都有所布局，希望在未来可以有所收获。

Q：一幅图2016年还有哪些发展规划？您如何看待印刷电商未来在中国的发展？

A：开放将是一幅图在2016年的总基调，我们会把我们过去四年多的电商经验与技术向行业开放，帮助印刷厂及图文广告店做好电商与消费体验升级。

在中国，很多印刷电商都希望通过一个网站去干掉渠道商及广告店，我认为这样的想法太过简单。印刷电商网站想去掉图文广告店这个中间环节的目的是难以达成的。当前电商已经高度发达了，但是你会发现，即使加上淘宝，企业客户通过电商采购的印刷品也不会超过市场份额的1%，大部分还是通过广告公司及街边图文广告店消化掉的。中国当前有将近30万家的图文广告店、45万家的广告公司，是一个庞大的地面群体。现在我们清晰地认识到，作为互联网平台应该想着如何帮助这些店铺中的一部分人做好生意，帮着他们做消费体验的升级，我们认为这个行业的机会就在于提供升级的消费体验，尤其是企业用户，讲的是性价比，而不是一味的低价。因此，在未来，一幅图还是要加强与图文广告店及印刷厂的合作，而不是与之竞争。我们希望通过这种合作，能够真正为中国的印刷业带来改变。

（一幅图总经理　陈涛）

三、有福网：互联网+印刷，为幸福生活添色加彩

印刷术是中国的四大发明之一。曾几何时，印刷是一件很麻烦的事，要设计、要出胶片、要制版，还要很大的起印量，费时、费力、费钱。但如今，互联网+数字印刷，让印刷变得很简单，就如同上淘宝、京东网购一样方便快捷，而且让普通人也能成为设计师，创造出时尚精美的个性印品，做到无限创意、私人定制、一本起印、送货上门。

印刷的发展经历了从古代的雕版印刷、活字印刷，到现代的传统印刷、激光照排、计算机制版，再到数字印刷、网络印刷的漫长的岁月，对人类文明发展和传播起了很大的促进作用。随着移动互联网、智能手机和平板电脑的爆发，人们的电子阅读量迅速增长，纸质印刷品的需求大幅减少，传统印刷行业的增长遇到了瓶颈。天意有福公司“互联网+数字印刷+文化创意”的创新模式，通过产品标准化、模板时尚化、设计自助化、生产智能化、物流社会化，实现私人定制、每本不同、一本起印，为传统印刷行业的升级转型提供了新思路。

天意有福是基于“电子商务平台+快印连锁门店+集中生产基地+自建区域物流”

的经营模式开展个人消费影像、商务市场活动和工业配套物料三大类定制印刷产品的设计、研发、生产、销售和服务的高新科技企业。主要产品包括消费影像类的照片冲印、个性化相册、台历挂历、装饰画、T恤、马克杯、照片墙等，商务活动类的艺术名片、宣传单张和画册、喷画、文件夹、个性包装盒等，工业配套类的说明书、吊牌、标签、包装物料等。通过面向大众消费者的个性印品定制平台“有福网”（B2C）和面向中小企业和图文快印行业的“云印刷网”（B2B）两个网络印刷电子商务平台，以及遍布全国的30多家天意快印连锁店，从线上到线下为个人和企业用户提供个性化定制的印刷产品和服务，再经过集中生产和物流配送送货上门。其中，自主研发的电子商务系统、智能印刷ERP系统和业务流程优化，以及国外引进的先进数码印刷机和后加工设备是关键的技术保证。

图 6-1　有福网、云印刷网下单平台

1. 个性印品成为时尚消费潮流

时间都去哪了？无论是金榜题名时、洞房花烛夜，还是宝宝成长、合家团圆、旅游观光、同学聚会，人生有太多的美好时光值得珍惜。越来越多的人们通过“有福网”(www.yofus.com)的网站、APP、微信公众号来上传自己的照片到网络空间永久保存，再套用精美时尚的模板DIY自助设计，就可印成独一无二、无与伦比的相册、台历、T恤、杯子、无框画等个性化定制印品来珍藏记忆。除了实物，还可以把电子版一键分享到微信、微博、QQ空间等社交网络，精彩生活、有福共享。这正在成为一种有时尚品位的生活方式。甚至你还可以把日常在微信朋友圈分享的图文内容一键导出、自动排版印刷成纸质书，摸得着的记忆，点点滴滴，值得珍惜。个性印品对于人们的意义，已经远远超越纸质印刷品，成为满满幸福感的载体。有福恒久远，照片永留存。

2. 云印刷颠覆传统图文快印行业

传统图文快印行业是“前店后坊”的重资产模式，租金、设备、人员成本高，产品品类非常有限，印刷和装订质量普通。如今，图文快印店正在向专注于产品展示、用户体验、销售和服务的轻资产模式转型，门店从只能承接自己能生产的少数品类的订单发展到可以承接全品类的订单，从解决方案的层面满足客户的需求，还不必费时费力全部由自己生产，只需要通过“云印刷”电商平台下单，通过网络传输到生产中心集中式生产，经过智能化的印前文件处理、数字印刷、印后加工、自动分拣和包装，把大量的小订单合并为大订单，就能做到当天或隔夜交货，既能实现大规模定制的成本效益，又能并且通过区域物流和社会快递实现同城四小时送达。“云印刷”电商平台（www.yunyinshua.com）是颠覆传统图文快印行业的创新实践。

3. 按需印刷助力智能制造企业

工业产品也正在从以前的单调产品大量生产的模式向款式多样、批量较少的大规模定制模式转型，天意有福与格力、美的、志高等大型工业企业合作开发的JIT即时供应按需印刷系统，打通了工业企业和印刷企业两套ERP系统的跨界数据交换接口，处理可变数据印刷，提供产品说明书、不干胶标签、溯源标签、吊牌、包装物料等工业配套物料的零库存、零停线式的JIT即时供应，从系统自动下单到物料配套到生产线最快只需两小时，大大减少了库存、减少了因停工待料的损失，大大提高了生产效率和降低了生产成本，成为制作业智能化升级转型的助推器。

让印刷走进千家万户、为幸福生活添色加彩，天意有福是国内互联网+数字印刷的创新者和先行者，获得高新技术企业、科技小巨人企业、诚信印刷企业等荣誉，也是广州市优势传统制作业转型升级的示范企业。“天意”和“有福”分别为广州市和广东省著名商标。旗下“有福网”在最近四年连续入选“中国印刷电商排行榜20强”并名列前茅，“云印刷网”也正在快速增长中。位于广州市白云区的天意有福新工厂在2016年5月全面投产后，将成为华南地区最大的智能化数字印刷研发和生产基地。天意有福于2015年1月成功登陆“新三板”，成为数字印刷第一股。跳出印刷来做印刷，从加工思维向产品思维、用户思维转变，更多地关注用户需求、创新产品设计，充分利用互联网平台和智能制造技术去优化营销、服务和生产流程，互联网+印刷有着巨大的发展潜力和增长空间。

（有福网总经理　董祖明）

四、名片天下：印刷电商与数码快印共同迎接工业4.0的到来

专注小批量定制服务

名片天下作为国内最早的云印刷平台，从2006年开始探索“互联网+小批量定制”服务。

2012年，名片天下获得了全球云印刷霸主Vistaprint的2000万美元战略投资。与Vistaprint三年的合作，让名片天下在各个方面都得到极大的提升。Vistaprint的先进理念，也让名片天下一直坚定对“小批量定制”能力的积累。作为名片天下的创始人，我始终认为，未来的印刷业最终“PK”的一定是价值。相对国内其他的印刷电商，我们更能亲身体验Vistaprint的精髓，也更能践行对用户价值的追求。

近几年，随着“互联网+”的发展，国内的印刷电商正逐渐走向垂直化，大家正朝着自己的优势方向前行。例如名片天下，我们做了十年的名片印刷，十年来我们一直都在积累小批量定制服务的能力。现在，我们将这些经验应用于其他产品并已取得成功。我们的平台目前有上千产品，大部分产品一件起订，且价格亲民。我们通过对细分市场的精心耕耘，让所有企业都有机会享受定制服务，即使是初创型企业。

同时，我认为国内印刷电商正受到工业4.0的冲击，随着工业4.0在国内的应用普及，名片天下这种小批量定制服务将会颠覆很多现有的商业领域。

目前，在资本市场的强力介入下，各大印刷电商平台价格战愈演愈烈。“价格战”在培养用户层面确实有一定的价值，但有悖于印刷产业的“工匠精神”。产品价格被榨干了，还如何对产品工艺精益求精呢？我认为，经过几年的市场洗牌，未来留下的印刷电商一定是以品质见长的。印刷电商的价格优势会越来越淡化，品质与特色将会占主导优势。

所以，我希望在工业4.0的驱动下，有更多的印刷电商平台愿意静下心来专心好做产品与服务。像名片天下一样愿意“花十年精力只做一件事”的公司太少了，我们可能速度很慢，但我们确实在每一个环节上“精雕细琢”，希望用“工匠精神”去影响整个行业。

此外，我也建议印刷电商人能够深入了解印刷产业的整个链条，从设计咨询、售前方案到销售、产品、生产、物流环节，甚至到外协、结算等环节，印刷企业要找准自己的优势，并且清楚自己如何将优势转化为产品和服务。未来，印刷市场会更加细分，在融合的大趋势下，印刷电商与数码快印行业也可以尝试抱团发展，优势互补，

共同迎接工业4.0的到来。

名片天下有自己独特的技术与产品优势，未来也可能尝试与更多企业合作，促进个性化定制服务在国内的大规模普及，将小批量定制服务运用到更多的商业领域。

（名片天下创始人　钱贵昱）

五、阳光印网：获3.5亿元C轮融资快速发展解密

2016年6月29日，中国最大的企业印刷和定制品电商——阳光印网C轮融资发布会在北京柏悦酒店举办。来自不同行业近三百多名企业家、近百家媒体参加了发布会，发布会上，阳光印网创始人CEO张红梅正式宣布获得C轮融资，总额达人民币3.5亿元。本次融资由复星集团领投、软银跟投。

1.“阳光采购”与“企业级共享经济”是阳光印网的两大法宝

阳光印网致力于构筑阳光、高效的企采供应链生态圈。企业级共享经济模式与阳光采购是阳光印网高速发展的两大法宝。一般消费者都很熟悉的“共享经济”模式，比如人们所熟悉的滴滴打车、Uber（优步）、Airbnb等，它已让很多人都享受到了便利和实惠。在阳光印网，有一个新概念——“企业级共享经济”。

张红梅说：“千万个制造厂商就相当于出租车，需要采购的企业用户就相当于等车的乘客，我们将他们全部汇集到阳光印网的平台上，平台帮助工厂和企业用户选择调配资源，让工厂的机器每时每刻都在运转，让采购客户第一时间找到高质量、低成本的印刷品和服务，不必等待。充分调动存量资源，提高利用率，降低印刷成本，无论是工厂还是企业客户都将得到最大的实惠。”

解决企业采购的全部痛点，光靠“企业级共享经济”是不够的，传统的企业采购流程是“脆弱”的。对于企业定制品来说，左右价格的因素太多，产品规格、参数和定价标准不清晰的直接后果就是价格的不透明。选择供应商是采购的第一步，然而，选择好的供应商是一门大学问，对专业能力要求非常高。在质量、价格、物流距离等因素里取得平衡，是导致不阳光采购的原因；全靠人与人对接的传统采购方式，是最大的病根。人很聪明，懂得应变，但就是没有计算机程序稳定、诚实。所以，传统采购效率低、易出错。

“标准化、透明化、科学化和去人化，是搭建阳光印网平台的宗旨，也是实现阳光采购的法宝。而互联网技术就是让这‘四化’集中发挥作用的最有效的技术手

段。”在阳光印网，从定价、下单、设计、生产、质检，到打包、出货、物流、交货，再到结算，采购全流程信息透明、标准明确。更难得的是，阳光印网平台可与企业的ERP和OA系统对接，实现真正的全流程去人化，确保阳光。阳光印网的几千家合作厂商，是通过对接阳光印网的“阳光外发系统”进行实力比拼“优胜劣汰”，从而成为阳光印网合作的优质厂商的。他们可生产的定制品种类齐全，地理分布遍布全国。阳光印网将用户需求通过平台系统拆解分单直达生产厂商，实现本地生产和就近物流。“生态式选厂”“去中间商化一站式全品类采购”与“就近采购”的结合，是企业科学采购的最佳模型。

2. 复星、软银盯上10万亿级企采市场

阳光印网将在打造阳光企业采购平台上持续发力，通过共享经济的方式，让工厂更高效，让企业用户更受益，实现终极“阳光采购”。

复星集团副董事长兼首席执行官梁信军充分肯定了阳光印网的互联网企业级共享经济的商业模式，看好阳光印网正在改变的数万亿级泛印刷市场。“在投资阳光印网之前，复星集团作为一家全球化的企业集团，在企业物料的采购上面临着价格不透明、采购流程复杂、服务能力弱等痛点。在体验过阳光印网的服务后，我们发现，集团节省了采购成本和物流成本，人力上也有不少的节省。”梁信军认为，阳光印网的商业模式、市场空间与复星通过推动传统产业嫁接互联网、打造极具竞争力的独角兽企业的理念不谋而合。“这也就是我们为什么要投资阳光印网的原因，我们的最终目标，就是助力阳光印网使其成为‘企业级共享经济’模式下的独角兽B2B电商。”2015年，阳光印网销售总额已接近五亿元人民币，在短短的三年时间内获得A、B、C三轮融资，融资总额近五亿元人民币，这让趋于谨慎的投资界开始更加关注“企业级共享经济”的商业模式。

3. 深耕更多的细分行业采购

在充分赢得了阿里巴巴、百度、滴滴、京东、苏宁、美团、饿了么等著名互联网用户信赖的基础上，阳光印网将进一步加强对传统企业“互联网采购”的影响。目前使用阳光印网平台的用户已突破20万，在本轮融资的基础上，未来两年，用户预计将突破200万，阳光印网将继续整合全国一万家以上的供应商。通过更大的市场投入，让大家更加深入了解阳光印网模式。

作为目前最有实力的投资机构代表，复星和软银投资阳光印网，将进一步加速数万亿级传统企业采购市场的变革。张红梅表示，“阳光印网将创造一个巨大的阳光企采生态链，在这个生态链上，我们将给企业用户提供一个更大的企业共享经济平台。

我们未来的事业，比很多人想象的要大千百倍，我们欢迎更多的上下游企业融入进来，共同分享巨大的市场、可见的未来。”

（阳光印网 CEO　张红梅）

六、印通天下：打造互联网环境下的印刷行业磁力经济

无论什么行业，一入互联网就很自然地“无平台而不欢”。

不能不说，互联网的最大特点就是“联”，因此，无论是综合商务，还是垂直领域，大平台思维都是主流。成功与失败，往往在于其平台设计，以及背后的技术支撑、资本支撑是否能把“联”的功能发挥到上下交通、左右逢源。

印通天下网络科技有限公司由香港、台湾、大陆三地资深印刷企业共同投资成立，创造性地在中国首建“印通天下”全国性电子商务网络云印刷平台，具有以“软件自主开发、多城加盟联营、统一原材料采购、标准化质量管理、自建物流系统、平台式无界服务”为特点的运作发展格局，为全国各地乃至海外客户提供“线上互联网、线下门店网、区域互助网”相结合的多元化、互交性印刷服务渠道（O2O），将网络营销、平台化运营、城际资源整合、远端服务、个性化按需定制等当下最具生命力的经营与服务模式在大陆首次真实引入印刷这一古老而传统的行业。除可为企事业单位、机关、学校、社会团体、家庭个人等各社会层次、类型的客户提供包括名片、卡片、相册、纪念册、画册、书刊、会议资料、宣传资料、标书、年鉴汇编、挂历台历、庆典印品等多种印刷品的承印服务外，印通天下还组建了高水平的创意设计团队对不同材质的印刷类生活艺术品、用品等进行自主研发，可为以家庭、个人为主的客户提供丰富多元的产品。

总体而言，印通天下，以其规模化、集团化的组织形式、当下最先进的软件开发技术、组创者从业多年的深厚人脉与功力、优秀的创意与生产团队、世界一流的先进设备、超越传统的运营服务理念，为客户打造以按需付印、个性化定制、DIY模板提供、一册起印为特点的印刷服务，以多品种、多材质、可定制为特点的艺品、纸品销售服务的PC一键式、手机移动式、门店一站式立体服务平台。

目前，印通天下自主开发了包括印刷流程管理与控制ERP系统、节点负责人追踪、客户各项信息检索、财务管理、质量管理、客户订单管理与追踪、物流配送管理以及APP移动客户端等集多项功能于一体的应用软件，还开通了可实现在线自助

下单、付款、DIY个性定制、订单追踪、物流追踪等功能在内的按需印刷电子商务交易平台（www.ep365.com），为客户提供真正意义上的7（天）×24（小时）×360（度）的全方位无缝隙服务。在未来，印通天下强大的运营及IT团队，还将根据市场需求，不断升级和更新运营思路与应用软件，以求始终超前于同业水平。

与此同时，印通天下致力于在“共建、共享、共赢”的原则基础上，打造互联网土壤上的新型印刷产业生态链。它不仅由生产企业与消费者构成，更是涵盖以印刷为核心的上下游相关行业的一个全产业链，当这个全产业链在一个平台上整合良好并达成互惠共赢，即形成一个成功的、平衡的共生系统。

第一层级：上游服务。

包括设备的购置、优化、维修服务；原辅材料的团购、统购服务；设计制作服务；扩产融资金融服务、人力资源服务，等等。

第二层级：供应链服务。

依托印通商学院，开展文化、管理、技术、工具、流程、营销等的培训服务。

第三层级：下游服务。

包括物流服务、印制成品的线上线下销售渠道服务等。

当平台打通这三个层级后，供应链上的企业将会完成互联网升级、成本降低、产能优化、管理与技术水平提升、效率提高、流程优化、资金与人力渠道更丰富，全面提升企业的核心竞争力。

而供应链上的企业实力的提高，直接对优化消费者的用户体验起到积极的促进作用，这又反过来推动了反复消费与市场美誉，直接反哺企业的业务量上升。

供应链上的企业的业务上升，又必然反哺上下游相关企业的业务量上升。

由此形成良性循环的闭环，此时的印刷电商平台将实现相对的“价廉物美”，也就是说，在提供给消费者的产品质量不变的前提下，因为生产企业的成本降低，而有了让利给消费者的更大空间。

而这一目标的实现前提，考验的是一家专注平台的企业其“联”的功夫，也就是企业是否拥有文化理念、运营模式、IT技术、生产与管控实力、资金支撑等方面的综合吸引力，以吸引到一个垂直领域中所有相关的行业与之形成强力联盟，并共同构建在服务、价格、效率三方面均能满足消费者越来越高的用户体验要求的消费平台，也就是说，是否在最终形成对消费者的吸引力。

这就是印通天下的磁力经济理念：

自我修炼——以实力吸引印刷领域内的上下游相关行业形成互惠联盟，以最佳用户体验吸引消费者。

这是一个也许相对漫长的过程，在其前两步更是毫无一蹴而就的可能。然而，这却一定是打造一个真正厚重平台的必由之路，亦是对加盟的业内企业真正负责，对未来用真金白银在这一平台上进行消费的消费者最负责任的态度。

所谓磁力经济，其实是对自己的考验。自身的磁力，是平台经济活跃的前提。

（印通天下总经理　张宏波）

七、飞印网：谈印刷电商

1. 目前中国印刷电商正呈现哪些新特征？

邱益彬：最近几年，印刷电商大发展，“商业印刷”和“个性化印刷”业务融合逐渐加速，资本深度介入的影响开始显现，平台对产业链的资源整合能力大幅提升，移动端布局日益受到重视。当然，印刷电商无论出现什么形态，以互联网手段解决印刷的方便快捷是其存在和发展的基石，从未改变。

方便快捷是一种用户体现的价值，也相当于用户的痛点，印刷电商需要如何解决好这一痛点呢？

邱益彬：印刷电商，是网络信息技术与印刷生产的深度结合，是传统印刷运营模式的颠覆和价值链的全新构建。要解决好用户痛点，两方面是核心的关键。

第一，在线自助设计功能模块。传统的印刷服务是在印刷门店等线下服务商设计，专业性的操作要求和反反复复的沟通修改，耗时耗力，没有技术平台的支持系统，这将让用户在印刷体验上大打折扣，自助化设计将很好地解决这一问题。飞印网推出的飞印名片设计器和飞印彩页设计器，让用户像用Word一样轻松搞设计，个性去DIY自己的设计，就越来越受到用户的欢迎，印刷电商具备自助设计也成为一种趋势。

第二，支持高效的信息技术系统。印刷电商的标准化流程以及有相应的技术支持系统，才能够确保高效率而节省成本、控制质量。从而给用户提供高效而节省成本的印刷服务，这个本身就是为用户提供价值。飞印网开发的印刷电商ERP管理系统3.0版，可让一个客服人员每日处理200个订单。该系统不同规格尺寸、纸质和工艺的印刷，在线自动报价、订单确认、文件处理、订单的处理、印前检查审核，再到印刷制作、品检、物流等。飞印的ERP系统还包括营销、CRM、财务等模块，大大节省了时间和人工成本，从而让价格有竞争优势。假如没有这些优势，印刷电商的存在形式如果纯粹是一种普通的网站门户作为信息传播推广，这跟传统的线下印刷服务商比较起来，没有太大的区别性优势。

2. 印刷电商现在处于怎样的市场现状?

邱益彬：目前以及未来一段时期内，印刷电商都将处于边发展边洗牌的大变革中。

如今，印刷电商如雨后春笋般一批批涌现，又悄无声息地一家家倒下。短期看，激烈的竞争将导致产业格局的震荡，但从长远来看，却是利大于弊。因为每一家新的印刷电商，都将带来业务需求的增长，即使洗牌，已经实现的增量还将留存在市场中，蛋糕会越做越大。曾经，印刷电商是对传统印刷的颠覆，今后，激烈的竞争将引导印刷电商对自身的变革，最终实现整个行业的跨步迈进。

3. 印刷电商未来的发展趋势怎样?

朱子畅：印刷电商作为电商行业其中的一种垂直细化分类，按国外的印刷电商的发展分析，印刷电商的模式是大势所趋的。但这个领域，行业上仍然处于摸索阶段，现在众多的“互联网+”当中，互联网+印刷的印刷服务本质上属于定制的生产服务。把这个服务搬上互联网空间，有其跟其他行业不一样的一些特点。

众所周知，“足不出户”的便利性是任何“互联网+”的核心价值点之一，而印刷电商要做到这一点，其对技术支持的要求比较高。印刷行业中印刷服务首先处理的就是印刷文件，要做到真正的在线自助设计功能模块和支持运作链的高效的信息技术系统，其技术上对于印刷电商挑战比较大。

尽管互联网+印刷是大势所趋，但目前用户对于使用电商进行印刷适应性和习惯性也是需要时间培养的。传统的印刷服务形式在人的心目中根深蒂固，并且形成习惯，需要一段相当长的时间去适应。

印刷行业本身具备很强的专业性，以及很多用户对印刷知识的不了解，促使印刷电商在服务提供的过程中，印刷电商对线上用户的服务，让用户也体验到了一些“不便性”或者“心存疑虑”，而这种体验足以让很多用户轻松转换到传统的印刷服务提供商。因此，让丝毫不懂印刷的用户会轻松使用印刷电商网站是一个重要思路。

从电商特征和印刷要求看，自助化设计和自助化下单将成为主导趋势。

印刷电商如果仅仅只是一个纯网络信息门户或者平台，那很难体现区别性优势。印刷电商一定是为解决印刷市场便利的痛点而存在的。所以，印刷电商必须在自助设计编辑器和智能管理后台方面下大力气，这也使飞印网着力优化飞印名片设计器4.0版本并推出飞印彩页设计器等，并且逐步推进其他产品的在线设计功能模块。

（飞印网联合创始人、董事长　朱子畅
飞印网创始人、首席技术官　邱益彬）

八、片客云印：印刷电商、数码快印开放心态、相互拥抱合作

最近业务方向片客云印利用完善的数码影像个性化电子商务平台，整合传统的印刷和冲印等影像生产企业，将云端定制、云冲印、云印刷能力开放给云端图片存储平台、摄影及图片处理类APP等互联网企业，为公众用户及企业用户提供基于云端、PC端、移动端的数码影像产品定制化输出服务，实现线上与线下的融合与打通，开创互联网+云计算+印刷服务的全新闭环商业模式。

1. 商业模式优势

通过不断摸索与实践验证，片客云印个性定制印刷平台为图片相关类网站及软件提供了全新的赢利模式，在为广大用户带来便捷的数码影像产品个性定制服务的同时，通过统一的产品门类、品牌、质量、标准，规范供应商的生产服务，从而保障以相对较低的成本提供更高品质的产品服务。打通线上与线下，实现互利合作共赢，平台级的全部闭合流程，形成了生机蓬勃的良性商业生态系统模式。

2. 未来发展趋势

近年来，人们的消费方式正悄然发生改变，世界正步入私人定制的消费时代。随着手机拍照质量提高，图片文件每年以万倍的速度增长，图片照片个性定制需求巨大。作为国内领先的数码影像个性定制平台——片客云印紧握时代脉搏，顺应互联网+私人定制消费浪潮，凭借DIY定制平台优势，全新的闭环式商业模式，稳定的生产支撑服务体系，必将为广大用户提供便捷、高品质的私人定制产品与服务，发展潜力巨大。

开放合作：印刷电商、印刷厂、数码快印家都需要以更开放的心态，去相互拥抱、开放合作。

平台整合：1～2年内将形成多个营收上亿元的规模化印刷电商平台，竞争将更加激烈，平台之间的整合将加剧。

随着规模化电商平台的崛起，印刷电商热将逐渐退去，市场将进入群雄逐鹿的时代，资本再次起到了推波助澜的作用，快速形成业绩、用户鸿沟，平台将步入整合期。对数码快印行业来讲，小批量、个性化、定制化的订单将逐渐增加，市场容量也

将不断扩大，快印行业将进入发展快车道，希望印刷电商能够打通与快印企业ERP系统的对接通道，实现系统间相互交叉调用，快速准确地响应客户要求，为客户提供满意的个性化定制的服务，高质量的快印产品。

建议行业组织或媒体，能够多组织印刷电商与快印企业的交流，将互联网+印刷真正实现有机的结合，真正实现印刷行业的产业互联网。

（片客云印）

九、印刷加：互联网+印刷O2O模式

网络印刷一定是未来的趋势，从2015年开始，我们注意到这个市场有非常明显的增量，“印刷电商热”确实也愈演愈烈，并吸引了大量的资本注入。这一定是好事。所谓“众人拾柴火焰高”，大家的一起努力和发声才会让更多的目标客户透过互联网来看待并接受网络印刷服务，最终形成消费习惯。尤其是“猪八戒”这样的原生态互联网公司的介入，一定会扩大影响。

但同时，仿佛一夜间，中国相对前列的印刷电商都殊途同归：“号称”积聚了N多设计师；建立了完善的接单平台；要整合N家印厂，打通供应链；构建线下服务链……最后是必须有钱（融资），越做越重，用资本的钱跑马圈地，建立壁垒。我一直在想，这是真正的互联网+印刷吗？互联网在链条里的价值到底体现在哪里？其实，2015年印刷加一直在思考什么才是我们的独特的核心竞争力，总结过去的经验教训，我们在做的和将要做的事情一定是基于两个认识。

既然是“互联网+”，一定要让互联网创造更大的价值——缩短产业链，让直接客户跳过中间环节。我们会坚持做B2C，把目标客户定位为小微企业和商户（Vistaprint的模式在中国是最难的，但我们排斥“线下接单、线上交易”的所谓印刷O2O模式，个人认为只是披了层互联网的外衣而已）。

因为小微，所以最难，必须要集聚数百万级的用户在平台上才有意义，而流量的高额获取成本又决定了玩不了。唯一出路就是要找到低成本的获取流量的方法，我们致力于在这个点上用互联网的方式做文章。我们思考的点有三个——移动互联网、印刷后移动营销和分销。

我们的定位是：

印刷加以移动互联网的方式解决小微企业设计+印刷+印刷后移动营销需求。

印刷加专注印刷，不止于印刷。

1. 四大模块（子品牌）大致的布局

印刷加电商+微商城——分销体系一站搞定营销物料采购需求；

滴滴设计——移动端基于地理位置建立设计师和设计需求的连接；

码上秀——印刷后移动营销利器，同时也是自己最重要的免费流量来源；

互推邦——连接互推平台，共享粉丝资源。

2. 战略思路

跳出印刷，以有价值的免费服务和内容获取大流量，沉淀印刷用户。同时挖掘用户印刷后移动营销需求，让印刷+移动营销变简单、变便宜、变有效。

展望未来，我们战略布局清晰，但道路崎岖，我们验证价值，努力前行！

（印刷加　陈东）

十、开心印：数码快印的未来

数码快印在印刷及图文行业中其实已经是一种新兴的具备科技与未来基因的技术了。再加上近年来“互联网+”技术及商业模式的不断涌现，使得原本成熟、传统的行业江湖精彩纷呈、波澜壮阔。

然而，精彩的背后，却是我们都实实在在地感受到了行业所面临的前所未有的危机，需求的减少、成本的增加、竞争的加剧，等等。传统的模式和经营手段受到很大的质疑，但未来之路到底应该如何，我们却很难在当前的各种尝试和案例中找到真正适合自己的答案。其实，我们所处的行业环境已经逐渐步入了新的常态，这就要求我们整个行业的企业家们站在更高的高度来梳理和思考我们所从事的事业。

图文和印刷行业对于人类文明的贡献无疑是巨大的，而正是其对文化和信息的传播功能当前受到新的信息技术的冲击是最大的。但我们完全有理由看到，图文和印刷行业所能产生的价值其实是极其多元和广泛的，例如包装、装饰、纪念、收藏、按需定制、个性化等。所以，如果暂时抛开我们当下所经营业态，我们应该看到的是图文和印刷其实涵盖了极其广泛的需求和市场宽度，也就是近期大家经常谈到的广义图文或者印刷。其实在我看来，印刷、图文、广告、影像等这些目前分别存在的业态具备非常多的共性，可以认为是一个行业。

对于市场或者用户而言，包含了以上这些行业的各种需求在很大程度上都是共同存在的，而因为当前的行业经营方式，造成用户需要与多个行业和供应商进行交易和沟通，既影响用户便利也限制了行业的效率及发展空间。假设有相应的经营模式能够让用户的相关需求都能够得到一站式的解决方案，那么对于用户而言，无疑会极大提高用户便利、降低交易成本，同时，对行业的经营实体而言，将会快速地扩大经营范围，提升规模和赢利能力。

就目前的行业现状，要实现这样的结果也是极其困难的。没有任何一个企业能够做到可以凭自身的生产经营能力去涵盖用户的各种多元的、长尾的需求。假设行业是由若干企业分别通过自身专业的生产或服务能力对用户某类需求进行满足，而这些专业能力又通过相应的协作机制赋予每一个企业的时候，我们行业内的每一个企业就将通过自身的专业以及协作获得了全方位的能力。这种协作机制其实就是目前很多行业的有识之士在努力通过新兴的互联网信息技术打造的行业平台，这也将会是行业的趋势，也是会庇佑行业内各企业共同发展和进步的参天大树。

这就要求我们的企业首先要对自身的能力进行专业的定位，不管是对于某类产品的生产还是对用户的专业服务和营销能力，需要至少在行业内的某一领域有相当的专业程度和竞争力。同时，需要由足够的行业协作思维或者极强的整合能力，让自身的能力通过其他的行业伙伴发扬光大，助力行业伙伴具备更大的能力去发展，也同时通过其他伙伴的能力让自己具备对市场用户需求的一站式解决能力，让自己获得更大的发展空间。

数码快印只是一种技术和能力，应该恰如其分地让它去服务好企业的发展战略。在当前的市场经济环境和新兴的技术趋势下，我们的企业应当立足专业、深挖用户、背靠大树。

（开心印副总经理　殷智）

十一、多多印：印刷电商拥抱变化

1. 变革时代下的印刷行业

对于印刷人来说，2016年依然是煎熬的一年。内部产能过剩、低价竞争仿佛恶性循环导致竞争愈演愈烈，外部印刷电商夹击抢占市场份额，预示着行业必将经历的一番大浪淘沙般的洗礼。

变革时代下的传统印刷行业将何去何从呢?

2. 变还是不变

很多印刷人纠结着“转变太难，不变只能等死，即使转变也不知道如何转变”。马云有一句话特别好“拥抱变化”。大变革时期，准确的选择比辛苦的工作更加重要。如果说合版印刷的冲击、媒介电子化、个性化需求增加等这些因素已经改变了业态的话，不变就确意味着消亡。可是如何改变，我相信这个没有标准化的答案，需要结合企业的自身情况做出判断。而判断的标准就是：提高效率、节省人力、寻求竞争优势、整合上下游资源。不是说别人要做合版印刷你也要选择，这个门槛只能越来越高；寻求企业自身的特色和行业中的定位，才是最重要的，有“舍”才有“得”。

3. 网络印刷 VS 印刷电商

网络印刷和印刷电商不是一个概念。网络印刷是运用互联网提升传统印刷下单和时效的整合方式，而印刷电商是提供印刷服务的平台。举例来说，台湾健豪是典型的网络印刷佼佼者，可以通过网络下单、报价、文件传输、物流发货，大大节省了人力成本，提高效率。网络印刷实现了对传统印刷厂的改造和提升。而印刷电商，以多多印为例，不仅需要通过互联网实现下单的全部功能，还要提供整合上游优质印刷厂的资源，下游实现互联网的推广和营销，并实现对客户设计需求的增值服务，进而真正实现低价优质的服务平台。

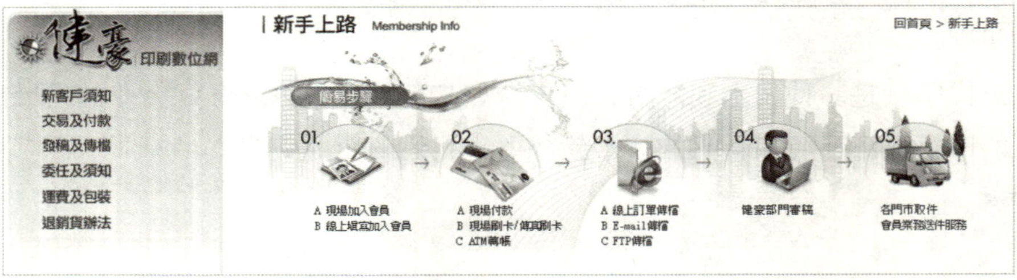

图 6-2 健豪印刷

图 6-3 多多印

印刷厂要不要向网络印刷方向发展？印刷电商如何把控上游资源的质量和时效？这需要根据自己的状态选择自己关注的，再去解决实际的问题。

4. 懂互联网的不懂印刷，懂印刷的不懂互联网？

就现状而言，多数企业的确面临着如此的状况。传统印刷行业人多数工厂出身，对互联网的营销接触不多，也不知道如何运用互联网实现产业升级。而有些从事互联网相关行业的人士进入印刷电商平台，不了解如何深度挖掘行业价值，实现行业有力、有效的资源整合。但是，问题都是一时的，问题的解决需要看学习的能力和速度，终将会有既懂得印刷也懂得互联网营销思维的企业产生。

不要再抱怨市场如何残酷，请以开阔和拥抱变化的心态迎接这场洗礼，找准企业的定位和发展方向，学习、参观别人一万遍，不如自身改善一小步。不要像温水煮蛙一样，等发觉危机时已为时已晚。最后，借用马云的一句话激励各位同人“今天很残酷，明天很残酷，后天很美好”。

（多多印创始人　CEO 陈佳）

十二、印刷家：从共赢出发

1. 关于印刷家

“印刷家”（www.printhome.com）是中国印刷行业目前在线产品最多、最具影响力的在线印刷设备与器材采购平台，由中国印刷科学技术研究院和科印传媒发起，整合众多业内外优势资源联合打造推出。印刷家面向印刷包装行业实现资源融合，提供互联网采购解决方案，全力打造印刷包装行业最专业、便捷、安全的印刷器材“一站式”在线交易平台。

2. 印刷家，从共赢出发

在今天互联网改变整个社会的时代，印刷业当然也不应被遗忘，这是一个让这个传统的行业焕发新生的机会。印刷家带着那只可爱的吉祥物“小印象”走上了“互联网+”的道路，旨在通过互联网的手段为印刷行业搭建一个印刷原材料采购的电子商务平台。“作为中国的四大发明，印刷业的从业者本应有着一份荣誉与自豪。可是今天印刷在许多人的眼里却打着低效、破坏自然、苦脏累的标签。赢得社会的尊重必须从我们自身做起，‘印刷家’就是希望唤起我们行业从业者的自信，做印刷人通过自己的专业、敬业与匠心，也可以像艺术家、舞蹈家、摄影家一样成为这个领域的‘大家’。让印刷成为荣誉，是我们每一个印刷人的责任。”印刷家的创始人陈彦女士说，“‘印刷家’还有两层含义，一是印刷的大家庭，在印刷家里我们有与家人共赢思想；二是连接，家人的连接是最紧密的，我们希望能够聚合行业专家，连接最优秀的供应商，连接最广泛的印刷企业和从业者，提供最专业的采购支持和服务。”在谈及印刷家的含义时，陈彦特别强调了“共赢”，她还说：“共赢思想深植于印刷家的基因之中，因为印刷家设立的背景是科印传媒和中国印刷科研院，我们深刻理解行业中各个环节是唇齿相依的关系，所以我们在设计平台模式时，就把行业生态各个方面的共赢放到了首位，希望通过印刷家的专业采购服务、通过互联网的方式，让我们整个行业的交易水平和能力再上一层楼。这也是我们出发的初心。”

3. 印刷家，共赢这样做

共赢是一个理念，如何把共赢落实到印刷家的服务之中呢？

通过对行业需求的探索不断深入，印刷家将着力解决行业采购的四大痛点。

“想买找不到”。通过互联网平台和机制，将设备材料在印刷家进行全方位的展示，帮助印刷企业在选择和寻找耗材和零配件的时候不再困难，快速对接。在印刷行业，纸张、油墨、印版是主材，但还存在大量的辅材，以一个手提纸袋为例，还需绳、带、扣，等等。这些辅材的材质、规格五花八门，虽然在印企的生产成本中占比不大，但采购费时费力，价格不透明，更重要的是，质量良莠不齐，使用频次不高的印企难以分辨。对于这些辅材，印刷家正在构建标准化采购流程，包含上线产品的检测、交易、物流等环节。这意味着，能在印刷家上线的辅材，规格更规范、品质有保障。印刷家实际上在做产品标准化的工作，定义了产品的品质，也使自己逐步拥有了行业话语权。例如，数字印刷是印刷企业致力拓展的新业务领域，但数码特种纸却供应不足，有些规格难以寻觅，质量稳定性、设备适用性等方面也存在诸多问题。印刷家为此特别建立了特种纸专区“纸艺家”，帮助用户甄选优质品牌、实地专业测试、厂家直接进口，在帮助用户提升沟通效率、采购效率的同时，也为自身稳定获客增加了入口。

“采购量少没人理”。通过丰富的线下点对点支持和服务，以及平台多方位的活动，帮助企业完成集中、联合采购，高效、低成本地对接物资原材料的供应，提升整体的采购效率，减少浪费。

“采购盲目性”。通过直接的服务，帮助企业梳理在采购过程中的采购数据，同时提供行业的采购指数报告，指导印企进行更加有效和有针对性的采购。

“采购资金紧张”。通过导入金融方面的支持，增强行业的资金流动效率，帮助企业扩大生产、获得更多扩大销售和产能的机会。

4. 印刷家，不是京东亦不是淘宝

区别一：商家入驻审核

印刷家，做的是平台，主要是商家入驻，印刷家不负责商品的采购、仓储、销售、快递和售后。然而，并非谁都能上线开店，虽然我们不负责商品的采购、仓储、销售、快递和售后，但是为了确保平台的所卖正品，印刷家坚守诚信底线，严格审核入驻卖家资质。商家开店需明确经营类型、经营品类、经营品牌，如果是经销商是否获得品牌商的产品销售授权等，确保每个买家网上采购的商品品质和售后服务。

提到严格的审核，印刷家“绿色印刷材料一站式在线交易服务平台”为了确保上线的产品品质，要求商家务必符合国家环境保护标准，并提供产品品质承诺书和品质保证金。

区别二：费率低

印刷家坚信互联网并不是颠覆或取代传统产业本身，“互联网+”首先是传统营销手段的一种补充，B2B的传统印刷包装产业的“互联网+”，需要结合现有的营销渠道，应用互联网的优势，创新传统的营销理念，提升产业链效率，降低行业成本。对比淘宝、天猫、京东等电商平台商家结算的平均费率在5‰～6‰，印刷家则可以做到1‰，非常适合大额低频的企业支付。

区别三：支付方式灵活

结合B2B的实际交易特点，印刷家与中信银行合作开发的小印支付，可以支持在线付款和结算，以及柜台转账和网银转账等方式。尤其是柜台转账的功能，完全贴合印刷包装行业的实际行业特点，是淘宝、京东等电商平台都无法支持的。

区别四：在线查询交易回单

与B2C交易最大的不同，B2B的结算是需要做切实的财务手续的，小印支付可以支持用户随时在线查询、打印银行的交易回单，作为企业财务结算的凭证。

区别五：不干涉产品价格

再看看补贴，B2C行业，比如专车行业，充值返电子券，推广到他人，只有在交易后才进行补贴，再比如外卖行业，交易是100%确定产生的。但B2B的部分补贴可能过于简单粗暴了，3万元的交易流水换800元现金，而且又不过平台，这样的补贴价值如何评估？作为大额交易的B2B，这么高的补贴额是否能承受？举一个钢材电商上市公司的例子，它其实比较典型。大家需要思考，业内开玩笑钢铁卖到了白菜价，如何在为行业服务的时候，保持市场和自己的健康发展，大家需要思考。

印刷家一方面通过联合印企需求，发起团购等平台活动，帮助买家降低交易成本；另一方面，配合商家，发起集采等形式的促销活动，利用互联网的方式，扩大商

家的促销范围，提升行业的采购效率。印刷家虽然不干涉产品价格，但会根据市场的大数据分析，指导建议商家的促销价格，以实现买卖双方的互利共赢。传统企业拥抱互联网的趋势已不可逆转。

5. 印刷家，被认可的共赢

起步刚一年，印刷家就获得市场认可，公司市值已达2亿元。近期资本在印刷界动作频频，开始发出强烈信号：印刷业并不是行将老去，死水微澜；而正在构建新生态，演绎新格局。资本布局的速度正在加快，力道越来越猛。资本是敏锐的，我们就借着资本的视角一起来解读，印刷家为何会获得投资者的青睐？

“印刷家”出现在印刷物资采购这样一个传统供应链中，其创新路径，从优化供应链入手，努力连接起印刷企业和耗材供应商，尝试解决印企采购的信息不对称问题，推动采购流程标准化，提升采购效率，扶助优势企业。由此演化而出的商业模式，让印刷家把握住了更多的产业机会。不到一年时间，入驻印刷家的店铺达357家，印刷家的上线品牌已达到400个，涵盖了主流的设备和原辅材料生产厂家；上线的产品数量已达20978款，已达到印刷企业常规采购产品总数量的75%。印刷家今天，已经成为品牌入驻很多、在线产品数量很多、用户反馈很积极的采购平台。

今天印刷家刚刚出发，但我们将为此全力以赴。期望通过印刷家共赢的创新，通过行业共同的努力，使得印刷家这个平台有一天能够成为印刷行业贸易中的重要平台；因为有印刷家的存在，让采购交易变得更便捷、更诚信、更透明，更高效，更低成本，让行业的采购管理、贸易流通的方式，都可以用一种全新的方式开启。因为印刷家的存在，印刷行业有了更好的采购体验。

（印刷家总经理　龙熙芳）

十三、e盒印：数码快印的契机

公司近期的业务方向与未来发展趋势，及印象特深刻的大事件印象最为深刻的应该就是2015年9月，我们的彩盒包装印刷电商平台“e盒印”的正式成功上线，这无论对于金冠科技公司还是包装印企来说，都是一件划时代的大事，意义非凡，它意味着金冠公司正式形成了自己的“互联网+包装盒”垂直电商模式，也宣告着目前国内唯一一家解决彩盒包装小订单行业和市场痛点的互联网印刷电商平台的诞生，为广大彩盒包装小订单客户带来真真正正的问题解决和良好体验。这么一个里程碑式的跨越，也正式标志金冠科技商业模式的创新及再次转型的成功，金冠科技将在近期及未来继续坚持以包装印刷为核心，票证印刷为基础，商业宣传资料印刷为辅的业务格局，同时会重点加大彩盒包装电商平台“e盒印”的业务拓展和推广，使之成为金冠业务中最为关键、成长最为快速的一块，使金冠科技搭上“互联网+”快速发展的列车。

目前中国印刷电商的发展呈现出的新特征顺应“大众创业、万众创新”的时代发展要求，及互联网电商蓬勃快速发展的潮流，特别是国家提出“互联网+”的传统企业转型升级倡导后，中国印刷行业这个传统而古老的行业，其电子商务和网络技术应用得到前所未有的快速发展，现在行业内很多人都意识到产能过剩、成本上升、竞争激烈、利润变薄的危机，大家都迫切希望转型和突破，大家都开始有意识利用互联网网络技术的应用来实现自身的突破来赢得未来竞争的优势。虽然大家都知道要用互联网、要走电商之路，但如何走这条路？如何真正能走好这条路？但现实却是没有几个印刷行业企业真正给出满意的示范和答案，真正做得成功的互联网+印刷的电商平台没几个。我们认为，印刷产品需求是一个非常庞大的市场，未来的一段时间，印刷行业依然会处于重新洗牌的过程，大家都会不断探索自身的电商之路，以满足时代和市场的需要，但只有真正有效解决市场和客户痛点并持续成功运营的电商平台才会脱颖而出，掌握未来竞争和市场的主动权。

如何看待目前愈演愈烈的印刷电商热，对数码快印行业的期待愈演愈烈的印刷电商热是时代和市场发展的必然要求和趋势，我们需要顺应趋势和要求，应该走这样的路，也应提前走这样的路，走好这样的路。对于数码快印，数码印刷技术本身对于传统印刷就已经形成巨大的优势，而数码快印行业企业有效推进自身的印刷电商平台建设和运营，必然形成更大更多的竞争优势，迎来数码快印行业发展的“e时代”。

对印刷电商与数码快印行业未来发展的建议？

数码快印行业要走搭上“互联网+”快速发展的列车，发展自身的印刷电商线上平台和业务；走电商之路应要从根本上解决客户和市场痛点，满足乃至超越客户需求，为客户带来价值入手，而非简单的网络互联或为走电商而走电商。互联网技术仅仅是工具而非真正赢得竞争的根本；在互联网电商时代，单打独斗注定失败，要进行行业资源的整合和合作共赢。

（e盒印总经理　吴登米）

十四、e企印：互联网化数码快印的先机

近年来，从“个性化印刷”到“商业印刷”，不断有旧的企业倒下，新的企业涌现。中国印刷电商已从多年的“烧钱”和“试错”中觉悟过来，正在慢慢厘清思路，优胜劣汰后展现一片新的景象。

从印刷电商的脉络延伸过来，数码快印连锁行业向互联网转型，显得顺其自然。这脉血液也将变热至沸腾。有别于印刷电商，数码快印互联网化将迎接自己的挑战。

1. 打破数码快印行业只是数码快印的单一格局

数码快印与印刷电商的不断交集，尤其是综合性交易平台如淘宝、天猫上出现的竞品，再加上互联网思维渗入，必将带来新一波的降价热潮。甚至在不久的将来，数码快印电商只向用户收取工本费，亦或是全免费。也就意味着原本的赢利模式将被颠覆。朝着互联网思维的继续指引，这个行业也将融入互联网金融，打通上下游供应链，最后朝着一个完善的产业生态链整合。譬如在产业链上，将原本孤立的设计作为产业升级的必要环节，提升整体服务品质与能力，让一站式服务更好地提升用户的体验。

2. 数码快印互联网化亟需解决的物流问题

众所周知，短、频、快是数码快印服务的特征和优势。传统模式，区域性的店面为客户带来的快速制作快速收货的优势，如何在互联网实现？互联网的无疆优势必须通过先解决物流难题才得以实现。打造甚至需要超越京东似的物流，离不开资金的支持，同时承担更多的风险。企业能否在这一问题突围，是决定企业能否取胜的法宝。

3. 技术领先，才能在移动互联网浪潮中占领数码快印互联网化的先机

随着移动互联网用户增多，群雄逐鹿，对数码快印向移动互联网化提出了挑战。适合移动互联网化的技术支撑是抛给数码快印互联网企业的难题，比如，如何通过手机上传大文件并且提高上传速度，如何在手机上便能查看完整订单内容的正确性并及时作编辑修改，等等。移动互联网的发展潜力无限，挑战也无限。

4. 取得用户的信任，是最重要的软实力，也是最核心的能力

新模式的另一个亟待解决的难题是如何解决平台的公信力问题，这就需要平台运营方们拿出让用户信服的产品质量标准、服务标准以及执行标准。通过一点一滴的快速积累，强化品牌的力量并以之为方向，以此打破用户尚存的迟疑。取得用户的信任是最核心的实力，也是取得成功的必经之路。

此外，大批80、90甚至00后新生代消费力量的崛起，他们深谙互联网的规则，并且个性十足。市场将越来越容易被说教，但是也会越来越挑剔。企业需要避免同质化，从产品和服务上创新吸引眼球。传统的经营模式将会在固有的逻辑思维运营思路上进行改进，比如互联网+连锁加盟的模式，将会更趋向于平台直面用户的方式运作，如平台统一的形象输出，统一的售后客服，统一调度中心，以此拉近平台与月户之间的距离。同时互联网推崇轻资本运营，将在轻硬件，重营销的思路上引领企业前行。企业需要集合自己的优势，快速迭代用户的需求，对市场快速做出响应，在充分了解行业的基础上运用互联网思维解决问题。

（e企印总经理　李子发）

第七章

店小二

第一节　店长的角色与职能

一、打造“友善、乐趣、未来感”，搞定90后年轻人

店里员工多是90后年轻人，年轻人普遍不肯吃苦，例如：要求他扫地，却对老总摆臭脸；用和朋友相处的方式对待，希望能让年轻人热爱工作，结果他反而更加目中无人。究竟对待90后年轻员工该像朋友一样，还是维持上司对属下的雇佣关系就好？（成都源海数码印刷郭总问）

“学长的话”：有句话说，“柜台后你怎么对员工，柜台前员工就怎么对待客人”。你和员工建立有如朋友的关系，这很好，但还不够，和员工的关系还是要存在纪律、效率和对服务流程的要求。

数码快印服务业不是只谈彼此关系和感情，还有责任存在。上门客人期待的不只是服务的热情和态度，客人还期待对数码快印的质量以及服务速度是否专业，服务人员的衣着、话语、态度等，都影响客人对这家店的观感。例如宁波毕昇数码快印谢总与店长每天上班前在门口迎接每位员工到职，以“微笑鞠躬并说老师早上好”，让每位员工都能有信心、干劲、努力在岗位上工作。

你的问题，表面上是如何处理90后年轻员工的情绪，但深一层看，应该要去想，员工没法接受工作要求的原因是什么？是一开始就没有找对人，还是找到人之后，却缺乏对这些人提供适当引导与培训，以及后续进行追踪绩效考核和评估，牵涉的是背后一整套人员管理的流程。

让90后年轻人热爱工作，要建立“3F”的工作环境：Friendly（友善）、Fun（乐

趣）、Future（未来感）。

Friendly（友善）：就是把数码快印店变成像学校社团。

年轻员工进来，给他完整的行业及公司介绍和由衷欢迎加入数码快印行业，让这个地方成为学校和家之外第三个好去处，逐渐产生归属感。

Fun（乐趣）：则是要谈工作本身要弹性、多元化。

我们要了解年轻人的心理，像《超级星光大道》这类的电视节目会受到欢迎，显示年轻人需要的是表现的舞台，把每个工作时段设计成可以让他们尽情展现所学与自我个性的服务舞台，并享受客人的回馈。

Future（未来感）：是让他们对公司未来有期待。

最简单的是给奖金立即回馈，某天表现特别好，当天下班就给予奖励；这个月业绩特别出色，颁发团队奖金。

店长要同时扮演老师、教练、专家和朋友这四种角色，不只告诉员工该做什么，还要让他知道为什么必须接受培训和要求。即使是年轻员工，他在这里若可以学到技能、培养纪律，比别人有更好的处理问题能力，对未来就业或自行开店都有帮助。当他看到自我成长的愿景，就会认为在这里工作很值得而有意义，而不是来卖时间。

➢ 店小二这样想：

“威权管理落伍了，要用对待朋友的方式和年轻员工沟通。”

➢ 大掌柜这样想：

“不管是正职或临时员工，都要协助他们从工作找到自我价值。”

二、愿景当动力，棍子靠边站

创业图文快印公司是一对夫妻开始的，仅一名正职是应聘来的，其余员工都是朋友帮忙性质，因此很难对员工严格要求，就算要订新规章，也面临之前没订，为何现在突然要订的争议。如何在不伤感情前提下，有效管理员工？（台州采风图文快印周总问）

“学长的话”：家族企业要蜕变为专业经理人为主的公司，也会面临类似困境，以中国台湾经营之神台塑创办人王永庆为例，创业初期凝聚家族共识是，加上极强的由上而下控制能力，形成庞大集团力量。但当第一代领导人离开或家族分裂，个人色彩退去时，创业家精神的引擎会不会熄火，则要看管理机制是否成熟，或者集团内存不存在共同愿景。

数码快印公司经营管理机制上，固然可撇开企业化经营，计划、执行、考核的模式，朝人性化取向，但却不能没有新的共同愿景，因为，如何清楚地描绘公司对数码快印的愿景，来自大家能否建立共识，而共识本身即可取代管理模式。

什么是“愿景”？《第五项修炼》书中提到，简单地说，愿景就是“我们想要创造什么？”它改变了成员与公司的关系，员工不再认为这是“他们的公司”，而是“我们的公司”，这样的一体感，唤起人们的希望，也最能激发全员的企图心和行动力。

数码快印公司要建立共同愿景，须靠你和全体员工坦诚沟通，思考愿景和个人对生命的意义和定位，从追求自我成长的原动力，和公司下一步如何能更好，交集出彼此都能认同的目标。当大家都有这样的企图心，因为已有了共识，日后对于不管是假日加班或客户服务等管理层面的种种要求，势必就会愿意达成共识，于是转化为管理模式。

也就是说，当存在共同愿景，棍子和胡萝卜是建立在大家同意的发展目标下，而不是只为达到奖惩和业绩目的而制度化，订新规章不但不会引起反对，还能继续保有公司个性化与人性化的经营风格。

愿意出来创业的人都有对数码快印行业的愿景，这份初衷是否仍是创业伙伴们的共识，需不断检视，甚至得因应客观环境做出修正。这是谈管理制度之前，要顾及人性化一面，管理教科书找不到标准答案，数码快印店长的领导特质，以及对人性的掌握和了解，才是关键。

> 店小二这样想：

“虽然是朋友共同创业，但还是要一视同仁遵守店内的赏罚规定。”

> 大掌柜这样想：

“绩效管理一定要做，但该怎么做好，要先取得团队的共识。”

人员管理的杠杆思考练习：

1. 先有员工的满意度，才有客户满意度，我是否充分思考提高员工工作满意度的各种可能？
2. 年轻员工既然是这家店的主力，我有没有花最多心思和他们沟通，了解他们的需求？
3. 每家店都想找到认同经营理念的工作伙伴，但还没成为员工之前，怎么让他们得知我的理念呢？

三、建SOP，“用人”不“留人”

经营图文快印店七八年，目前有四个店，雇用50余名员工，因成本考虑无法多聘员工，日前多名任职三年的资深员工离职，立即面临人力短缺问题。曾靠发奖金和培训，试图改善员工流动性高的问题，却未见成效，我该如何改变员工就业心态？（重庆帅成图文快印张总问）

“学长的话”：员工流动性高，本来就是图文快印服务业常态，奢望一个员工在一家店打工十年八年还是有点困难，每条街的图文快印店，虽品牌不同，但产品差异化有限，只有靠服务才能创造竞争优势，谈服务就牵涉门市人员的培训，因此，你首先该做的，是建立店务SOP（标准化作业程序）。

建立SOP目的只有一个：让新人几天内就能上手。如此，就没有工作交接空窗期，也不必担心因员工流动，导致产品及服务质量下滑。

这套SOP内容和步骤越详细越好，从一早开店，如何开启总电源开关、准备打印机的颜色管理，到打烊前完成清洁工作，扫帚拖把归位等细节，统统都要列进去，不只书面化，最好还做成简报文件或拍成短片，既详尽又简单易懂。

多数图文快印店店长或许认为，员工人数屈指可数，口头说明工作流程即可，不需建立SOP。但是员工平均留任时间是三至六个月，一年下来新进员工少说超过十人次，一次建立SOP，三年至少可重复用三十次，是不是很具效益呢？

此外，还要有制度化的考核奖金配套，才能降低员工流动率，强化团队的工作默契。薪资以外的奖金最好能分两笔，一笔和工作绩效连动，表现好马上发给；另外一笔依出勤状况或任职时间长短，给予额外奖金，这笔奖金延后三个月才发，若员工打算离职，须在一个月前告知店长异动计划，才能领回这笔奖金，以避免人力衔接不上。例如佛山富丽图图文快印2013年开始策划“3×3模式”，服务点收益，公司三，员工七，人性化的分配让员工充满战斗活力。“3×3模式”是统筹思考市场、资金和人三要素，设立店长、设计、客服三岗位，30平方米场地面积，3套小型设备，30万元总投入，30万元/年利润等模式。

建立SOP 不同时间发放不同奖金，除可解决店内长短期的人力调度问题，人资角度的意义是，与其经常为“留人”大伤脑筋，不如把心思用在如何让新人用最短时间上手，强化资深同人认同团队的“用人”上。这样一来，店长才有余力，构思下一家店的专业计划。

> ➢ 店小二这样想：
> “想靠年轻员工维持服务质量，要录用具有服务热忱的应聘者。”

➤ 大掌柜这样想：
“服务才能创造竞争优势，建立SOP工作手册，才有一致的服务质量。”

四、管店靠制度，新手要培训

经营图文快印店将近五年，客群和营收都已稳定，但是人力及作业管理的标准化却迟迟无法建立，导致每天都要在店里看顾。请问，小图文快印店，真的可以建立SOP（标准化作业流程）吗？（温岭三联图文快印刘总问）

“学长的话”：说实话，如果开一家店，建立标准化作业流程的必要性，不如先把店的“深度”和特色经营出来，这更是关键。

这样说，并非标准化作业流程不重要，而是须充分理解，图文快印服务业做标准化的目的，是为了要建立系统化经营之所以必要，则是要解决“管理幅度”问题，扩大经营的“广度”。

“管理幅度”是指一位管理者能够有效直接监督几位部属，控管的人数越多，管理幅度越大，但若超出适当的管理幅度，管理效率也随之递减，系统化经营则有助扩大管理幅度。例如，当只有一两家店，经营者可以靠体力及眼睛协调接单打印及后道加工，并透过师徒制培养代班人；但若店数是十家、百家，就要靠建立系统化的制度作为管理工具。

实务上，图文快印服务业合理的管理幅度，约在五家店左右规模。有规模数码快印连锁店每五家店有一位督导主管，约二十家店即有一位营运经理，这样组织设计，也是基于最适当管理幅度所做的安排。

数码快印店开出第五家分店之前，经营者应要能力透过频繁沟通监督各店店长，一手掌握日常店务；第六家店开始，由于超出亲力亲为的管理幅度，无法每天到不同的店内督导，才须依赖系统化经营运作，掌握整体营运。

当然，从第一家店就开始思考标准化作业流程，替未来的系统化经营扎根，这个构想很好，可以从新员工培训着手，把图文快印店从接单、审稿、拼版、颜色管理、彩色黑白、后道加工等作业流程成智能化快印流程并编成SOP（标准化作业流程）手册，随分店数增加，再逐步把前台的接待步骤书面化，累积所有内外场的分工和流程，成为日后系统化经营的管理架构。

只有一家店的时候，经营者亲自领导，可能占营运成败90%以上；五家店之后，营运效率也许60%取决于系统化经营，但其他40%还是得靠经营者亲赴现场，发现制度无法解决的问题。

> ➢ 店小二这样想：
> “把整家店交给员工管难以让人放心，最好还是凡事亲力亲为。”
> ➢ 大掌柜这样想：
> “建立SOP，才能逐步授权，应把力气花在思考店的下一步发展。”

> “标准化制度”的杠杆思考练习：
> 1. 服务客户方式，是靠现场人员的经验传承，还是有一套制度化的流程？
> 2. 流程标准化，同时有没有可能也借由智能化快印流程信息科技的辅助，减少重复性的呆板工作内容？
> 3. 有了流程制度和智能化快印流程信息系统，人的角色又该是什么？

五、家庭式管理，用亲切做口碑

在邯郸经营图文快印店，员工约40多人，但招募人才时年轻人喜欢往有规模的公司去，即使薪水、福利利没有差别，培训三个月后，不到半年就离职的情况非常普遍。请问强调技术与服务的图文快印业，人才招募、管理如何更具效率？（邯郸雅图数码快印宋总问）

“学长的话”：50人以下，或200人以上的公司，是最容易管理的规模；最难管的是员工总数介于50～200人，因这阶段公司要大不大，规模已到领导人无法靠自己的两眼、两手管理细节，但若要制度化运作，组织资源又还不足。

只有40多个员工，按理说相对容易搞定，对员工的背景、个性，甚至家庭成员应都了如指掌，全员就像大家庭般，不需刻意建立组织架构或细分权责，组织就能运作顺畅。

如果在公司规模尚小时，不能进行没有组织架构的指挥，领导人就欠缺从底层开始接受磨炼的决心，能力永远无法提升。你本身要有“校长兼工友”的拼劲，干部也是，财务主管兼会计、出纳、人事，图文快印店里大小事，谁看到谁就先做。

从这里开始才能完全掌握，从前台接单到打印后道加工共有多少细节和工作量，随组织扩大再摸索出最适合分工架构。怕的是，公司还小，领导人就扮起大老板，员工还得敲敲门送上签呈，才能和老总说上几句话，犯了眼高手低的错误。

经营策略定位也和看待组织架构一样；经营特色图文快印店立意佳，但必须问自己具备的条件和心目中的境界，是否存在过大的落差。

老实说，从技术与服务，数码快印店比印刷厂更有服务的竞争优势，还有另一条靠亲切服务胜出的路线；客人上门来时，前台人员主动问候是否有要帮你服务的地方并亲自奉上茶水，这是一般印刷厂做不到的亲切服务气息。

走亲切服务路线，也解决员工难找的问题，招募二度就业的年轻妈妈，透过简单培训就能诱发她们服务的亲切感，家人般的客制服务。你提供的服务水平假设为60%，如果比专业，客人也只给60%的评价，但因为亲切服务，客人却会给80%的评价。

> ➢ 店小二这样想：
> “大品牌知名度高招募人才有优势，小店不易吸引A等员工加入。”
> ➢ 大掌柜这样想：
> “用人要看他的优点，别人眼中的B等员工，我也能当A等用。”

六、打绩效评比，别光盯业绩

人事部门建立奖惩制度，每月选一名绩优员工和劣等员工进行考评，绩效劣等员工扣薪，优等员工则加薪，不过，担心员工被扣薪而影响接待客户的心情，导致订单流失，对公司伤害反更大，但若不奖惩分明，又怕员工爬到头上来，该如何拿捏才好？（石家庄领秀图文快印张总问）

考绩结果招致员工反弹，原因出在评比的方式和指标不能服众。很多主管轻视绩效管理的复杂度，又过分期待设关键绩效指标（KPI）的效果，经常选择易量化的KPI，作为给员工胡萝卜或棍子依据，这样的人资管理看似客观，但只能算是做了一半，还缺另一半。

“学长的话”：就图文快印服务业而言，靠量化的KPI给奖惩，有三个盲点：

1. KPI和客户的真实感受会有落差，即使管理者已尽可能依客户满意的构成因素，建立评估指标。换言之，客户并不会因某家分店、某个员工KPI好或不好，决定喜欢或不喜欢这家店。

2. KPI无法显示出，目标达成过程中的程序是否正常。即光看KPI，可能导致员工为求绩效不择手段，例如，某员工一天之内接多少份订单的打印活，却极可能是来自夸大或误导消费者。

3. KPI易导致员工与员工、部门与部门间出现本位心态。个别部门和员工为争取达成KPI后的奖赏，会把成就自己绩效放在公司整体利益之上，但市场竞争不会在乎公司哪个部门KPI领先。

显然，光靠KPI并不足以运作奖酬机制，要弥补缺失，另一半得靠主管透过本身行为示范，建立组织共同经营价值，进而统整KPI和客户感受的落差、联结起部门与部门的接缝，并拆解KPI背后可能存在不良程序。

如同研究生入学考试，算笔试成绩也看口试分数，理想绩效评估系统，要建立兼具量化和质化的二元指针，业绩数字是“笔试成绩”；主管或店长考虑KPI盲点，包括员工的服务热忱、团队合作以及主动创新表现，所给予的主观评定是“口试分数”，综合判断作为施予奖惩的依据，才是完整的绩效管理制度。

由于经营事业最后仍要拿出数字，笔试成绩和口试分数的加权平均算式，可设为前者权数是六、后者权数为四。

> ➤ 店小二这样想：
> “重赏之下必有勇夫，奖惩分明员工才愿意拼命。”
> ➤ 大掌柜这样想：
> “奖励个人不如奖励团队，一家店不能光靠英雄主义成长。”

七、管不动员工？找顾客当教练

接管经营图文快印店，担任店长三年，发现在同业密集的商圈，唯有提供亲切周到的专业服务，业绩才能脱颖而出。但对一个年轻店长来说，面对比自己资深、店务了解程度高，却缺乏服务热忱的员工，软性劝说仍未能改变其工作态度，该用什么方法培训资深员工？（哈尔滨佳彩图文快印黄经理问）

“学长的话”：作为店长，从管理角度，拥有奖惩或解雇员工的绝对实权，但刚接手一家店，各方面都需要既有团队协助，动辄展现权威，绝非好办法。显然这时，建立带团队的领导统御能力，是最迫切的自我挑战。

可以想见，谈店务经营，你没有资深店员了解；论业绩开发，熟客的关系维护也得靠员工撑场面，大家都等着看年轻店长有什么本事；然而，领导力来自认同感，你必须扪心自问：我有什么本领比员工强，能让大家服气？

在这种情况下，你可以挽起袖子干活，经验不足没关系，年轻人有体力，体力可以打败经验，当比所有人都卖命，做最早拿钥匙开店、打烊后最晚走的人：营销新商品或面对难缠顾客，一定跑第一，展现身先士卒作风。

当你勇于任事的态度，逐渐赢得员工认同，接下来才有本钱推动服务流程的培训和改造，最简单的做法，就是让员工易地而处，从客户角度审视这家店。你可做客户意见抽样调查，找熟客进行焦点团体式的访谈，或把前台员工和客户的互动过程拍摄下来，带领大家一起从客户立场，提出改善的具体做法。

面对消费者的直接响应，是很残酷的考验，但是这样做的目的只有一个，就是拿客户的真实意见，当作提升服务质量的跳板。借用客户的嘴巴，说道理给资深员工听，效果一定比由上而下的劝说方式显著。当店里形成重视服务质量的共识和文化，也不会再有员工倚老卖老，因为他若这样做，会害到团队里的其他人，团队的服务热情就是从这里开始点燃。

当你没有足够实务经验，而要带领资深员工，其秘诀就在循情、理、法步骤，先付出劳力，争取情感认同；再来是劳心，找对说理的方法；最后，才是运用店长奖酬实权，一旦步骤错了，不是员工离你而去，就是你打退堂鼓，团队战斗力很快就瓦解。

➢ 店小二这样想：

"资浅的员工稳定性差，但资深员工也有叫不动的问题。"

➢ 大掌柜这样想：

"人总是有样学样，大佬的老大心态，是谁教的呢？"

"店长职能"的杠杆思考练习：

1. 店长要负责一家店的经营成败，业绩表现等于一家店成败的全部吗？
2. 对我经营的图文快印业来说，找到合适的店长比较关键，还是要抢对时机才能赢？
3. 店长不一定业务能力最强，要领导有战功，更资深的同事，他最需培养哪些能力？

第二节　门店的定位与转型

一、找出"公约数"，打破淡季魔咒

在学校商圈开图文快印店，靠学生族群支持业务，生意还算不错。但每逢学校期中考、期末考或寒暑假期间，营业额就明显下滑，该如何解决淡旺季的问题？此外，由于客人是学生族群，给中低价位的快印业务无法提升获利，改走中高价位路线，又会流失既有的学生客人，究竟如何才能扩大客户层？（天津大学文印中心张店长问）

"学长的话"：你陷在传统营销思维打转，传统零售业切分市场区块，将消费者分为学生族、商业族、个人族群，但用这样的思维看市场，很容易自我设限成长空间，较佳的方式应该是用“消费者行为”，来看客人的整体需求。

以上课时段来说，不只是价格吸引学生族群上门，从“消费者行为”角度出发，更要思考如何响应商圈所有消费者，在这时段，包括价格、个性化产品（例如：相册、笔记本、台历、明信片……）和配送速度等需求。

事实上，国内省会城市多属住商混合形态，就算所谓的学生商圈，也不完全只有学生族群在消费，通勤族、上班族或小区住户都有，他们都是你的潜在客人。抛开只经营学生族群的框架，你甚至会发现，其实每个时段消费者的面貌都在改变。

不只考虑上门客户需求，不同商圈还存在商务客户图文快印业务配送到家需求。每个阶层的消费族群不同，对应的消费需求和产品形态，当然也不相同。回头检视不同阶层的产品，要遵循“公约数法则”，毕竟你经营的是图文快印业，要保有清楚的自我定位，才不会满足新客群却流失旧客户。

实际做法是，先找出学生族、商业族、个人族群等，商圈内的所有客人，消费行为共同交集的公约数，然后再像同心圆一样，向外扩散，直到找出最大公约数，构筑出从自我特色出发的经营蓝图。

展现在价目表上就是以存在最大公约数的明星产品，吸引不同客户层上门，产生相互拉抬的效果，如此一来，当你提供的是满足商圈的全面性服务，必定能打破淡季魔咒。

> ➢ 店小二这样想：
> “做学生消费群生意的店，要想办法吸引更年轻学生客人上门。”
> ➢ 大掌柜这样想：
> “做学生消费群生意的店，应争取认同年轻学生们生活型态的客人。”

二、抢生意，就要出狠招

图文快印店兼做相片输出，开业五年来，同商圈不同品牌图文快印店越开越多，客群分散盈利下滑，小月更是无法打平，亏损严重。派人到处发送宣传单，为何客人还是不上门？（厦门贝斯特数码印刷彭经理问）

“学长的话”：先自我评估三件事：（1）你的图文快印店够不够专业及独特性。（2）你的经营心态够不够专注及用心。（3）你的营销每次出招够不够精准及凶狠。如果都做不到，得考虑是否退出市场。

图文快印这一行是“武市”生意，你所处的又是竞争激烈的商圈，若无法建立优势，练就一身刀枪不入的本领，等于是让自己的城堡门户洞开，使对手有机可乘。

先谈专业及独特性，服务、产品、质量或印前数字化全流程，都能呈现一家店的专业及独特性，以天津好彩数码快印为例，它强调独特服务，客户只要打电话投诉，那笔订单无论金额大小，金额全部免费，给客户完全信赖及负责任到底。由此建立好口碑，就不怕客人不上门，甚至可拒绝预约服务，只接受现场排队的客人。

有独特性后，还要专注、坚持及用心，做到商圈内没人可比，筑起一道对手跨不来的墙，再经营下一个独特卖点，这样才不会失焦、淡化既有优势、给对手抢走客人的机会。

你提到发宣传单、折价券，这种营销做法过于普遍，招数不够狠，如何期待客人上门？出招狠，许多人想到的是打价格战，推出低价产品不是不可行，但小心别掉进红海，图文快印常推出A3彩色单面打印0.4元，但我们高单价产品也没放手，整体着眼的是M型定价策略，对应市场消费趋势。且不推则已，一定配合发动营销战，动员门市能量，务必要成为市场话题。

以你的店来说，你其实清楚问题出在没搞清楚核心卖点。到底该坚持下去，还是止血出场，另寻合适商圈，避免持续消耗战斗力，把上述三件事思考一遍，很快就能找到做出决策的理由。

➢ 店小二这样想：

“客人求新求变，不只产品多样化，更要拼便宜。”

➢ 大掌柜这样想：

“开不成量贩店，就只有开专卖店一途。”

“产品策略”的杠杆思考练习：

1. 客人谈到我这家店时，最常提起的产品是什么？这个产品占店里的多少营收？
2. 当我说起自己店里的产品特色时，能不能用两句话就讲清楚？
3. 开店到今天，新增或取消过哪些产品？原因和理由是不是都一致？

三、先减法再乘法，小店变特色店

打印设备越买越贵、纸张及人力成本上涨，加上同业竞争激烈，经验小图文快印店难敌连锁店低价战略，也没有足够资源装修店面走高价路线，像天津名人名片店，

一盒名片100张不含设计费要价人民币600元。价位两极化的图文快印市场，小店如何找到定位？（杭州恒晟快印许经理问）

“学长的话”：每个人都可以用十七字箴言，检视自己店的竞争力：“客观化的定位”“差异化的优越性”“焦点深耕”。

图文快印，是为一般商务及设计院服务的产品，市场绝对有需求，并不存在“客观化的定位”问题。接下来要问，是否具备“差异化的优越性”，找到差异化，并做出优越性后，则要“焦点深耕”。

怎么找出差异化？初步你可先做一个月的统计表，分析店内所有产品品项的销售状况，假设共有80种品项，只保留其中最畅销的那20种，20种恐怕都还太多，其实就是80/20的“大数法则”，即店里80%的业绩，来自20%品项的概念，因为你无法满足所有的客人，也可能有客人喜欢做异型名片，就算做300种品项也不够。

太多图文快印店老板都站在自己的角度，认为能让客人随意在尺寸大小、纸张材质及装订方式选择制作产品，表示自己的技术越好，所以不敢减少品项，但是，这刚好是最大败笔。关键在于，他并不是用引导顾客的角度经营。

不要随意在尺寸大小、纸张材质及装订方式选择制作产品，例如：制作精装相册，尺寸：直式或横式210mm×297mm、方型25mm×25mm等5至10种，覆膜：亚膜、亮膜、丝绒膜等，内文纸张克重：120g/m^2、157g/m^2、200g/m^2、250g/m^{2}等5～10种，内文纸张：铜版纸、亚铜版纸、特种纸等10～20种等，给客人在一定范围选择产品，方便店内备料，改专作某几项产品，反而能提高产品质量及降低售价，因为不需备太多不常用到的纸张的成本。

先“减法”然后再发挥“乘法”效应，光减少品项还不够，还要把最畅销的产品，增购一本打80%价格，或给折价券下次抵扣金额，这样就有优越性。

差异化可表现在许多方面，例如天津好彩白缇路店附设的“好彩云印刷”店中店展示的是合版印刷及个性化产品，它选用材质较佳、光亮又平整的塑料袋，印刷品装袋立着，不会东倒西歪，便于客人拎着就走，也是一种“差异化的优越性”的表现。

➢ 店小二这样想：

“不创新必亡，产品推陈出新的脚步不能停下来。”

➢ 大掌柜这样想：

“不创新必亡，产品、服务、数字流程、内部管理，都要推陈出新。”

四、要捍卫蓝海，就要杀出红海

经营图文快印店，彩色A3打印单价约1.2元人民币，头两年生意不差，后来出现类似设备单价的竞争者，来客印量减少，开始出现亏损，改推预存卡2万元打折方式，简化服务流程采半自助式，但客人反应不佳，营收也未见成长，转攻平价市场的策略错了吗？（长春博美图文快印郭经理问）

“学长的话”：很明显地，竞争对手未出现前，你靠着提供商圈内差异化图文快印，抢得市场蓝海先机。不过，当竞争者跟进分食，蓝海很快被染色。后来，你选择转战消费门槛较低的低价打印，但却面对更多竞争者的红海战场，除非有本事建立规模化经营优势，否则最后只能靠低价才能胜出，营收获利难见起色，是早就可预见的下场。

也就是说，一开始生意好，是因为成功抢占新蓝海，但天底下没有一家企业或产品，能永远停在蓝海，蓝海早晚一定会被染红。经营一家店亦是如此，因此，要迎接的挑战是如何在蓝海和红海间成功转换，不仅要具备经营蓝海商机的创意，也要有本事在红海杀出一条血路，筑起竞争对手怎么都攻不进来的铜墙铁壁，才能维持不错的续航力。

既然面对竞争是常态，经营者要思考的是，一旦竞争者出现，就要设法进行评估。商圈内商机会被对方稀释的可能性有多少，并根据对方店内的来客数，试算出竞争者扣除店租、人力以及原物料等成本，所存在的获利空间。据此判断若发动短期价格攻势，对手回击的能力和持续力。而针对对手也提供的特定品项，拿出强力促销方案吸引客人回流，最好一举就能歼灭竞争者，或者逼迫对方竖起白旗，提早转向发展其他产品，把蓝海商机奉还给你，不到最后关头，我方没有自行放弃蓝海，转战低价红海市场的理由。

另外，当占领蓝海市场时，店内要有危机意识，把赚取的获利用来构筑长期不易被跨越的门槛。这个门槛包括既有产品升级，以及推出新产品，但最忌失焦，核心的图文快印概念若是印刷品，店内就不应出现非印刷品的产品，每个产品都是围绕在一个同心圆，衍生出的不同品项。

图文快印业进入门槛相对不高，一旦出现蓝海商机，很快就会引来期待快速回本的竞争者加入，因此，占领蓝海还要能胜出红海，才是真正的赢家。

> ➤ 店小二这样想：
> “景气差客户荷包缩水，走低价路线才能生存。”
> ➤ 大掌柜这样想：
> “经营低价市场门槛最高，因为，客人不只要便宜还期待奢华不可少。”

五、没钱做营销？就靠演讲和得奖

我开的数码快印店，店的地点远离商圈，缺乏过路客，透过网站，微信营销等方式做宣传，却未见明显成效，想起委托专业营销公司规划，成本又太高。创业初期的预算有限，该怎样提升店家知名度？（佛山富丽图图文快印陆总问）

“学长的话”：数码快印店只有三种成功方法，专业技术、产品、服务，以及在前三项基础之上的形象包装，数码快印若没故事就会卖不出去，北京良图以产品说故事把会展的人说服将服务提供给他的客人，数码快印产品也得过无数次的“得奖”，都有类似成功因素。

我认为，最好的自我营销就是“得奖”加“演讲”。还有，凡事至少要深入一万个小时之后，再谈成功，不然都太过急切。

年轻时有过背包客走遍世界各地及现在还是电台DJ主持人的天津好彩数码快印总经理许明科为例子，很多图文快印店老板很佩服他，甚至无私地将店内的VI装潢公开给同行使用；但大家没有看到当年他年轻时骑自行车在天津各区跑广告业务单时的辛苦，晚上睡在快印店的工作台边，老鼠从他身上爬过去的那一面。为了开数码快印店得事先到欧美及日本东京考察多次数码快印店；他以前环境不好，因为存活的决心很强，有成功压力，一直想如何说服别人，不断去想说故事能力就会被逼出来。现在他到处演讲，变得极有自信，且超会讲故事。

演讲有方法可训练组织能力，盘点自己有哪些优点。你可从行业公协会、小区大学或母校开始，只要争取，不怕没机会。

为了这场演讲，你会开始印吸引人的名片、想该怎样介绍自己的店，你会搜集数据，组织概念，反复排练，一个礼拜都紧张到睡不着觉，这就是自我成长的开始。我甚至主张，创业或当店长的人，每个月至少要争取两场演讲机会，一年下来一定脱胎换骨，下属也更能清楚沟通你的开店理念。

最好的营销包装是企业文化包装，其次是策略包装，最后才是活动包装。

我不同意数码快印产品自己会说话，产品不会取代你的风格和理念；对内领导、对外分享一定要靠嘴巴，扮演“技术好”的“营销人”。

> ➢ 店小二这样想：
>
> “只要努力把质量做到最好，好口碑就会传出去。”
>
> ➢ 大掌柜这样想：
>
> “产品是经营理念的呈现，因此传播经营理念也是开店时工作重点之一。”

六、亲访百店求心得

从图文快印店的基层工作开始，之后自营图文快印店，希望以一般图文快印业务为主兼个性化产品及高仿真复制画业务为辅的风格吸引客人，无论是打印设备、颜色管理软件、纸张材料等都经精心挑选。但因位于北京市商圈，面对高经营成本，势必得节省各方面开支，却和讲求质量的经营理念相冲突，如何兼促理想与现实？（广州大洋图文快印陈总问）

“学长的话”：你必须重新盘点什么是该坚持下去的经营理念？你自认的优点，是不是消费者眼中的优点及需求？

提供个性化产品及高仿真复制画业务、坚持用好的设备材料都没错，但或许些这只是你一厢情愿，认为一家好的图文快印店该具备的优点，然而，从客人的角度看，可能无法感受到你买最贵打印机所带来的惊喜感；或者，个性化产品及高仿真复制画产品固然精致，却了无新意。

经营者若不能放弃本位思考，就像有些父母爱在人前夸赞自己小孩般，心态就失之客观。

抛弃本位思考，最快的方式就是亲自走访五十、一百家图文快印店，如果能走到国外更好。若在国内，不只店长自己访，全体员工也要做这件事，甚至把访店和员工福利、教育训练结合，用福利金补助大家月访一家店，并轮流简报，分析他店优点。

台北布莱特数码快印店，藏身巷里就公寓，没有华丽装潢甚至找不到招牌，看似像工作室员工7人，业务分数码印刷、高仿真复制画两类，每天接单量在150～200件，以网络接单、数字化全流程作业，经营出好口碑来，但附近店家却未必留意过。

有趣的是，把访店当作全员训练计划，基于竞争心态，人人都想表现独到见解，拿出来分享交流的店家，绝对不会是随便看来的店。反复讨论访店的心得，虽冲击原本的开店想法，但会越来越清楚，多数客人如何认知一家店的优点，且一但要调整经营策略，全店上下也容易形成共识。

访店并非只是去店里消费，要有业务员陌生拜访精神，出发前鼓起勇气和对方联络上，访店当天一定要和这家店的老总或店长说上话，了解对方开店想法，这样才能真正发掘出这家店为人所不知的经营秘诀。

我的经验是，人们都经不起别人称赞，当表明是慕名前来的同业，放下身段来学习，几乎没有老总或店长会拒绝或不欢迎，关键在于你是否愿意敞开心胸，给自己这样的机会。

> ➢ 店小二这样想：
> “潮店、潮人、潮物，是个性化时代开店的新思维。”
> ➢ 大掌柜这样想：
> “我认为的好，也要是客人眼中的好，才不会只是自我感觉良好。”

> “差异化策略”的杠杆思考练习：
> 1. 多数创新的好点子，大家都想得到，为什么只有少数人能把它执行出来？
> 2. 创新才有竞争力，我这家店提出的创新，别人学不来的地方是什么？
> 3. 客人不一定说得出需要怎样的创新，该如何从他们的一举一动看出新商机？

七、打破商圈框架，抓住长尾财

经营快速冲印店逾20年，除冲印、照相服务外，店里也销售相关商品，全盛时期曾创下单月营收近几十万元的纪录，然而，数字相机问世后，相片冲洗需求剧减，如今营收只能支付租金及薪水，一直苦思突围的永续经营之道，该如何是好？（乌鲁木齐邓摄影问）

“学长的话”：台北市中山北路有家创立于1928年的“林田桶店”，即使笨重的木桶早已被轻便廉价的塑料桶取代，但因保有木桶制作的工艺，并努力成为该行业最后幸存者，现在生意依旧很好，卖的已不是日常生活用品，而是怀旧的商品，甚至还吸引日本观光客上门。

冲印店很可能也会步上手工木桶这一行后尘，成为早晚要消失的行业，你必须自我盘点；除靠操作计算机冲印外，是否有独特技术和能耐，如洗出特殊规格或绝佳质量的相片。有无比同业更有资源和本事，延续产品线转换影像产品市场，例如个性化相册、台历等商品，打马拉松式持久战，成为方圆数十里内最后一家屹立不倒的冲印店。愿不愿意跨出熟悉的街廓商圈，甚至前进网络市集开设在线冲印店，扩大顾客群。

还好，比起木桶店，冲印店至少还有二十年生存光景，因目前五六十岁的这群消费者，喜爱实体照片胜过数字相框，仍有冲印照片习惯，就算便利商店提供冲印服务，他们还是相信冲印店的输出质量。

换言之，市场对专业冲印服务的需求仍存在，只是总量减少，回到经济学的共需原理，结束冲印店改经营其他有发展潜力的行业，亦是理性选择。但若想继续营运，控制成本，经营熟客，延续产品线转换影像产品市场，例如个性化相册、台历等商品，成为幸存者只是第一步，因为，既然市场大饼未来只会更小不会变大，务必还要打破商圈框架，发动价格战，提升服务质量都好，全力将邻近商圈的冲印店逐出市场，你才有机会承接更大分母的顾客群，从中抓住一定比例长尾商机，当作永续经营的目标市场。

但如同台北硕果仅存的木桶店，靠的是工艺和技术，最终，也还是要回到经营核心，是否具备同业所不及的独特能力，多数快速冲印店仰赖自动判读的计算机，不具技术含量，就算过去每月曾创下几十万业绩的纪录，也只是证明当时赚的是机会财，犯了把客观有利条件当作是自己能力的错误。

> ➢ 店小二这样想：
> “延长夕阳产业的生命，可以考虑转型赚怀旧财。”
> ➢ 大掌柜这样想：
> “经营环境变化难掌握，能操之在己的是专业能力不断成长。”

八、建经营平台，要与情感连结

我在泉州开数码印刷店，定位在商务，平时虽透过赠送礼品经营熟客，但商圈客人多为一般客人，收入稳定，消费心态却十分保守，我如何提高营业额创造获利来源？（泉州大通图文快印邱总问）

“学长的话”：传统营销学谈“4P”——产品（Product）、价格（Price）、通路（Place）与促销（Promotion），但处在现今的商业环境，图文快印业单靠推新产品或杀价抢客，力道已显不足，必须打造新的“P”，Platform（经营平台），才能展现经营续航力。

什么是经营平台？以快餐业为例，不只卖汉堡，也推出早餐和一系列的咖啡饮品和蛋糕甜食，消费者不管是想吃正餐或约会谈心，都可以被满足；不只提供现点现做和得来速取餐，更推出24小时服务和电话订餐外送，让消费者任何时间、地点都可以接触到产品。

再来看商品换购周期也很长的自行车业，如今多数，每季都有新色新货上架，周日店长还要组团领骑车队，陪消费者体验骑车乐趣同时发掘新需求，目的是打造全方位单车骑乘平台。

哈雷机车亦然。它不只卖机车，还设计个性化配件并成立车友俱乐部，卖点并不局限在交通工具的功能性，而是人际互动的情感面需求。

回头看眼镜行经营，要扩大营收来源，你可以思考的方向是，从产品加服务的完整性、工能面与情感的联结性，以及不同消费族群的互补性，重新定义创新经营平台。SWATCH品牌提出的主张是，不同衣着、心情，就该搭配不同手表，所以每人都需要四五只表，这或许也可带给眼镜行新的经营灵感。

任何创新都要围绕母体，什么样的创新和本业核心存在最大关联性，得经过严谨测试，是磨合过程要面对的挑战。我们在麦当劳卖起咖啡和蛋糕，也是尝试了十年之后，才摸索出初步方向。

原因在于，打造经营平台，成功关键在于第五个平"P"，People（人），不只人员心态、素质要改，软件到硬件，店内陈设和用色也要调整，每个变革步骤，都考验店长执行力。

➢ 店小二这样想：

"开店抢客源，比产品、比价格、比服务，还要比折扣。"

➢ 大掌柜这样想：

"星巴克咖啡贵生意却好，关键在将咖啡店打造成人际交流的空间。"

"转型策略"的杠杆思考练习：

1. 我们老店有什么优势是新开的店追不上的？这个优势能保持多久？
2. 老店做创新，对客人来说，和一家新开的店提供这样的创新，差别是什么？
3. 老店新开，一定要推出创新的产品，还是也有可能从服务或体验的创新着手？

九、展店先顾核心，守住续航力

因为热爱图文快印，相继开出两家图文快印店，聘雇员工近40人，由于自已兴趣仍在产品研发，曾找来高阶主管接手日常营运管理，但对方开出的薪水条件过高，且难融入既有的品牌文化，我该如何解决分身乏术的两难？（泉州雪莲图文快印池总问）

"学长的话"：跳脱找空降主管加入团队、处理营运管理工作的思考框架，从多元化展店模式出发，思考不一样的商业模式，或许更能找到新出路，可考虑的展店形态，有以下三种：

1. 良图模式。北京良图图文快印从一家位于北京国贸商圈，如今发展为年营业额破数千万元的知名图文快印店，靠的不是增加门市数量，成功的关键是一开始就锁定大企业全印刷品服务销售策略，省去管理门市所需耗费的精力，良图反能专注在信息化及数字化流程改善、产品研发与质量把关，累积出客人的好口碑。

2. 好彩模式。天津好彩数码快印让店长入股分红，透过内部创业的方式，和各店主管共同分享经营成果，借由提供充分获利诱因，把门店管理的权责一并授权出去，降低多店经营的管理复杂度。

3. 恒晟模式。杭州恒晟图文快印扮演加盟总部的角色，掌握产品研发、质量把关，设计出良好的加盟制度即可，加盟主为求成长一定会全力以赴，你也可以把心思专注在产品创新，等于建立起双赢的分工模式。

4. 一幅画框模式。从请柬到照片墙到一幅画框，都这么好地结合数字印刷。提供的好产品与大家分享，一直在路上，这种行业的情怀，匠人的创新精神，推动了行业的发展。一幅画标准画框，标准半成品＋海量图库＋门店快速反应制作，一个绝佳的客户体验快印产品，而且制作超简单，一贴二剪三折四卡的模式。

四种模式都能解决未来面对持续成长，随着店数增加，管理能力遭稀释的困境，各具优点也各有其进入门槛。采用良图模式，须具备人脉及虚拟通路的客人资料管理能力；采好彩模式最难的是大方和员工分享获利的心态；至于恒晟模式，成败关键则在加盟总部与加盟者之间，权利义务如何清楚划定，并对品牌经营形成共识；一幅画框模式，从产品到天猫到电商一路的创新，并对产品的创新并持续改善让客户肯定。选择哪一个展店模式或是回头继续寻找志同道合的高阶主管带领团队，要视你如何认定自己的核心能力。

➢ 店小二这样想：

“从原物料端到生产端、销售端都要完全掌握，才能严控质量。”

➢ 大掌柜这样想：

“做大之前要先做强，创业初期要集中资源放大核心竞争力。”

十、有多少店长，开多少店

在四川泸州经营数码快印近八年，有一定的客群，计划在城里开设分店，若将新店开在商业区附近，是否妥当？（泸州风行数码快印雷总问）

“学长的话”：根据经验，图文快印行业连锁店经营的成功比率，只有5%以下，尤其从现在起经营图文快印连锁店的成功比率更低。这样说，并不是要你打退堂鼓，而是要提醒切莫轻视开设分店所要面对的经营风险。

这样的风险大半来自于开设分店前并未培养出真正具独立经营能力的店长人选，导致经营者蜡烛两头烧，店务管理的执行力打了折扣。最后，两家店不但没发挥一加一大于二的综效，反而出现一加一小于二的自我损耗。原本一家店一个月可以净赚20000元，开了第二家店后，一个月却总共只赚16000元，甚至连创始店赚来的老本都赔下去，这样的例子不胜枚举。

如何避免开越多店，赔越多钱的陷阱呢?

第一，要评估潜在客源是否充足。分店开在商业区有较多的客户群体容易有基本的需求，虽可就近管理发挥共同采购原物料的成本优势，但两家店客源难免重叠，为了不让分店瓜分本店生意，必须先统计目前本店确立需求面的基本盘，再做开设分店的计划也不迟。

第二，当已打定主意开分店，首先要考虑是否有独当一面的店长。千万不要想两边都自己管，不论是让跟随多年的干部还是亲戚接分店店长，你都不应涉入分店日常管理，分店店长若不能完全独立，最终一定施累本店经营。原因很简单，经营一家店时，管理层面执行力可百分之百；一旦两店奔波，主事者心力有限情况下，执行力势必打折，如果达原本80%，两店相乘起来执行力只剩64%，经营绩效当然退步。

第三，是有关成长性的评估。开分店半年之后，两家店加起来的营业额，至少要是一家店的1.7倍以上，利润的成长幅度也是，这才算展店成功，可以进一步计划开第三家店。反之，若达不到这个水平，就必须回头检视管理执行力的落实程度。

> ➢ 店小二这样想：
> “开越多家分店，具采购原物料和规模优势，越有竞争力。”
> ➢ 大掌柜这样想：
> “开越多家分店，是否会因此导致客源分散？店内的管理干部够不够？”

|第三篇|

数码快印连锁店管理

第八章
店长

第一节　店长的职责

让店长了解一家营运门店的经营者，必须拥有企业管理的产、销、人、发、财的能力。店长（store manager）要负责门店经营管理，维持门店正常运作，创造商店最佳形象及利润，可以说是掌握店铺营运的关键人物。

一、店长扮演的角色

（1）负责门店成败责任的经营者。

（2）对外围门店的代表人。

（3）参观营业活动的执行者。

（4）甄选、训练、激励门店人员的领导者。

（5）维持门店营运正常运作的管理者。

（6）了解顾客与竞争者动向的咨询收集者。

（7）传递总部和门店之间咨询的传播者。

（8）推动门店学习与知识管理的教练。

（9）解决门店危机与人员行为冲突的问题处理者。

（10）寻求市场机会与创新的企业家。

二、店长主要的工作职责

就一般连锁店而言，店长主要的工作职责（业务说明书）如下：

1. 总部下达的各项政策、指示和规定的宣布与执行

（1）传达、执行上级的各项指令和规定。

（2）负责解释各项公告、规定、营运管理手册的条文。

2. 完成总部下达的营业、毛利、费用及收益等各项经营目标

依据各项经营指标，店长应结合门店的实际状况，制订所属门店完成年度销售计划的执行计划（包括合版产品及数码产品、销售、培训、人员等项目计划），并可具体细分为日计划、周计划、月计划等。

例如：①营业目标。如月营业额80万元。

②毛利目标。如月毛利率为65%，则月毛利额为52万元。

③费用目标。如月费用率为50%，则月费用额为40万元。

④利益目标。如月利益率为15%，则月利益额为12万元。

3. 门店人员的安排与管理

考勤的记录、报告、依据工作情况分配人员，对门店员工考勤、仪容和服务规范执行情况进行监督与管理。

4. 人事考核、升迁和调动的建议

店长要按时评估门店员工的表现，实事求是地向单位主管提交有关员工的人事考核、员工晋升、降职和调动的建议。

5. 监督和审核门店的财务、会计、服务等作业

店长要做好各种报表的管理，例如：店内的顾客意见表、盘点记录表、商品损耗记录表和推销商品单据凭证等，以加强监督和审核门店的财务、收银等工作。

6. 确认各项商品价格及生产流程方式均按照规定及标准执行

7. 掌握门店销售动向，向总部建议新产品的引进和滞销品的淘汰

店长要掌握每日、每周、每月的销售情况，并按时汇报产品、商品销售状况，并对门店的滞销品淘汰情况，提出对策和建议，帮助上级制订和改善销售计划。

8. 监督与改善门店各站别的产品、商品损耗管理

门店会因当天店务状况，其损耗商品的类别会有所差异，店长应针对自店的主要损耗商品进行重点管理，将损耗降到最低。

9. 门店气氛营造与危机管理

10. 维护门店设备安全与环境清洁卫生

（1）门店内部设备完好率的保持，设备出现故障的维护。

（2）门店外场与内场的环境卫生，应排定区域安排清洁维护责任人，由店长执行检查。

（3）在营业结束后，店长应对店内的封闭情况、保安人员的到位情况、消防设施摆放情况等主要环节做最后的核对，确保安全保安工作万无一失。

11. 掌握商圈动向

定期主动寻访主要商圈、次要商圈内竞争同业/异业经营重点的调整、客户消费行为、周围环境硬件的更动（如道路施工、停水等），以预先做呈报及应对策略的拟定。

12. 客户投诉与意见处理

要满足和适应消费者不断增长和变化的消费需求，方法之一就是恰当地处理客户的投诉和意见，保持与客户经常性的沟通与交流，随时改进门店与客户的关系维护，这也是身为门店店长的工作职责之一。

13. 各种信息的汇报

有门市经营的概况、竞争店的情况、顾客的意向、产品的信息等各种信息，应及时向督导汇报。

14. 教育指导工作的开展

教育指导员工主动遵守公司规范、协调人际关系，使员工有一个融洽的工作环境，增强员工的凝聚力。

15. 其他非固定模式的作业管理

店长对于门店各种突发的意外事件，如火灾、水灾、停电、盗窃、抢劫等，应自己下判断迅速处理，并向督导进行后续汇报。

由以上店长工作职责内容可归纳为产品、商品、服务、客户休息区、销售、商圈、人事、设备及信息九个领域，彼此环环相扣，缺一不可，并使门店营运达到均衡性的发展。

归纳统整如下：

（1）产品。客户QQ、网络下单、邮件、FTP、U盘文件打印印刷品。

（2）商品。进货、销售、存货、陈列、盘点等。

（3）服务。客户服务、客户抱怨处理等。

（4）客户休息区。气氛营造、门店安全等。

（5）销售。面销、促销、易拉宝广告制作等。

（6）商圈。自店、竞争快印店的活动状况分析。

（7）人事。进才、用才、育才、留才等。

（8）设备。彩色、黑白打印机、喷绘机、后道加工设备等。

（9）信息。下单ERP系统、智能快印流程、数据分析管理等。

第二节　店长作业管理

一、店长的一天

如何掌握及了解身为店长在管理门市一天的作业流程及重点。

二、店长的一天概述

表 8-1　店长的一天概述

状态	我应该做的
上班入店前	➢ 自店商圈观察 ➢ 应掌握了解自店商圈活动状态，店长于上班到店前先到门店附近绕绕，清楚了解商圈的活动状态以利于执行后续相对应方法的拟订
	➢ 抵达门店时 (1) 观察并维护门店外骑楼走廊整洁，布置物（如：活动布条/易拉宝/海报……）、橱窗玻璃、墙柱壁面等 (2) 观察柜台区服务人员与客户互动并记录（指导）
入店后	➢ 打卡上班、整理服装仪容 身为店长应该做好榜样 ➢ 有精神活力地与柜台人员打招呼 观察客户休息区及前台忙碌状态，且主动协助招呼客户
	➢ 协助环境整理 (1) 检查客户休息区桌椅、展示区、厕所是否整齐清洁并协助整理。 (2) 检查门店空调、灯光及音乐是否适当。 ➢ 协助客户咨询及出货质量 (1) 随时注意客服人员服务是否确实，人员口头服务是否合乎规定。 (2) 文件制作质量控管，确定出货时效符合客户的需求。 (3) 现场状况掌握，如有临时状况需沉着稳定地处理。 (4) 人员安排，各工作站人力的安排，以快速顺利有效率为目标
	➢ 报表检查与整理 (1) 查核工作日志检查项目，是否落实执行及待处理事件。 (2) 昨日营业报表及零找金及零用金清点确认签收。 (3) 今日上班人员确认，检查班表人力是否能正常营运
店务管理（营业中）	➢ 订货管理 (1) 检查物料是否足够，如有缺货须立即采购。 (2) 物料订货确认。 ➢ 账务管理 每日单店损益表回报并记录今天门店整天营运状况，附近商圈活动。

续表

状态	我应该做的
店务管理（营业中）	➢ 人力状况处理 (1) 当日班表确认，确认明日人力是否能正常营运。 (2) 工时审核，人事异常处理。 ➢ 异常状况处理回报 (1) 针对异常状况排除（如：投诉、硬设备故障……），并回报督导。 (2) 商圈变化回报及拟订应对政策
离店前（打烊）	➢ 确认打烊清洁工作 （1）客户休息区（含桌椅、地面、茶水区……）。 （2）展示区（样品定位、样品种类……）。 （3）前台接待区（座位清洁、现金、发票、报表……）。 （4）仓库区（库存商品、垃圾……）。 ➢ 账务处理 清点当日营业现金、报废品、账务报表制作处理及归档。 ➢ 当日营运状况沟通 与当班人员沟通并了解当天营运状况的改善方式及处理原则。 ➢ 打卡、下班 （1）审视门店设备开关（例如：设备电源）。 （2）提醒门店人员下班路上注意安全

三、店长一天工作排程

透过上述有关店长入店前准备工作、入店中观察与协助、营业中处理店务工作及营业结束后汇整一天营业状况及汇报异常，并提出营运改善对策及行动计划，故汇整一份店长每天工作流程以利店长掌握各时段的营运状况。

四、店长每日店务工作

店长为一家店之灵魂人物，所以店长需每天掌握店内、店外的营运状况（营运前、中、后以机动调整并处理当天所发生之营运状况）。（如表8-2）

表 8-2　店长每日店务工作

时机	任务项目
营业前	1. 了解经济、社会、文化等方向的知识。以提供给门店人员新信息。 2. 商圈调查：检视同业或竞争店广告、宣传（可得知同业的活动状况）。 3. 拟订今天一天的工作及店务行程表。 4. 拟订今日门店重点活动及检查项目
	1. 精神奕奕地与点职员打招呼、问候。 2. 确认各往来文件（昨日与今日）
	检视店观 1. 店铺前的出入口、骑楼走廊

续表

时机	任务项目
营业前	（1）打扫后确认出入口有无障碍物。 （2）看看玻璃橱窗是否干净无污渍。 （3）看看门店脚踏垫是否干净无污渍。 （4）检视伞架是否放置在适当的位置（下雨天）。 2. 招牌/布旗/海报/易拉宝 （1）看看是否有污垢及破损情形。 （2）照明灯是否无故障
	检视店内整体 （1）看天花板、墙壁、柱子、地板是否有异常（垃圾/污渍/破损）。 （2）打扫并整理所有物品皆定位（客户休息区物品）。 （3）机器设备等是否有故障或破损。 （4）洗手间是否干净、备用品是否齐全。 （5）客户休息区保持干净无脏污。 （6）照明 ①日光灯、聚光灯是否正常无不亮。 ②聚光灯的照射方向是否适切、照明效果是否良好。 （7）装饰、易拉宝、海报效果是否良好。 （8）商品陈列 ①陈列层架是否无污渍。 ②样品外观包装是否泛黄褪色、布满灰尘。 ③陈列效果是否良好，是否表现丰富感。 ④商品价格牌及价格是否正确。 （9）客户休息区 ①桌面是否保持干净（需要再以酒精消毒）。 ②桌椅是否稳固无损坏，无危及安全。
	开店前的检视确认 1. 截至营业当日业绩的状况。 2. 职员的上班状况及动向。 3. 确认客户订单的状况。 4. 要转达给主管知道及员工的事项。 5. 播放背景音乐（应走至客户休息区聆听音量是否合适）
营业中	营业—尖峰时间 1. 前台部（发印区） （1）是否有欢迎客户莅临（有精神的、运用招呼话术）。 （2）待客态度是否良好（亲切有礼），有与客户交谈寒暄。 （3）引导客户发印产品（主力产品：相册、台历等推荐）。 （4）接待话术是否正确。 2. 收银区 （1）接待话术是否标准。

续表

时机	任务项目
营业中	（2）说明解释商品金额计算是否标准。 （3）开立发票是否标准。 （4）收银是否标准。 3. 客户休息区 （1）随时观察客户休息区客户的动态并主动上前服务。 （2）随时注意客户休息区有无未回收之样品，应立即收至展示区。 4. 其他 （1）随时调整样品陈列位置（保持丰富状态）。 （2）随时掌握客户等待状态，亲切地上前与客户交谈（此动作可转移客户等候注意力）。 （3）随时掌握客户休息区空调温度、音乐音量，避免引起客户不适
	营业—离峰时间 1. 整理门店环境、设备清洁并补充耗材。 2. 整理客户休息区（擦拭桌面），将椅子靠拢，地面垃圾脏污擦拭。 3. 样品区样品整理定位更换。 4. 整理收款机内现金（大钞入库、更换零钱……）等。 5. 进行订货预估。 6. 店长批阅重要文件归档（以方便交寄总部）。 7. 填写及审阅门店工作日志内的交（待）办事项、查检工作。 8. 拟订明、后日营业对策及确认订单事宜
营业结束	打烊 1. 现金管理、结账 （1）店铁卷门务必先关闭再结账，拉下铁门时注意安全以免拉下时夹伤人；结账中绝不开门。 （2）收银结账，清点现金与结账单是否正确（将当日现金装入汇款袋中）。 （3）填写工作日志（现金管理）翔实存放。 （4）将现金移至金库存放，隔天存入指定银行账户。 （5）作废发票登录及相关营运单据确认签字。 （6）制作装订当日结账报表，及欲缴回之报表，装入公文袋中。 2. 环境检查 （1）打烊前关闭广播音乐。 （2）清查员工置物柜/垃圾桶。 （3）店外展示品，如有易拉宝等是否已收入店内。 （4）由内而外巡视灯光、空调、招牌是否灯关闭，巡视仓库、厕所（注意是否有不明人士逗留或残留的火苗）。 3. 设备开关再次确认 （1）设备电源开关关闭→空调、电脑、打印机。 （2）设备电源插头拔除→裁切机、胶装机……。 （3）所有出入口（后门/侧门）、窗口确认关闭，电源关闭，再逐次巡视一次。

五、每周（月）店务工作

店长每周、月及时掌握自店之营运状况，如：营业预算与业绩、销售状况及人员排班、商品营销活动等做出改善计划拟定与行动方案的开展。（表8-3）

表 8-3 每周（月）店务工作

时机	任务项目	频次
预算及实际业绩	1. 业绩内容与差异分析确认。 2. 提出并拟定改善对策及行动计划	周/月
反省、对策、改善	1. 产品、商品结构 （1）客户的需求、种类。 （2）赋予及注意产品、商品的特色	周/月
	2. 人员培训 （1）培训成果、人员任务。 （2）执行实施程度。 （3）士气、团结精神鼓舞。 3. 促销活动执行 促销活动执行成果。 4. 店铺管理 5. 其他 商圈活动/竞争对手动态与策划拟订	
管理方向的检讨	1. 产品、商品管理 产品、商品结构；库存状况。 2. 客户管理 客户意见反映处理情况。 3. 人员管理 （1）出勤状况（迟到/早退/加班……）。 （2）值班情况。 4. 现金管理 收银柜台现金/营业现金/零用金。 5. 店铺设备 门店设备、器具、安全防范。 6. 事务处理 （1）报表数据整理。 （2）会议参加/举办。	周/月

六、每年店务工作

身为店长应了解并掌握当年度整体营运目标及损益达成状况，以作为次年度营业目标设定及执行行动计划研拟参考。（如表8-4）

表 8-4　年店务工作

时机	任务项目
本年度检讨	1. 本年度业绩的内容分析与预算之间的确认 2. 商品促销等各项计划之实施成功程度 3. 客户、商圈特性、竞争关系等检讨分析 4. 景气与不景气的原因之探讨与对策检讨
次年度的构思	1. 根据本年度检讨的结果去订定方针 2. 各项计划拟订 （1）销售计划。 （2）商品计划。 （3）产品计划。 （4）人事计划。 （5）培训计划。 （6）促销计划 （7）宣传广告计划。 （8）广告与装饰计划（自店）。 （9）设备计划（提出自店设备修缮或更新）。
整体自店营运	1. 决定预算、人员编制、设备等的重点讨论主题 2. 依据决定事项修改，订定方针与计划

七、店务会议的召开

在管理门店过程中，固定举行召开门店店务会议以传达总部指示信息及门店作业规范倡导。

1. 店务会议召开频次

每月至少一次，以翔实布达公司当月及门店管理重点。会议通知及会议记录如表8-5、表8-6所示。

图 8-5　会议通知

会议名称					
会议时间			会议地点		
与会者					
主席		会议召集人		会议记录人	
讨论议题					

表 8-6　会议记录表

本次追踪事项	目前进度报告	后续工作重点	担当者

续表

本次讨论议题	决议内容		担当者
临时动议			
本次会议总结			
与会人员签名			
下次会议时间			
下次会议时间			
总经理	区经理	督导	店长

2. 店务会议主题

（1）公司公告事项布达。

（2）营业额检讨。

（3）活动检讨及讨论。

（4）问题反映。

（5）凝聚门店人员向心力。

3. 店务会议内容

（1）总公司所发布的公告事项利用店务会议告知门店所有人员，并签名表示已知道。

（2）汇整营业额相关资料给门店人员知道检讨上个月的营业额是否成长或下滑，检讨有何精进做法。

（3）店长抓出活动相关资料分析给门店人员知道，一起检讨是否有地方可以改进，并一起讨论是否有更好的做法。

（4）门店人员可利用这个时间将所发现问题对不管是门店或个人进行发问及讨论。

（5）店长可利用店务会议时间提升门店人员对门店的向心力，有效提升人员士气。

4. 记录

（1）每次会议选取一人当会议记录将该次会议所有讨论事项记录并存查。

（2）店务会议应张贴门店公布栏中，并由门店签名确认。

第三节　营销活动管理

一、促销活动

有效地预估及执行门店营销活动以达成营销活动效益目标。

二、促销活动效益

1. 透过促销活动，提高门店来客数及客单价，促使营业额提升或达成预定目标。

2. 建立良好的品牌形象，使客户愿意到店并持续性重复消费，达成经营商圈的目的。

3. 促销活动是透过牺牲部分利益，来达成营业目标，故针对优惠内容应审慎评估，避免无利可图，使门店无法经营。

三、促销活动执行手法、方式

1. 目的

促销活动主要借由“降低价格”或“提高价值”，吸引客户产生购买行为，但仍需以消费者接受度较高的方法来进行。

2. 手法

门店可根据单店需求及商圈活动，采取较积极主动的态度，如：周年庆、新产品上市促销、端午、中秋、母亲节、父亲节等活动吸引顾客。

3. 方式

一般较为常见的促销方式，如表8-7所示。

4. 促销活动考虑

要考虑到产品、商品的稳定度以及人员的成熟度，必须检视自店在促销活动期间流程与动线的顺畅度、备品数量、是否能应付促销所带来人潮的额外工作量，以避免降低客户满意度，造成反效果。

表 8-7　促销活动执行方式

类别	方式	说明
降低价格	降价	直接于产品的售价给予优惠
	折价券	提供客户在购买商品时获得降价的证明
提高价值	抽奖	客户消费后，提供取得奖品机会
	附送赠品	购买时送给客户赠品，包含：兑换券……
	增加内容物	加页数或本数不加价
	集点	为多次购买的客户提供优惠或赠送

四、促销活动达成效益评估

1. 目的

在活动期间检视活动执行状况并加以修正及改善，在活动结束后检视活动规划是否符合消费者需求，并作为下次活动的参考。

2. 评估指标

一般较为常用下列几项营运指标来评估活动的成效：

（1）营业额。

（2）来客数。

（3）客单价。

（4）商品点（换）购占比。

（5）其他依活动目的而评估。

3. 成效评估

（1）消费者调查法。促销活动之后，以问卷来进行，询问对比促销的看法、印象及参与的行为。

（2）销售资料法。借由销售数据抓取，比较促销前后的销售量差别，并区隔受此吸引的特定消费者。（通常会以营业额、来客数、客单价等作为促销活动销售成效的比较基准值。）

（3）依照活动规划时的预估目标来评估，以达成目标为目的。

第四节 商圈管理

让店长了解经营一家门店除了必须掌握店务管理的各种状况与维持门店正常运作外，自店商圈经营与管理更是重要。

一、商圈的定义

1. 商圈（RetailTradeArea）的概念是以门店为中心的角度考虑。某门店其主要客户分布的区域，可视为其营运影响或吸引力所及的范围，就称为此门店的商圈。

2. 商圈可以说是该门店所占有的市场区域范围，也可以说是该门店的势力范围。

3. 所谓的商圈若从客户的角度来看，也可以说是一种生活空间的概念，在这个范围内的人们都习惯在这家店满足某种生活的需求，而经常光临利用。

二、商圈管理的概念

快印店门店的设立，总部大量投入设备、装潢、租押金、广告费用等金额，目的在于该门店能于该区域商圈内达到获利、宣达品牌意念等目的。快印店已进入竞争异常激烈的阶段，如何以既有资源，于固定区域内满足客户，达成获利目标，即为商圈管理的目的。

三、商圈的形状与距离

1. 实际的商圈取决于人口的分布、交通网、小区或每条道路旁的生活者对需求的期待、影响来店的障碍物及竞争店等因素。因此在地图上表现出来的商圈，并非是对称的圆形，而是一种不规则的形状，短的地方可能仅有数十米，长则可达数千米。而且商圈的形状，每家店都是不一样的。

2. 事实上，商圈经常会随着商业大楼、交通环境条件、客户群体、消费倾向、季节等因素而变化。

3. 商圈范围可分为主要商圈与次要商圈，主要商圈范围内的客户约占该门店来客量70%；次要商圈范围内的客户约占该门店来客量的30%，商圈范围需视人口密度与竞争强度做弹性划分。

4. 商圈地图准备与商圈范围设定。于自店地址为中心设定约为1000米为主要商圈，并设定约3000米为次要商圈，商圈范围大小后续可视调查竞争强度与环境地形分布做弹性调整。

商圈类型确认与调查目标设定：商圈类型主要区分下列类型，调查细节各有所区分，如表8-8所示。

表 8-8　商圈类型

商圈类型	释义	目标人潮客群	评估重点
商业区	临近各类商业活动门店，通常会结合部分住宅群	购买民众，门店人员，当地住户	店家服务业态，商业服务时间，门店数量，人潮出没时间，人潮量，停车方便性，人车潮流动线
办公区	存在各式公司行或服务业行为的区域，通常会结合部分住宅客群	办公人潮，洽公人潮	公司行号数量，各公司办公人数，公司行号业态类型，办公时间，人车潮动线与出没时间
学区	各类型学校坐落的周边区域	学生，教育员，附件商家服务人员	学校类型，寒暑假学校活动，学生通勤方式，学校内商业竞争行为，学校活动与管理规范
交通集汇点	因交通通勤必经的人潮众多据点	通勤人潮	人潮流量与时间，交通工具，停车方便性，门店接近性，车速与交通规范

四、商圈评估的构面

1. 自店经营构面。快印产品、商品、环境氛围、服务、门店活动、人力素质。

2. 客户构面。公司结构、商业属性对快印产品、商品偏好。

3. 立地环境构面。道路宽度、车速、停车方便性、重要公共设施、产业属性、门店格局。

4. 竞争构面。竞争店数、品牌力、营销活动、营业时段。如表8-9所示。

表 8-9 竞争者调查表

评核项目0–10分	自店	竞争A	竞争B	竞争C
1. 设施利用性（停车格数，人车流动线，门市吸引力）				
2. 外观，内装（美观性，人员演出力，色彩，招牌视认性，门市气氛营造）				
3. 通路，配置（门市动线规划，空间配置）				
4. 店内设备（设备数量，设备功效，待客设施）				
5. 商品组成（深度与广度，新品开发力）				
6. 商品陈列（陈列种类与数量，关联性，布置）				
7. 价格（价格组合力，价格带）				
8. 营销活动（广告宣传方式，文宣陈列，活动时间与频率）				
9. 前台服务（应对礼仪，待客措施，专业知识）				
10. 营业条件（营业时间，营业天数，营业措施）				
合计得分				

五、竞争者调查

1. 调查面向包含以下三种构面：

（1）商品力。商品广度与深度、质量、价位、流行话题性、价值感等。

（2）立地力。立地条件、门店面积、门店气氛、店内设备等。

（3）服务力。面销强度、服务亲切性、门店人员能力、清洁卫生、待客设施等。

2. 数据整合分析。

于调整完毕后，依取得的信息填写“商圈评估表”，如表8-10所示，并修正原设定的商势圈图。

表 8-10 商圈评估表

店面型态	○大三角○小三角○平面点				
租金	30000/月	室内平方米	200	走廊平方米数	25

续表

设备	彩机	2	黑白机	2	喷绘机	1	后道	5
竞争店家								

键入目标客户坐落与数量，例如公司户数						
占比	客户类型	商圈情报汇总				潜力客户
70%	商圈类型	电梯大楼，透天住宅，小区，公寓，其他 高所得区块，新区块，旧区块，新旧混合区块			可掌握公司户数200户	160户
10%	办公大楼	公司类型	金融业	人寿保险业	50人	5人
		4座大楼		从业600人		
	工厂/公司	厂商类型				
5%	学生	学校名称	×××大学		100人	5人
		教职员人数200人				
	医院					
10%	购物人潮	带动磁点	超商1	超商2	100人	10人
		人潮数	1100人/日	1100人/日		
	交通运输站					
5%	风景区	美术馆	餐厅街人潮		50人	3人
	其他用区					

取得与调整人车潮流量							
入店率	类别/时段	08～12	12～14	14～17	17～22	合计	客群预估
4%	行人	78	67	31	56	232	9
3%	电瓶车	242	336	197	263	1038	31
1%	汽车	171	203	148	195	717	7
总预估消费人次							
210人/日							

3. 分析与决策拟定

SWOT分析见表8-11。

表 8-11 SWOT 分析表

	Strenghts（优势）：	Weaknesses（劣势）：
	1. 连锁商品知名度高。 2. 开放式展示空间。 3. 环境空间舒适（空调，装潢）。 4. 附加价值高（Wi-Fi上网）。 5. 快速服务	1. 客户产品、商品定位。 2. 附近同业价格具低价优势。 3. 店面内缩不明显。 4. 招牌遭路树阻挡。 5. 停车不便

续表

Opportunities（机会）： 1. 商圈具高消费公司客群，注重服务质量。 2. 位属特定商圈。 3. 附近较少同业	SO策略： 1. 主打特约厂商优惠办法，拉拢公司商务客群。 2. 提供客制化商品服务。 3. 主动出击，提升送货服务	WO策略 1. 提升商品附加价值。 2. 顾客资料搜集，定期活动联系唤起消费意愿。 3. 引导客户文件转PDF格式用QQ，网络下单
Threats（威胁）： 1. 商圈离峰时段人潮少。 2. 商圈皆属人气店家，竞争态势大	ST策略 1. 坚守产品现做特色与质量要求。 2. 提供离峰时段优惠。 3. 网站平台加强曝光	WT策略 1. 高峰时段提供快速展示商品抢攻客群。 2. 定期商圈经营发单，凸显经营时段及单店特色

六、商圈评估工作补充

1. 工具。相机、计数器、计步器、卷尺。

2. 信息取得方式。

（1）观察法。观察人车流向、数量、竞争者行为等。

（2）询问法。询问对象有附近店家、小区物业、管委会。

（3）调查法。网络、当地派出所、区政府单位调查相关信息。

3. 调查时间：依经营业态需求针对重点时间段做咨询归集。

4. 竞争者分析重点：配送频率、货篮数量。

5. 其他变异因素：天气、尖峰离峰差异、平日假日差异。

6. 访查频率：每日针对目标客群、竞争者进行访查并做营运策略。

第五节　人力资源管理

一、招募作业管理

有效地预估及调配门市人力配置以符合营业需求。

1. 人力需求预测要素

（1）营业额。门市人力配置需符合营业额需求，过多会造成资源浪费，过少则会造成营业困难。

（2）来客数。来客数多寡影响人力的需求，同级营业额，来客数较高班次，服务顾客次数多，相对人力需求较多。

（3）周期性。以学区为商圈时，是否在平常日与寒暑假期间有需求骤增骤减情形。

（4）其他因素。门市位移（闭店）、商圈改变、营业时间……在正常营运时，该公司同时考虑了人力需求要素及人员生产力。

2. 招募员工步骤

（1）需求。人手不足时，预计增加店数时、原有员工提出辞呈时……

（2）招募对象。为保障用人的安全考虑，应规定应聘者面试时携带其个人身份证件，以确保其身份与资料相符。

（3）招募工具。见表8-12。

表 8-12　招募工具

招募工具	使用方式	申请方式
征人海报	张贴门市橱窗	可向督导申请
征人ＤＭ	门市发放	可向区督导申请
注：招募工具的海报、ＤＭ一般为制式格式		

（4）招募方式。见表8-13。

表 8-13　招募方式

招募方式	使用方式	作业方式	协办单位
门市招募	店头海报、DM	参考（表8-12）招募工具	督导
报纸	登报	由人力资源部向报社办理	人力资源部
网络求才	上网登录	由人力资源部协助刊登	人力资源部
员工介绍办法	介绍奖金	设介绍办法鼓励员工介绍亲友应聘	员工
校园征才	建立学校关系	门市附近的学校就业辅导处登记	人力资源部
联合招募	建立合作关系	区域内门市合作联合招募	督导
区域联合征才	报纸夹报	向地区经营者登广告	督导
人才转介	内部资源	向区督导或其他门市询问是否有多余的应聘函或人力	督导
店内招募	客户关系游说	从客户中开发适合担任门市工作的人员	督导/店长

（5）甄选面试规范。

①面谈目的。

- 搜集、探寻应聘者的各项资料，以评量应聘者的工作能力是否适合门市工作。
- 评估应聘者的工作意愿、态度和对门市的适应力。

- 帮助应聘者了解门市及所应聘工作的情况，并能提供足够信息协助其决定是否接受工作。

②审核应聘者简历表，确认任用条件与工作资格。

- 门店人员应满18岁。
- 应聘者上班时段是否符合门市要求？
- 薪资接受度及是否符合时段需求？
- 休假是否可配合门市营运状况？

③面谈技巧。

- 面试前应注意事项：安排足够面谈时间，并清楚通知应聘者。事先详阅简历表、自传。事先备妥面谈问题，并注意：使用相同的面谈问题，公平客观的评核每位应聘者。避免性别上歧视的问题，例如："你自认为能表现得比男性好吗?"或"这个职务只限男性应聘。"安排安静不受干扰的面试场地。给予适当的接待。
- 面试中应注意事项：

面试开始时塑造轻松面谈气氛，面谈大纲如下：自我介绍是最好的开场白。请对方做自我介绍、家庭背景了解。过去经历、工作感想及离职原因。应聘此工作动机。兴趣、嗜好、休闲活动。公司简介及工作职务介绍。相关工作说明（如轮班、休假、福利、薪资及试用期等）。其他考虑（如避免情侣档、同班同学在同一家门市等）。

发问问题应简短扼要，并引导应聘者做充分的回答。

注意倾听技巧，并适当做笔记。

避免问涉及个人隐私的问题。

应同时注意非口语的肢体语言和眼神态度。

对工作职务及工作内容、待遇做详尽说明，并于面试结束前给对方发问时间。

说明录取与不录取通知方式及时间。

最后不论录取与否都应感谢应聘者参加面试。

- 面试后应注意事项：

参考应聘数据和面谈记录来决定录取人选，避免主观录用。

已决定录用，应迅速通知录取，避免错失良才。

- 面谈流程简表，如表8-14所示。
- 面试题库，见表8-15。

表 8-14 面谈流程表

	重点技巧
面试前	了解店长职责； 了解职位需求条件； 了解应聘者概况
面试中	塑造和谐融洽的面谈气氛； 运用面谈大纲进行面谈； 不忽视肢体语言与表情； 善用摘录谈话重点与观感； 善用回应技巧引导应聘者
结束前	给予应聘者提出问题的时间； 检查是否有遗漏问题未询问； 利用结束技巧进行问题探询
面试后	立即写下完整或重点评论； 勿仓促决定录用有疑虑的人； 对合适的应聘者快速通知其报到

表 8-15 面试题库表

评估项目	询问问题	询问目的	参考数据
年龄、健康		外表观察可看出健康状况	出生日、身高体重、仪表、兵役记录
应聘者基本资料的表达能力	能否请你简要自我介绍？内容可包括家庭背景、工作经验。	事先详阅相关应聘资料，作为判断说明是否清楚及观察语言表达能力	履历表、自传
家庭概况及成员	能否谈谈你的家庭成员的概况	可了解家世及应聘者性格养成背景	自传、求职概况表
应聘动机	➢ 请谈谈对本公司的了解 ➢ 什么原因想应聘这份工作 ➢ 能否请你说说你对这份工作内容的了解 ➢ 你认为你适合这份工作吗？原因是什么？	➢ 对工作重视程度会反映出对公司和对工作的了解程度 ➢ 对接受工作的信心程度可反映出部分工作实力	自传、求职表、应聘职务、对话态度、意愿、态度是否诚恳
教育程度	谈谈你在学校所学对未来工作有何帮助？	所学是否与工作有直接关系？	履历表、自传
技能程度	过去经历中你曾从事哪些工作，负责什么业务？	过去经历是否对应聘职务有直接帮助？	履历表、自传、求职表
薪资要求	➢ 你希望一个月薪资多少？ ➢ 我们支付的薪资低于你的要求，你可以接受吗？	要求是否合理会影响录用后报到及未来职务的稳定性	希望待遇栏

续表

评估项目	询问问题	询问目的	参考数据
异常状况	➢ 你在未工作这段时间都在做什么？ ➢ 什么原因使你中断学业	➢ 是否有清楚合理说明 ➢ 是否圆满离职	求职概况表
工作稳定性	➢ 由你住处至工作地点会不会很远？ ➢ 什么原因想离开原工作？ ➢ 你最喜欢从事什么工作？	➢ 住较远的人稳定性较差、尤其职位不高 ➢ 对工作内容了解与认同，关系未来的适应与稳定性 ➢ 有清楚的职业生涯规划较会执着于工作	➢ 住址与工作地点的远近 ➢ 待遇是否能接受 ➢ 离职原因合理性 ➢ 过去工作任职时间长短
性格成熟度	➢ 你最重视你的朋友哪些品德？原因？	在某种程度上自我性格会反映在对他人的期望上	理由说明
人际关系	➢ 你平常喜欢从事什么休闲活动？ ➢ 参加过社团活动吗？	喜欢参加团体活动个性应较外向开朗，适合与人接触的工作	履历表、自传
工作的影响因素	➢ 父母同意你兼职吗？要轮班可以吗？	确认能胜任及配合度	
其他重点	➢ 说明考绩及调薪制度 ➢ 告知工作繁重程度	看对方是否仍愿接受	
结束面谈	➢ 询问有没有任何问题 ➢ 告知录取（如不确定录取则不需立即告知，可技巧性说明尚有面试人选，将在近两日电话告知） ➢ 感谢应聘人拨冗参加并亲送于门口	➢ 确定应聘者无疑虑，对该项职务充分了解 ➢ 好人才要立刻决定下来 ➢ 保有礼节，留下好印象	

二、员工关怀

透过定期与不定期进行员工关怀，以了解员工平日工作状况。

1. 员工关怀目的

员工是公司最珍惜的家人、最重要的资产，所以，对员工的关怀不仅仅是规章制度的制定，更重要的是真心的慰问关心。希望他们在遇到急难状况之时，公司可以成为支撑他们的支柱之一。

2. 员工关怀原则与时机

（1）原则。

①不要给自己压力，也不要给他人压力。其实不需要有压力；热爱分享；擅于倾

听就是同事彼此间最大的贡献。

②尽量以轻松、自然的态度来关怀对方。随时关心部门的同事，一声亲切的问候会拉近彼此的距离。

③考虑关怀的目的——自愿/非自愿。让同人感受到你的支持，感受到部门有你真好。

（2）时机。

①出缺勤行为。迟到或早退因为疾病或者是意外而增加缺勤的时数。

②人际互动行为。和同事相处会有退缩行为、不恰当的大笑、哭泣或是愤怒，和配偶、小孩和朋友相处有状况、经常呈现无助感。

③生理征兆改变：体重改变、眼睛红、表达记忆力丧失、对于身体健康状况的抱怨增加、经常说头痛、胃痛等。

④特殊行为情况：

- 在工作质量或产量的工作表现降低，被主管骂。
- 在工作上粗心大意或是打瞌睡。
- 注意力无法集中。
- 情绪不稳定。
- 很长时间的情绪焦虑。
- 对于个人的外表很不在乎。
- 经常呈现负面态度。
- 无法团队合作。

三、绩效考核管理

透过制度流程，进行人员培训与考核，有效提升员工职能，带动门市营运绩效。

1. 店长考核

考核项目与范围见表8-16。

表 8-16　店长考核项目

类别	考核内容项目	占比
工作目标	营运策略执行效率、专业技术培训能力、商品营销推广能力、顾客满意度维护力	40%
管理职能	部属培育、沟通协调、绩效管理、问题解决	60%
工作表现程度	品格操守、学习能力、责任承担、工作意愿、工作效率、工作态度、言行操守、协调沟通、服从态度	

2. 新进/调任人员考核

为使新进及调任人员能尽快融入新工作职务，于三个月内应由单位主管对其当事人进行工作目标设定。（见表8-17）

表 8-17　新近 / 调任人员考核项目

类别	考核内容项目	占比
核心职能	工作效率、工作态度、言行操守、协调沟通、服从态度	85%
工作目标设定	由单位主管及当事人讨论可达成的三个关键工作目标	15%

3. 工作站考核

为使新进人员及门市在职同人能熟稔其工作站的技能，应由店长、督导或其单位主管指派合适指导人进行工作岗位的学习指导，并于工作站学习期间结束后进行考核。

（1）工作站考核范围。

①产品操作考核。工作站做产品实作考核。

②店务管理。商圈客情管理、门市清洁、财务管理、门市营运流程、行政工作。

③物料（食材）管理。安全库存量、食材报废控制、现场操作标准，物料成本占比控制于标准内。

④客服管理。柜台礼仪、招呼话术、顾客抱怨处理等。

（2）考核方式。

①技能检定考核。

②纸本测验。

③门市营运时段营运稽核。

④面谈考核记录。

四、离职面谈管理

透过离职面谈流程，以掌握了解员工离职原因，以利后续有效提升或改善员工留任，降低门市人事费用。

1. 员工离职

为使员工离职时，能于合理、合法的情况下顺利进行，且不影响正常业务的推动。

（1）离职区分。

①自动请辞离职。

②解雇免职离职。

③资遣离职。

④退休离职。

⑤其他原因离职。

（2）员工离职手续。

①员工离职，应提出离职申请并填写“员工离职申请单”上所列事项，按离职作业签核流程办理手续后，经呈核准后，再送人力资源单位核备。

②统一由店长或副店长至ERP进行离职作业申请。

③提出期限：全职以上人员30天前。

2. 移交

离职人员提出“员工离职申请单”后，应呈权限主管核准后，才能开始办理离职移交手续。

（1）工作移交。

①原有职务上保管及办理中的簿册文件等均应列入移交。

②移交给接替人，并应将已办而未结案之事项交待清楚。

（2）事务移交。

①原领用的器材、文具（消耗性免）、印章等，交还门市由店经理亲自清点。

②原代保管的资材应列入移交。

③各项移交签注，由接收人员在“员工离职申请单”上签注即可，唯必要时得要求另造移交清册。

（3）注意事项。

①离职人员办理移交时，应由店经理指定接替人接收；如未定接替人时，应以临时指定人员先行接收保管，待人选确定后再转交；如无人可派时，应暂由其店长自行接收。

②移交手续（或清册），应由店经理详加审查，不合之处，应要求更正。

③离职人员申办离职手续，需经权限主管核准后，方为生效。若未经核准不到班者，以旷工（职）论。

④离职人员的薪资于办妥离职及移交手续后，依公司发薪日时转入该员金融账户或要求该员亲自到公司领取。

⑤其余离职相关规范请依公司“离职管理办法”办理。

3. 离职员工面谈

离职面谈时，应该注意几个原则：

（1）离职面谈应该由客观第三者，例如人力资源单位、区督导来面谈，因为直属主管本身往往正是员工离职的导火线，如果委由他全权负责离职面谈，有可能永远不知道真正的原因在哪里。

（2）为了让整个谈话过程中不会太负面，不妨先问一些正面的问题，例如，你对这个工作最喜欢的部分是什么？接着再问，你比较不喜欢的是哪些？

（3）问开放式的问题，再根据员工的谈话，进一步问比较细节的问题。这样会渐渐了解事情的全貌。

（4）将得到的答案整理归纳，作为未来门市改进的参考。

（5）也许离职面谈时，深入了解真相，会让店经理觉得不舒服，但长期来说，却可以帮助公司留住人才，建立较愉快的工作气氛。

第六节　财务管理

了解并掌握门店营运销售状况，并针对异常提出改善计划以达到门店财物管理的效益。

一、每日营业财务管理

1. 目的

店长必须掌握每日营业日结账条（如表8-20）与“工作日志”中“现金管理日报表”（如表8-18）中营业现金是否翔实记录及针对异常提出改善对策，以确保门店财务正确性。

表 8-18　现金管理日报表

早班晚班作业日期：（　）年（　）月（　）日

昨日金库（预借现金）核对/早班发票起号									昨日单收现金核对	
现金	100	50	20	10	5	1	0.5	合计	现金	实际金额
小计										
昨日零找金（POS）准备										早班签名
现金	100	50	20	10	5	1	0.5	支出	合计	
小计										

2. 每日财务管理重点

（1）营业额。营业日结账账条与实收现金是否正确无误。

（2）预备金、找零金。于交接班时须核对预备金、找零金是否正确并翔实填写于工作日志中，见表8-19。

表 8-19　早班，晚班交接工作

POS现金交接/交班发票号码：												
现金	100	50	20	10	5	1	0.5	支出	零找金	合计（A）	现金（B）	短溢（A）-（B）
小计												
金库（预借现金）核对											早班签名	晚班签名
现金	100	50	20	10	5	1	0.5	合计	是否短溢			
小计												

（3）营业异常管理。店长应每日针对当日营业异常状况进行了解，如：误打发票过多、现金短溢过高……应查出问题点并提出后续改善做法，见表8-21。

（4）落实填写及核查每日财务管理工具窗体。

①工作日志——现金管理日报表。

②门店手写损益表。

表 8-20　晚班结账作业表

本日结账记录（日账条）										
	A台账		B台账		合计A-B		实际现金		备注	
合计										
明日零找金准备										
现金	100	50	20	10	5	1	0.5	支出	合计	晚班签名（第二人）
小计										
晚班交班金库（预借现金）										
现金	100	50	20	10	5	1	0.5	合计		

表 8-21　营业异常状况表

今日异常情况处理及交接事项（现金短溢/发票跳号/发票遗失/其他）
物流代收现金/资料：物流人员签名/时间：

二、门店财务报表

身为店长应该掌握并了解以下几个财务管理数字，如图8-1所示，以利实时掌握异常并拟订改善对策。使效率最大化、减少消耗，进而减少门市费用支出。

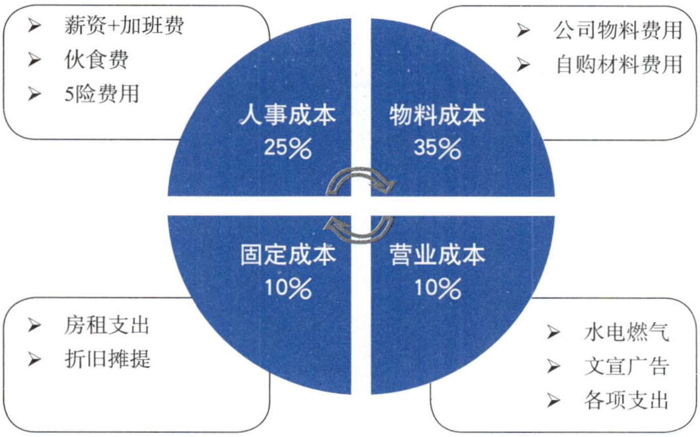

图 8-1 财务成本比率图

1. 人事成本

人事成本率=人事费用÷营业收入

（1）人员管控。

①人排太多，大家不知道要做什么？工作逐渐懒散。

②人排太少，造成客情管理不佳，员工疲劳感提升。

（2）决定人事成本关键。

①人员稳定，加强职能训练（各工作站都能独立运作）。

②留强汰弱，提高人力产值。

③合理人员编制和各时段人力运用。

④加班效益极大化。

⑤五险等附加费用，实时完成（到、离职当天务必进行加、退保）。

2. 物料成本

物料成本=物料费用÷营业收入

（1）决定物料成本关键。

①耗材进价成本VS质量。

②成品末端售价VS消费族群接受。

③适量进货，适量备货，操作正确。

④减少耗材报废，确实记录。

⑤期初、期末盘点的正确度。

（2）安全库存量。

①原物料用量÷计算周期=每日平均用量。

②每日平均用量×安库基数×运送周期=安全库量。

③原物料用量÷计算周期÷平均营业额=平均用量。

④平均用量×安预估营业额=万元用量。

⑤万元用量×运送周期=安全库量。

3. 营业成本

成本率=各项费用总计÷营业收入

（1）营业成本项目。

①水费、电费、暖气费、电话通信费。

②杂项的文具费、器具耗材、医药等其他各项费用。

③绩效奖金。

④设备修缮费用。

⑤文宣广告费用。

（2）决定营业成本的关键。

①离峰时间调整客席冷器开关、随手关闭仓库灯、离峰时间随手将设备等开关调节。

②设备爱惜使用并依规定做好机器设备清洁与保养。

③善用文宣广告及落实面销动作。

④让费用产生最大效益就是降低费用。

4. 固定成本

成本率=费用÷营业收入

一般数码快印业标准成本为

（1）固定营业成本项目。

①房租支出。

②折旧摊提。

（2）固定营业成本问题。

①房租支出太高。

②折旧摊提的问题。

（3）提升营收降低费用率。

检视我们的S.Q.C.V.的经营模式

三、单店损益表（营业获利掌握）

1. 损益平衡点图

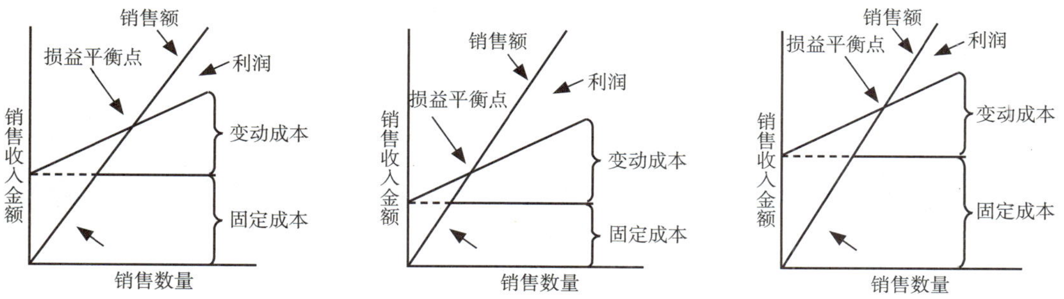

图 8-2　损益平衡点图

（1）损益平衡分析的主要用途。

损益平衡分析表明固定成本与变动成本的重要性，显示销售收入对利润的影响，预估单位售价及其相对销售数量预测。

（2）损益平衡公式。

损益平衡点营业 =（S营业额＋V变动成本）÷ F固定成本

2. 变动成本

变动成本包括：原料、物料、电力、燃料、外包、消耗、样品、出口费、运费、佣金等。

3. 固定成本

固定成本包括：直接人工、间接人工、薪资、文具印刷、邮电、旅费、广告、保险、福利、训练、交际、伙食、杂项、折旧、修缮、税捐、其他、利息等。

一般数码快印业的营业相关成本科目的占比参考，见表8-22。

表 8-22　营业科目比率表

科目	比例（理想）	比例（一般）	比例（欠佳）	备注
销售收入	100%	100%	100%	
销货成本	35%	35%	35%	直接耗材费用
销货毛利	65%	65%	65%	销货收入–成本=销售毛利
租金	10%	12%	15%	10%以下，不超过15%
人事费用	25%	27%	30%	成本+人事须在60%以下

续表

科目	比例（理想）	比例（一般）	比例（欠佳）	备注
水电燃气	3%	4%	5%	水电+折摊须在10%以下
折旧摊提	5%	6%	7%	5%以下，不超过7%
其他营销	5%	6%	7%	其他+水电须在10%以下
税前净利	17%	10%	1%	务必大于0%，为正数

某数码快印门店损益表见表8-23。

表 8-23　XXX 门店 2016 年 1 月损益表（范例）

2016年1月XXX门店			
收入（税前）	快印产品	430170	
	商品	286776	
收入合计		716946	100%
物料成本35%	物料成本	250350	
	费用-材料费	273	
	物料成本合计	250623	34.96%
人事成本30%	人事支出	201171	
	伙食费	7075	
	五险费	10280	
	人事成本合计	218526	30.48%
管理费用10%	费用-文具用品	150	
	绩效奖金	10000	
	费用-车辆费	2400	
	费用-交通费	3000	
	费用-水电费	16332	
	费用-其他费用	18730	
	费用-医药费	112	
	费用-推广费	2755	
	费用成本合计	53479	7.46%
固定费用10%	费用-房租支出	50000	
	费用-新旧及折损	21873	
	费用成本合计	71873	10%
费用总计		594501	82.92%
本期效益		139445	17.08%

四、掌握门店财务管理的几件事

店长必须掌握以下几件事，方能对门店财物管理有所帮助。

1. 例行“开源节流、当用则用、当省则省、钱花刀口、专业分工”等原则。

2. 维系与房东良好关系，创造对象的价值，以便租金合理降幅或微调或合理化。

3. 正职员工的薪资为固定费用，兼职员工的薪资为变动费用，透过标准化与在职培训，运用兼职员工的比例，以降低人事费率。

4. 以人时生产力与人时服务客户数，依目标预算营业额做合理的排班，以控管人事费用。

5. 重视节能减碳措施，使用省空间、高效率、低故障等的生产机器设备。

6. 透过严谨的培训与手册，正确操作与保养各生产机器设备，减少修缮与保养费。

7. 对各项管销费用的科目，订定使用数量与金额的合理标准，并定期追踪做稽核控管。

8. 对水电暖气费用与电话通信费用做按时的记录追踪查核，追求合理化。

9. 对小项、杂项、文具等物品，皆须妥善保管与使用，并按时做盘点与订补货。

10. 合理降低报废的数量与金额，收银短溢金额、盘损率，并订定标准来严格执行。

11. 各项操作皆须依标准化的营运手册执行，并透过店长自店工作岗位教育训练来落实。

五、门店财物费用异常分析与对策

1. 水电燃气费用增加的分析与对策

（1）每日清洁作业的检查与落实。

（2）各表使用度数异常数据的检核与每日度数记录表的确认。

①掌握异常发生的日期，深入了解外，立即作问题改善与正确指导。

②寻找发生事故的生产机器设备与配管。

③注意漏水、漏电、漏燃气情况。

④空调、设备每年定期保养维修。

2. 其他费用增加的分析与对策

检核异常的小项与杂项费用：

①落实每月盘点精准度（交叉盘点）。

②落实进货验收动作以掌握进货数量与金额准确性。

③订货是否依规定。避免库存积压、回转率过低，造成物料报废提高。

④定期每月召开店务会议，以实施各种培训并执行改善。

第七节　设备管理

一、彩色数码印刷机

1. 柯尼卡美能达彩色生产型数字印刷系统介绍

柯尼卡美能达数字印刷系统秉承“与胶印和谐共存”的设计理念，通过不断创新来提高自身的能力。全新设计的bizhub PRESS C1060/C1070以及bizhub PRESS C1085/C1100均以“与胶印共存”“拓展应用”和“完成更多印刷任务”为目标，成为“多功能数字印刷”和“高效能数字印刷”系统。

图 8-3　彩色数码印刷机

（1）bizhub PRESS C1060/C1070

①产品概述。

bizhub PRESS C1060/C1070设计为“多功能数字印刷系统”，可用于多种类型的业务范围，例如商务文件、个性化名片、投标书、贺卡、日历、宣传册、数码打样等，以高质量、高精度、高效率、高稳定性的性能，为用户带来更多业务类型和更高附加值。

②产品规格。

bizhub PRESS C1070和C1060分别以71页/分钟和61页/分钟的高生产力为客户带来更快的生产周期，支持打印的纸张尺寸为100mm × 148mm ~ 330mm × 487mm，支持纸张克重范围为62 ~ 300g/m^2，且可以自动双面打印。另外，可实现最高7500张的进纸容量，并可在设备运行过程中补充纸张，确保最少停机时间和最高生产力。

bizhub PRESS C1060/C1070的特色功能还包括支持330mm × 1200mm的横幅打印，通过该拓展功能，用户可以在横幅、宣传标识、三折页/开门折菜谱、毕业合照、建筑效果图、视力表、个性化身高尺、装饰画、书法等方面进行业务开拓，为客户带来更广泛的业务应用及更高的附加值。

③产品特点。

bizhub PRESS C1060/C1070使用全新设计的引擎和纸路传输系统，在生产力和纸张处理能力上得到了空前的提升，改进的Simitri聚合炭粉和图像处理系统使得输出的高质量图像可媲美胶印效果。

- 全新的Simitri HDE低能耗炫彩炭粉，可使彩色图像呈现更丰富的色彩层次。
- 高精度的文字轮廓处理可有效消除数字印刷中常见的线条模糊和粗糙问题，更清晰地再现文字细节。
- 新研发的对位摆动结构在引擎的对位部配备了对中传感器，可提供更高的打印位置精度。
- 通过实时色彩校准及自动色阶浓度调整功能，进一步提高色彩再现稳定性。
- 采用新研发的真空吸附式大容量纸柜，确保在使用厚纸和铜版纸时也可实现稳定的进纸。
- 增强的色彩浓度调整功能，可使设备根据纸张特性和加网类型校正色阶浓度，自动色彩调整更精确。
- 具有明信片打印/信封打印功能，可开创新商机。
- 切实根据不同客户的实际需求，选择不同打印控制器，多方位满足客户的现场操作要求。

［资料来源：柯尼卡美能达（中国）公司］

（2）bizhub PRESS C1085/C1100

①产品概述。

bizhub PRESS C1085/C1100以“高效能印刷系统”为目标，结合其按需生产的特点，为面对急剧的订单量和更高质量要求的客户提供更高水平的“质量”和“速度”。100%的生产力、稳定的生产性能使其成为客户向高端业务拓展的利器。

②产品规格。

bizhub PRESS C1100和C1085的打印速度分别为100页/分钟和85页/分钟，支持纸张大小为100mm × 139.7mm ~ 330.2mm × 487.7mm，最大打印区域为321mm × 480mm，

能够处理纸张克重范围为55 ~ 350g/m^2，并且所有克重纸张均以100%的生产力持续输出。

图 8-4　bizhub PRESS C1085/C1100

bizhub PRESS C1085/C1100的高生产力还体现在支持多种纸张类型、最高13890张的进纸容量和最高10000张的出纸容量，以及多种功能可选的在线印后装订组件，实现自动化折页、鞍式装订和无线胶装作业生产。

③产品特点。

bizhub PRESS C1085/C1100高效能数字印刷系统可处理多种纸张类型，并稳定、高速输出薄至铜版纸、宣传页，厚至卡纸、吊牌等不同应用，弥补了传统印刷不能实现的业务类型，满足了对多种印刷订单高速处理、大批量生产和连续操作的需求。

- 新设计的大直径上部定影系统和Simitri HDE低能耗炫彩炭粉的协同作用，为55 ~ 350g/m^{2}范围内纸张带来100%的生产力，真正实现高速生产。
- 新研发的真空吸附式纸柜，通过优化的气流控制和改进的纸张接触面积可确保更加稳定的厚铜版纸进纸操作，减少纸粉影响，防止出现进纸错误。
- 新型定影系统配备了新型进口辊和定影转向机构，提高了从薄纸到厚纸的传输性能，加强了纸张处理可靠性，满足多样化按需印刷需求。
- 具有三维混合结构的Simitri HDE低能耗炫彩聚合炭粉呈现色域广，可完全覆盖ISO Coated和Japan Color的色域范围，色彩表现媲美胶印。
- 采用最新研发的S.E.A.D.IV图像处理技术，不仅可细化线条和轮廓字体，还能够执行加网处理以高度再现原稿数据中的色阶。
- 使用高精度IDC传感器、RU浓度传感器以及采用新算法的色彩反馈系统来最大程度地减少色差；系统还配备冷却风扇以保持恒定的主机内温度，从多方面确保稳定的高质量图像输出。

➢ 兼容JDF，可无缝连接胶印工作流程及电子商务平台流程，灵活、高效的对客户现有生产流程进行整合。
➢ 性能出色的多种印后装订选配件，可实现多样化的在线印后处理，客户可通过搭建印刷系统实现人力节省和高附加值。

［资料来源：柯尼卡美能达（中国）公司］

二、黑白数码印刷机

柯尼卡美能达黑白生产型数字印刷系统介绍

柯尼卡美能达bizhub PRESS系列黑白生产型数字印刷系统围绕“降低成本”“降低周转时间”而设计，帮助客户在面对越来越多的小批量订单时能够确保周转时间以及印刷品质。鉴于其出色的打印品质及稳定性，bizhub PRESS 1052/1250也成为服装吊牌应用领域的王牌打印机。

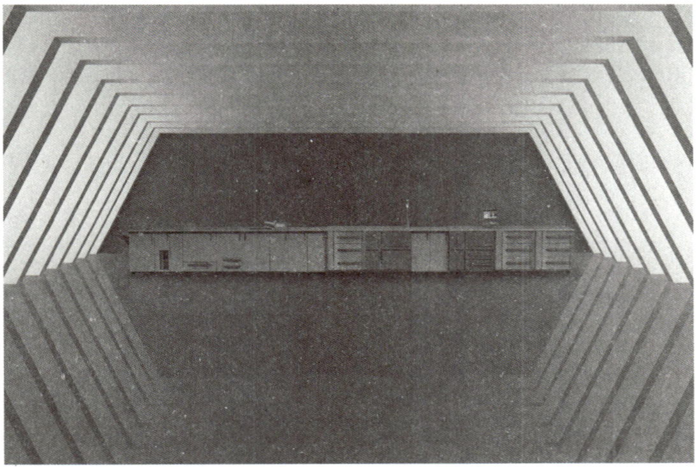

图 8-5　bizhub PRESS 1052/1250

①产品概述。

bizhub PRESS系列黑白生产型数字印刷系统包括bizhub PRESS 1052/1250，以及双面印刷系统bizhub PRESS 2250P，广泛的纸张兼容性、精确的正背套准、丰富的印后装订组件为客户提供多样的业务类型。

②产品规格。

bizhub PRESS 1052和1250分别以105页/分钟和125页/分钟的高生产力为客户带来更快的生产周期，打印精度1200×1200dpi，支持打印的纸张尺寸为95mm×133mm～324mm×463mm，支持纸张克重范围为40～350g/m^2，自动双面打印。

bizhub PRESS 1052/1250还可配备特殊的定影组件进行信封打印。

双面印刷系统bizhub PRESS 2250P专业应用于双面打印业务，可为高生产力、短交货周期的客户提供强大的业务支持。其生产速度为250面/分钟，打印精度为1200×1200dpi，支持打印的纸张尺寸为182mm×139mm～324mm×463mm，支持纸张克重范围为40～350g/m^2，双引擎支持正反面打印。

③产品特点。

bizhub PRESS系列黑白生产型数字印刷系统以高效性和稳定性获得一致的市场好评，为客户带来大幅提升的生产力和打印品质。

- 采用LED打印头，可实现1200dpi高分辨率打印，结合独特的文字轮廓处理技术，使细小文字完美呈现。
- 带式转印系统使定影均匀，从而提高了图像转印品质以及图像底色打印均匀性。
- 独家CIE色彩空间转换技术，在将彩色图像转换为单色再现时，生成丰富的阴影细节、精细的高亮效果和平滑的阶调。
- 独有的曲线调整功能，可以在整页文档的图像部分进行阶调调整时，保持文字部分浓度不受影响。
- 图像浓度传感器（IDC）和新的浓度变化预测控制系统，提升了打印浓度稳定性，确保了大批量作业一致的图像浓度呈现。
- 在多用户使用情况下，支持设备集中管理系统，实现多功能的打印管理，保证工作流程顺畅，降低总拥有成本。

［资料来源：柯尼卡美能达（中国）公司］

三、数码喷墨打印机

图 8-6　UV 喷墨数码印刷机 KM-1

①产品概述。

柯尼卡美能达KM-1是首款能够呈现图像艺术级打印品质，且速度达到3000印/时的UV单张纸喷墨印刷机。结合UV喷墨专利技术、传统单张纸胶印进纸技术以及卓越的介质处理能力，KM-1可在广泛的承印物上呈现高品质输出效果，而且无须对打印介质进行特殊处理或昂贵的涂布，这些特点可帮助商业印刷用户获得更多商业机会。

②产品规格。

KM-1是一款B2+幅面单张纸UV喷墨印刷机，使用日本领先印刷机制造商小森公司联合研发的进纸机构，柯尼卡美能达专利UV喷墨技术，LED冷温固化，自动双面打印输出。

- B2+幅面，最大纸张尺寸585mm × 750 mm。
- 支持纸张厚度0.06 ~ 0.6 mm（单面），0.06 ~ 0.45 mm（双面），可兼容商业印刷与包装印刷的业务。
- 打印速度3000印/时（单面）；1500印/时（双面）。
- 柯尼卡美能达4色UV油墨。
- 独特的KM高分辨率喷头（1800IS），可实现1200dpi × 1200dpi打印精度。

③产品特点。

KM-1是一款创新的单张纸UV喷墨印刷机，它能够直接打印标准的非涂布胶印纸且适应胶印生产环境，为商业印刷商转型数码喷墨印刷创造了更好的途径，从而满足商业印刷的短版业务需求。

- 业务拓展：KM-1生产速度为3000印/时，很好地承接了胶印短版业务。业务类型可拓展至厚纹理纸、包装相关业务；还可打印大幅面的三折页、四折页宣传册，口袋折页，海报，商店促销广告，马夹袋，带勒口的书籍封面等个性化的业务类型。
- 轻松转型：KM-1设备适应胶印环境，可使用传统胶印的涂布/非涂布纸张，甚至纹理纸，无须特殊品质的承印物，也无须对承印物进行印前/印后特殊处理，立即固化的UV油墨，让印品可以立刻转入印后工序。这些特性使得企业可轻松转型至数码喷墨印刷。
- 出色品质：柯尼卡美能达专业设计的打印喷头、专利UV油墨，构成了KM-1出色的喷墨系统。配备柯尼卡美能达的独特的高分辨率喷头（1800IS），可实现1200dpi × 1200dpi打印精度，打印品质媲美胶印。而UV油墨的耐光照和耐摩擦，减少客户因邮寄促销广告品的色泽暗淡而抱怨。
- 操作简便：KM-1可通过网络、热文件夹、工作流程发送作业，轻松衔接至现有胶印印刷流程。

> ➢ 维护简单：KM-1的机身由日本领先印刷机制造商小森公司提供设计研发，其设计使得操作员可以自行更换打印喷头和零部件，维护中使用与胶印机一样的维护工具即可。

［资料来源：柯尼卡美能达（中国）公司］

四、3D局部UV上光设备

图 8-7　JETvarnish 3DS

①产品概述。

JETvarnish 3DS是一款全数字化的局部UV上光设备，应用于高端商业印刷、数码包装打样、艺术品以及奢侈品市场。这款设备的自动摄像头捕捉对准技术（ARC）不仅可对所有的数字打印样品进行高精度的局部上光，还可赋予最终印品各种3D触感效果，高附加值的局部UV加工和3DS立体效果，可提升普通打印业务的利润，轻松让打印作业焕发新彩，带来令人无法抗拒的魅力以及高端客户订单的激增。另外，3DS还可通过选配件实现数字烫金，彻底摆脱传统制板制模工序，将3D立体烫金技术提升到全新的应用领域。

②产品规格。

JETvarnish 3DS是专为高端数码印刷品的后道加工而设计。

- ➢ 支持纸张大小为21cm × 30cm ~ 36.4cm × 102cm（8英寸 × 11.8英寸 ~ 14.33英寸 × 40.15英寸）。处理纸张厚度为135 ~ 450g/m^2，完美承接了柯尼卡美能达数码印刷机的业务后道需求。
- ➢ 其生产力高至3000张/时（A4纸张），与柯尼卡美能达数码印刷机的生产速度相当。
- ➢ 局部上光涂层厚度从15 ~ 100μm内可变，实现3D立体视觉和触感效果。

③产品特点。

JETvarnish 3DS通过其独特的处理效果、精细的打印品质、简易的使用设计和低使用成本，使数码印刷突破“短版胶印业务”的局限，呈现出更独特的应用优势。

- 100%数字化处理：JETvarnish 3DS的打印控制全过程都可在触控电子屏上轻松操作。该设备还配备了图像处理软件，可直接在设备上进行打印图像处理，从而省去了文件传输步骤，提高效率。如果选配可变数据处理组件，则可针对每页内容不同的样张也同样实现全面的自动化批量生产。
- 100%独一无二：3DS的UV上光工艺完全突破了传统的UV上光技术，不仅实现了UV上光区域每张可变，还实现了UV上光厚度每像素可变，真正实现个性化的加工。
- ARC对准技术：MGI 3DS配备了ARC系统和自动化对位系统，整体对位精度可达±200μm，呈现精准的局部UV上光效果。
- 高品质：由柯尼卡美能达开发和制造的高精度压电式喷墨头，可输出细至0.5mm的线条，确保局部细节的精致呈现。
- 纸张兼容性高：可在柯尼卡美能达bizhub PRESS系列印刷品上直接进行局部3DS涂布加工，无须做覆膜或涂布等印前加工处理。还可在亚膜或光膜表面、分层纸、塑料、PVC和其他涂布材料表面进行加工，将3DS应用至更多业务类型。
- 使用成本低：3DS的UV油供墨系统采用闭路设计，最大程度地降低了生产耗损，将生产成本降至最低。并提供作业成本计算器，在操作屏幕上实时反馈设备运行成本。
- 维护简单：3DS自动化操作程度高，包括有自动清洁系统，大大减少了维护成本；而且系统自带的帮助功能可通过网络摄像机为客户提供远程故障排除和支持服务。
- 节能环保：使用LED冷温固化方式，无多余的热量产生，节省能耗；超越欧洲标准的低噪声等级，几乎没有噪声污染。
- 支持选配双子打印系统，满足不同客户的生产需求，以低廉的价格获得双倍的速度或双倍涂布厚度。
- 支持选配Ifoil烫金组件，以其远超传统烫金工艺的亮度和分辨率，结合3D浮雕，实现不可思议的特殊效果。

［资料来源：柯尼卡美能达（中国）公司］

五、工程建设图纸整体解决方案及数字化管理

随着城市建设、工业发展的需要，蓝图已成为我国现代化进程中不可或缺的工业要素。在国家大力倡导绿色环保可持续发展的新形势下，蓝图技术不断更新，特别是自2014年以来，出现在蓝图打印行业的工艺转型速度相当之快。

1. 数字蓝图是行业发展的大势所趋

春秋战国时期的一幅铜版《兆域图》开启了漫长的绘图时代；新中国成立以后，晒图机的出现，带领晒制蓝图进入了模拟复印时期，氨熏晒图以其低价、防拷贝等优势被国内各大设计院广泛采用；20世纪90年代初，伴随着全球数字化的浪潮，数码蓝图走进了人们的视野；如今，数字化制图虽未全面替代氨熏晒图，但已然成为行业未来发展的大趋势。

首先，环境保护的需要。近年来，中国数次出现大范围的雾霾天气，环保问题成为了实现“中国梦”必须要迈过的一道“坎”。作为蓝图行业，相当长一段时间以来，出图大都采用氨水熏蒸方式，其最大的问题是生产环境恶劣、能耗大，不仅工人整天忙碌于脏乱差几乎让人晕厥的生产环境中，连周边的居民都饱受污染之苦，投诉连连。出图采用数字技术的第一阶段是激光打印蓝图，但工程激光蓝图打印机带来的粉尘、辐射、臭氧等，对人体健康有更直接的威胁。伴随着国家对环境保护工作的日益重视，对绿色印刷的要求越来越高，规模化的图文输出企业向喷墨打印方向转型的速度在不断加快。

其次，市场环境的压力。基础设施建设是我国经济高速增长的重要引擎，蓝图打印不仅是土建项目的需要，也是设备制造业的生产需要。近年来，随着经济增长速度的放缓、基础设施建设项目的减少、员工开支的增加，蓝图市场的压力也越来越大。特别是氨熏晒图，不仅制作周期长，复用图的提图送晒工序繁杂，异地施工项目更平添了一笔图纸托运的费用，而拖延的工期实质上也在浪费整体工程成本。而在工程高峰期，调用底图、晒制蓝图的巨大工作量所带来的人工成本不可小觑。同时，保存、归档工作也带来了土地资源和人力资源的无效占用，连年增加的硫酸底图更加剧了库房建造成本和归档管理成本。因此，传统制图工艺虽然短期成本较低，但从整体经济效益看，已不符合市场发展的要求，要想抓住时代机遇，必须敢于颠覆传统思维，走自动化发展之路。

再次，管理问题的挑战。可以说，传统制图的管理是行业的老大难问题。工人职业素质低，人员流动频繁，招聘压力极大，一旦客户的到货时间紧迫，加班、调度的难度不言而喻。同时，传统晒图纸保存时间短且物料管理难度大，人工晒图时容易出现多晒、少晒、混晒等错误。此外，现在很多设计单位的电子化管理较为薄弱，大量

的工程底图基本上以纸质文件的形式保存下来，也面临着一系列管理问题：每年底图数量的递增，不仅造成了库存场地压力，且硫酸纸不可再生，大批底图不易销毁，会给环境造成污染；而底图堆积量的逐日增大，将导致保存难度加大，查阅和加晒的效率低下；随着工程项目的推进，图纸将不断更新，新旧版本底图的保管、替换和归档问题烦琐复杂。因此，对蓝图行业来说，加快数字化管理迫在眉睫。

2. 运用喷墨打印科技完成华丽转身

2013年年初，自主创新，采用横向串式喷头矩阵排列技术的工正数码喷墨蓝图/彩图机的问世，彻底颠覆了工程蓝图生产的现状。

工正数码喷墨蓝图/彩图机一款功能强大的蓝图/彩图打印设备，其显著特点是：一体式、占用空间小；打印速度快、精度高；单色和彩色可选、色彩层次感强；使用成本低、节能环保；操作方便、节省人力。主要应用于批量蓝图生产、工程图纸大批量输出、地图、POP广告、报纸、全彩超大设计图纸等领域。还可以与扫描仪、叠图机组合成一个生产系统。环保、高效、便捷是此款高速数码喷墨蓝图打印设备的突出亮点。

（1）低碳环保，节能低耗

工正数码喷墨蓝图/彩图机采用的是对环境和身体完全无副作用的绿色环保墨水，设备无粉尘污染，无辐射，无臭氧，无刺激性气味，完全不会对环境造成任何影响，更不会给操作人员带来伤害。设备可轻松入驻写字楼，提高员工工作的满意度。同时，该设备低碳环保更节能，设备耗电工作状态最高为0.8kW，待机状态为0.15kW，低耗节能。性能参数对比见表8-24。

表 8-24　激光蓝图机与工正数码喷墨蓝图 / 全彩机性能参数对比

项目	激光蓝图机	工正数码喷墨蓝图/全彩机
打印模式	只能出蓝图	可出蓝图/白图/彩线图/彩图
工作环境	有炭粉粉尘	无粉尘
	有臭氧	无气味
	有辐射	无辐射
	墨粉定影加热挥发有害物质	无
	工作环境差	工作环境优
打印长度	297mm～24m	297mm～100m
功耗（千瓦）	1.5	0.35
图像质量	画质清晰	画质清晰
	不耐折，折叠后线条易脱粉断线	耐折，折叠后线条不脱粉断线
	600dpi × 600dpi	1600dpi × 1600dpi

续表

项目	激光蓝图机	工正数码喷墨蓝图/全彩机
持续生产能力	弱	强，可24小时持续生产
纸卷长度	每卷150米，需经常换纸	每卷300米，换纸频率减少一倍
故障率	有充电、显影、转印、定影系统，故障率高	无充电、显影、转印、定影系统，故障率低
使用寿命	60万～80万平方米	300万～500万平方米

（2）高速高效，品质更优

工正数码喷墨蓝图/彩图机的出图速度最高速可达18.3米/分，打印速度翻倍。生产操作简单，只要输入需要打印的文件，即传即打，加配叠图机自动折图，生产效率大大提高。在蓝图打印带来高速、高效的同时，也呈现出更高的画质精度（分辨率高达1600dpi × 1600dpi），其超精细1.2皮升喷射墨滴，将大大提升客户对蓝图品质的优越感。CMYK颜色配置，实现彩色和单色同机打印。同时，喷头的高精度性能及高速平稳的打印品质，可确保打印出的第一张蓝图品质和第一万张蓝图品质无差异，且打印出的蓝图防水防晒，不褪色。

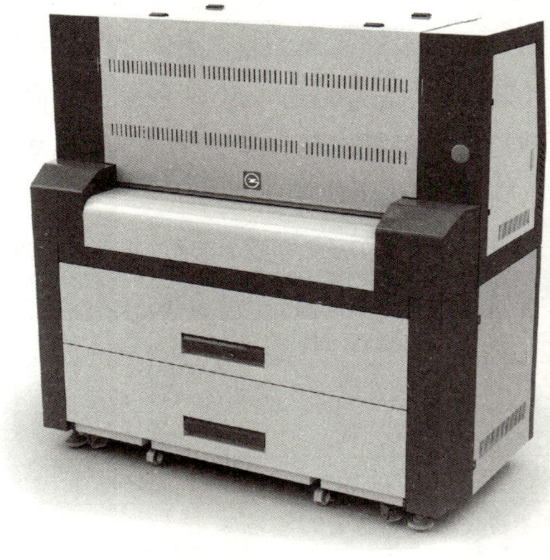

图 8–8　工正高速数码喷墨蓝图机 PRO–A4000P

（3）精准控制，管理便捷

工正数码喷墨蓝图/彩图机配置高精度自动送纸及切纸系统。送纸系统可自动识别选纸，保证精确平稳送纸，上料、换料简单方便，只要把所需规格的材料放进纸柜，即可安等打印完成。最大支持1060mm宽度，最长单张可打印长度达100m，并支持300m超长长卷纸打印。当放置不同宽度的纸卷时，设备可自动识别输出尺寸，选择合适的纸张，自动旋转纸张方向，防止产生空白边距。同时，还具有高速精密切纸功能，实现边打印边裁切，无须暂停，且切边完全整齐一条线，绝无毛边。

工正数码喷墨蓝图/彩图机目前能完全替代传统蓝图工艺及流程，其单机生产力高，适合大批量连续生产，减少人力及管理成本，企业可进行标准化流程规范管理，将既定的人力成本分配给更精干的员工。

（4）寿命长久，性价比高

机身全钢结构，不需要静电转印及高温定影，从根本上杜绝了故障节点，大大提高了机器的长期稳定性和使用寿命。投资的回报，很大一部分取决于机器的稳定性和使用寿命。在这一方面，该设备就相当于蓝图行业的印刷机，寿命之长，非一般的激光机所能够望其项背。

虽然中国制造业产出约占世界的20%，成为全球制造业第一大国，但大多数产业尚未占据世界产业技术制高点，仍不是工业强国。我们很多企业都没有自主的知识产权，在市场上的品牌效应不够强，体现出来的附加值相对来说比较低。在探索数码蓝图的道路上，2012年以来，作为民族品牌设备商的工正集团，真正从行业需求出发，各项技术创新使传统蓝图难题一一迎刃而解。目前，其高速喷墨图文输出系列设备：PRO-A1830B/C高速喷墨蓝图/全彩打印机、PRO-M510D/PRO-M710D/PRO-M910D高速喷墨蓝图机、PRO-M510K高速喷墨工程机和PRO-A4000P超高速喷墨蓝图机已在国内成功推广应用，并已出口到欧洲、亚洲、非洲、北美洲、南美洲等世界各地。

3. 图纸数字化管理及电子交付探索

每年上亿硫酸纸工程图纸的存档，不仅耗费大量资源，而且会占用大量的空间，时间久后，硫酸纸工程图纸还会发霉变黄破损，从而导致信息的丢失，失去存档价值。另外，硫酸纸工程图纸的查找也是一件费时又费力的事情。

国际上从2000年开始，就在逐步实施工程建设图纸数字化管理及电子交付。对此，我们也进行了前期的探索和推广，并提出了切合中国国情的数码蓝图整体解决方案，为工程建设图纸信息化添砖加瓦。

如今，由工正智能主导研发的数字化图档管理系统，集扫描、存储、查询、安全协同处理为一体，可提供一站式高效便捷服务，使客户无后顾之忧，并有效解决设计院等设计企业面临的图纸管理难的问题。首先，将底图扫描成电子文档，选择出白图可折叠，将有效节省纸质存储空间，且相对于硫酸纸打印，成本锐减；同时，白图环保可再生，大大减轻了环境压力。其次，电子化图档管理，可节省图纸库存空间和管理成本，且方便查找和调用，可实现图纸的自动替换及本地调用图档异地直接输出功能。调档替换方便快捷，中、大型的设计单位档案馆可减少人工成本，实现轻松管理。再者，先进的企业图档安全加密管理系统，采用创新的文件保护安全策略，实现图文图档文件的实时保护，可为客户提供终身的价值延续。

图纸数字化管理技术目前在国外已广泛应用于图纸资料的保存、利用等方面，而国内的图纸扫描数字化处理技术目前在北京、上海、广州等大型城市已逐渐应用于许多单位的图纸管理工作当中。工正智能的数字化图档管理系统具有云存储、结构化文档管理、存档智能化等功能，可实现数据安全、保密及权限控制。作为较为成熟的图纸数字化处理系统和图纸数字化管理系统，目前已在图档扫描项目的实践应用中取得了较好的效果。

随着工业4.0时代的到来，也伴随着国家绿色环保和产业结构调整战略的深入推进，在从传统蓝图向数码蓝图转变的过程中，浙江工正智能设备有限公司将秉持“创新、共赢”的理念，坚持自主研发，科技创新，为喷墨自动化设备的环保化、品牌的民族化和工程建设图纸数字化奉献我们的智慧和力量。

（资料来源：工正数码喷墨公司）

六、设备管理维护

（1）依照设备操作手册，正确地操作设备，减少不当使用的损耗，进而延长使用年限。

（2）依照机器设备检查表，按日、周、月、年清洁进行保养与维护，来维持设备状况，维持生产力。门店设备每日清洁保养内容见表8-25。

表 8-25　门店设备每日清洁保养表

设备项目	工作内容
裁切刀	1. 刀车台上清洁，上蜡。 2. 刀车轴上油。 3. 裁刀完毕刀车边纸碎清理，将刀车尺寸归定位
手动压痕机	使用蘸有少量酒精的软布清洁压痕机台面
胶装机	1. 开机时检查温度是否定位。 2. 刮刀是否锋利或更换。 3. 覆膜机台本身胶水清除及喷嘴擦拭干净

续表

设备项目	工作内容
双线圈机	1. 打孔针清洁加针油保养。 2. 后方排废料清洁。 3. 机台整理整体清洁
骑马订	1. 检查耗材是否足够。 2. 清洁装订台及脚踏，保证无灰尘
彩色机	1. 用干燥的软布擦拭干净控制面板表面。 2. 用蘸有少量家用洗涤剂的软布擦拭干净本机外部。 3. ADF导板盖物不干净，能会复印到脏的痕迹或不能正确检视原尺寸。用干净的软布擦拭干净ADF导板盖。 4. 抬起ADF，然后用干净清洁的原稿台玻璃。若有原稿玻璃难以清洁，可以用稍微蘸点水的软布进行清洁
黑白机	1. 用酒精擦拭控制面板/输稿器和搓纸轮等关键位置。 2. 清洁传感器。 3. 及时更换清洁纸，注意清理废粉
覆膜机	1. 用蘸有少许酒精的软布擦拭干净覆膜机、热胶辊。 2. 用蘸有少量家用洗涤剂的软布擦拭干净本机外部
塑封机	1. 用酒精擦拭控制面板。 2. 用干燥的软布擦拭干净进纸处

（3）门店应依机器设备属性制定日、周、月、年排定保养清洁人员，并依表按时做清洁保养与维护。

第九章

督　导

第一节　督导职责

一、目的范围

1. 目的

督导（Supervise）人员要负责所属区域5~6家门店经营管理，维持门店正常运营，创造门店最佳形象及利润，可定义为掌握区域店铺管理的关键人物。

2. 范围

营运监督，督导人员要具备掌握所属区域营运门店产、销、财状况的能力。

二、督导扮演的角色

（1）负责所属区域运营管理，沟通协调并整合所有各分店管理人。

（2）带领所属区域完成品牌形象经营且达成业绩目标。

（3）分析区域所属门店的各项营运指标，提出并执行改善计划。

（4）完成区域内所需各项营运报表/行政事项。

（5）协助店长执行人员辅导与培训，以提升第一线人员本职技能。

（6）组织人员管理，人员培训督导，销售业绩达成。

（7）监督服务质量和操作SOP。

（8）负责各门店快印产品、商品样品质量的抽查管理。

（9）宣告并执行总公司政策，准确反映门店的问题和需求。

（10）与门店及其他相关部门保持良好的沟通协调。

三、督导主要的工作职责

就一般数码快印加盟店而言，督导的主要工作职责如下：

1. 倡导公司政策，并查核门店执行配合状况

（1）依公司经营理念与方针，配合执行各项管理制度，协助主管进行中/长期经营计划。

（2）树立公司企业形象，对管理事项进行监督、追踪、报告。

（3）辅导门店落实基础管理工作。

（4）公司新产品、商品到门店落实执行推广。

2. 分析管理报表、协助门店店长提升营业额、控制盘损、完成公司目标

（1）指示门店营业目标、方针、策略并落实。

（2）呈报营业统计表及差异报表。

（3）配合各门店销售业绩状况，拟定突破方案（数码产品、合版产品、销售、推广等策略方案拟定呈报）。

3. 定时检查门店报表，并针对异常点核查、改善

（1）核查门店业务，进行门店评核（数码产品、合版产品质量的沟通、门店库存产品数量的核查等），随时给予指导并解决困难。

（2）核查门店提报有关人事、技能、相关事项，并进行评估指导。

（3）核查门店递交的报告，审阅并提出改进方法。

（4）督导门店经理，推动业务进展，随时给予指示，指导并解决困难。

4. 定期召开会议，对门店管理给予检讨并培训

（1）每月25日前督导所属门店完成下月工作计划。

（2）每月工作重点检查（上月）。

（3）每月区组会议。

（4）协助他部或请求他部支持的沟通事项。

（5）提案制度，拟定、运用、整合、管理。

5. 定期调查各门店商圈演变情形，对竞争门店的出现采取竞争应对

（1）市场调研、掌握市场、负责达成销售目标成长目标的计划。

（2）同行咨询收集建档，转处主管查阅。

（3）销售的培训及管理规则。

（4）客户抱怨处理的管理报告。

（5）访问客户促进良好客户关系情况报告。

6. 对门店人员施行核查

（1）考核门店人员工作能力及表现作为调整待遇及考绩的依据。

（2）门店人员意见不同时，加以开导，协调。

第二节　访店指导作业

一、督导的基本思考模式

1. 找问题

就是要寻找门店问题点，解决门店问题。

门店形象的优劣，决定于门店人员的清洁、服务方面的表现；因此督导须经由密切的访店指导使其所管辖的门店能借由现场的教育与培训，有效地达成公司所赋予的各项工作。那么督导到门店访店时，需经营指导以及know how等。

经营指导到底想实现什么呢？不用说，就是四项基本原则：客户服务、产品交期、产品质量、价值提升。

2. 改进

把门店问题点找出来，并依重要性/急迫性高、低安排改善进度。

二、访店的基本动作

1. 督导访店频率

督导每周访店至少两次/店，访店指导每次约停留1.5 ~ 2小时进行门店培训及问题点改善。

2. 时间分配

（1）30分钟做总部事项倡导（例：政策倡导、新样品订货等）。

（2）60分钟做改善问题点工作（例：下单ERP系统、智能快印流程操作指导、数码产品、合版产品认识等）。

（3）30分钟做职员教育培训（例：前台工作确认、当月活动抽问等）。建议每二周一次假日出勤&早班、中班，每月一次晚班访店，稽核门店运营状况。依据商圈特性不同，调整自己上班时间查核门店营运状况，对门店附近出现竞争店应立即驻点，找出问题点并展开门店对应方法，逐渐改善门店缺点。当然，服务水平高的店铺的停留时间会缩短，相对区组新开店、重点店、问题店必须增加访店时间。

3. 督导访店指导思考模式

把门店问题点找出来，并以重要性高低安排改善进度；更明白地说，督导访店工作就是要实际的实践方式。

督导可先从挖掘门店问题点着手，并将问题点按重要性高低安排改善时间表，和店长讨论、说服、达成共识后，确实按进度改善门店问题。

注：重要性高低判断可按照改善后对提升营业额帮助最大、店长认同度最高、工作难易程度等作为考虑依据。

4. 督导访店前工作准备（1.5小时）

（1）每日。

①营运异常报表原因了解并提报改善对策（与前一日、上周及去年比）。

②昨日访店记录讨论与今日访店重点拟定。

③与店长确定预约访店时间。

（2）每周。

①数码产品、合版产品销售数据与商圈分析。

- 营销活动重点产品。
- 新产品：了解、销售追踪。

②前一周工作重点与问题改善追踪。

5. 入店访店前的工作标准化（至少40分钟）

（1）竞争位置判别及应对（15～20分钟）：半径500米范围内预定点巡查回报。

（2）外观检查（10分钟）

①店外清洁（橱窗、走廊）。

②门店海报张贴/布条/易拉宝。

③招牌检视。

④前台招呼话术及服装仪容。

（3）新数码产品、合版产品、营销活动核查（30分钟）

①新数码产品、合版产品：新产品持续追踪1个月以上。

②营销活动：针对营销活动，检核其销售与执行状况。

③管理评核表：2周检查1次以上。（门店数码产品、合版产品样品质量稽核见表9-1。）

表 9-1　门店质量稽查表

<table>
<tr><td>评核门店</td><td></td><td>评核日期</td><td></td><td>评核时间</td><td></td><td rowspan="2">得分</td><td rowspan="2"></td></tr>
<tr><td>评核人员</td><td></td><td>受评人签名</td><td></td><td>店长签名</td><td></td></tr>
<tr><th colspan="4">一、人员态度、仪容、服务</th><th>等级</th><th colspan="2">改善期限</th><th>状况记录</th></tr>
<tr><td colspan="4">1.着穿制服/仪容端庄/不得穿拖鞋等非正式服装</td><td></td><td colspan="2">___月___日</td><td></td></tr>
<tr><td colspan="4">2. 亲切/礼貌用语</td><td></td><td colspan="2">___月___日</td><td></td></tr>
<tr><td colspan="4">3. 热情接待/给予客户正确需求回复</td><td></td><td colspan="2">___月___日</td><td></td></tr>
<tr><td colspan="4">4. 以客为出发点</td><td></td><td colspan="2">___月___日</td><td></td></tr>
<tr><td colspan="4">5. 专业的服务/提醒</td><td></td><td colspan="2">___月___日</td><td></td></tr>
<tr><td colspan="4">6. 提供完善的商品介绍</td><td></td><td colspan="2">___月___日</td><td></td></tr>
<tr><td colspan="4">7. 勿使用专业印刷术语</td><td></td><td colspan="2">___月___日</td><td></td></tr>
<tr><th colspan="4">二、机器设备的维护评核</th><th>等级</th><th colspan="2">改善期限</th><th>状况记录</th></tr>
<tr><td colspan="4">1. 设备每日检查表是否落实记录</td><td></td><td colspan="2">___月___日</td><td></td></tr>
<tr><td colspan="4">2. 设备整齐干净度</td><td></td><td colspan="2">___月___日</td><td></td></tr>
<tr><td colspan="4">3. 设备耗材管控</td><td></td><td colspan="2">___月___日</td><td></td></tr>
<tr><td colspan="4">4. 设备操作SOP准确度</td><td></td><td colspan="2">___月___日</td><td></td></tr>
<tr><th colspan="4">三、产品相关评核</th><th>等级</th><th colspan="2">改善期限</th><th>状况记录</th></tr>
<tr><td colspan="4">1. 样本质量</td><td></td><td colspan="2">___月___日</td><td></td></tr>
<tr><td colspan="4">2. 样品种类</td><td></td><td colspan="2">___月___日</td><td></td></tr>
<tr><th colspan="4">四.环境维护评核</th><th>等级</th><th colspan="2">改善期限</th><th>状况记录</th></tr>
<tr><td rowspan="3">门店外</td><td colspan="3">1.店外周遭干净度</td><td></td><td colspan="2">___月___日</td><td></td></tr>
<tr><td colspan="3">2.展示墙干净度</td><td></td><td colspan="2">___月___日</td><td></td></tr>
<tr><td colspan="3">3.大门干净度</td><td></td><td colspan="2">___月___日</td><td></td></tr>
<tr><td rowspan="5">门店内</td><td colspan="3">1.门店整体干净度</td><td></td><td colspan="2">___月___日</td><td></td></tr>
<tr><td colspan="3">2.前台干净度</td><td></td><td colspan="2">___月___日</td><td></td></tr>
<tr><td colspan="3">3.座位整洁度</td><td></td><td colspan="2">___月___日</td><td></td></tr>
<tr><td colspan="3">4.厕所整洁</td><td></td><td colspan="2">___月___日</td><td></td></tr>
<tr><td colspan="3">5.共享垃圾桶干净度</td><td></td><td colspan="2">___月___日</td><td></td></tr>
<tr><td rowspan="2">展示区</td><td colspan="3">1.样品摆放整齐度</td><td></td><td colspan="2">___月___日</td><td></td></tr>
<tr><td colspan="3">2.样品汰旧换新</td><td></td><td colspan="2">___月___日</td><td></td></tr>
<tr><td rowspan="3">客户
休息区</td><td colspan="3">1.桌面整洁度</td><td></td><td colspan="2">___月___日</td><td></td></tr>
<tr><td colspan="3">2.茶水区整洁度</td><td></td><td colspan="2">___月___日</td><td></td></tr>
<tr><td colspan="3">3.样品归位</td><td></td><td colspan="2">___月___日</td><td></td></tr>
<tr><td rowspan="2">设备区域</td><td colspan="3">1.工作台整齐度</td><td></td><td colspan="2">___月___日</td><td></td></tr>
<tr><td colspan="3">2.设备使用归位处</td><td></td><td colspan="2">___月___日</td><td></td></tr>
</table>

注：1. 稽查表只有“符合”与“未符合”，总分为100分。

2. 予各评分项目“得分”字段以“0”注记为表示标准；“×”表示未符合标准。
3. 评核人员需“状况记录”，字段元中注记缺失及改善项目，并予“改善期限”，字段内注记完成改善日期。
4. 缺失改善等级：★★★当场（天）立即改善；★★三天内改善；★五天内改善。
5. 评核后应与店长、受评人进行缺失说明，并与改善期限内完成改善，并由区督导进行后续改善为总成效。

6. 入店时的基本动作

（1）不要马上进入店里，在店外先察看周围、海报张贴位置及工作人员的工作状况，并且捡起门店骑楼走廊的垃圾。

（2）开朗有精神地打招呼一边进入店内。

（3）确认是否执行礼貌用语及亲切接待原则。

（4）一边整理展示区、客户休息区、前台区查核。

（5）抽查快印机器设备状况。

（6）重新整理抽乱的工作单。

（7）整理、整顿仓库，并确认原材料库存状况。

7. 督导临店和店长讨论内容（约60分钟）

（1）每次讨论。

①查看营管表异常报表及核查班表人力安排是否充足。

②当日访店重点指导及提升营业额讨论。

③按“门店质量稽核表”内容提出问题并讨论解决方法。

④追踪上回决议事项及改善状况。

⑤和店长一起改善店内问题。

⑥约定下次临店时间。

（2）每周讨论。

①准备商圈分析、讨论销售与下单（促销数码产品、合版产品、畅销品，约一周/次）。

②数码产品、合版产品质量及交期管理（物料、耗材商品核查。二周/次）。

③人员管理。职员培训、班表调整及门店服务教导。

④总部活动及营业规定告知。（约一周/次）

（3）两周讨论。

①带店长至临近竞争店查看分析并作竞争讨论及改善。

②抽查监视器。是否有录像、人员工作状况、与客户应对是否恰当。

③同业情报提供、市场销售导向。

三、指导基本四原则的基本方式

1. 督导人员要“友善地”亲身示范，这就是指导的基本原则。“多用鼓励及赞美，引导店长朝积极、主动的正面思考”。

2. 见到门店脏污，要实际做清洁给门店人员看，是指导的基本。

3. 亲自巡查店内并确认样品是否充足，防止“缺货”的基本指导原则。

4. 要亲自接触样品确认质量，是“管理”的基本指导原则。

四、督导常犯的错误

1. 基本业务的疏忽

（1）没有与门店确认就开始进行指导的改善。

（2）没有了解政策推行的背景就要求实行。

（3）因为急躁而无视业务流程顺序。

2. 延迟应对店长的要求事项

（1）将负责门店最困难的问题延后处理。

（2）将店长请求帮忙的事情忘了。

（3）任由不满产生、无视提案。

（4）对于对方的立场变得迟钝。

3. 不去说服劝导

（1）简化需花时间的说服劝导业务。

（2）默许不容许的事情。

（3）减少“做给他看”的示范动作。

（4）已行之有效的工作变得生疏。

4. 因准备不足而使得工作效率降低

（1）在一家门店才首次浏览门店销售业绩报表。

（2）不参照指导的脚本，就开始说明。

（3）落后的工作渐渐增加，使得平常业务时间变少。

5. 无法为单店的生存做些努力

（1）对竞争店对策、经费削减指导、职员教育等，一窍不通。

（2）对于花时间费劲的工作始终不着手去做

第三节　区域营业业绩分析

一、损益表内容

1. 衡量绩效的结果

门店经营中，无论是客户经营层面或是成本管理层面，若只凭印象、感觉作为决策判断依据，这样最后产生的是不清不楚的结果。

损益表就是监视管理的结果也是重要的依据，我们可以从上月、前季甚至是前年同期的损益表作为门店营运方针。督导在检视门店损益时，除了单店分析原因，要求店长做店务检讨改善，更应掌握区域门店的营业状况，有效做好人、事、物的调配。

2. 损益表的内容

损益表可分为营业收入及费用支出两项，支出又可分为：物料成本、营业费用、固定费用等，如图9-1所示。

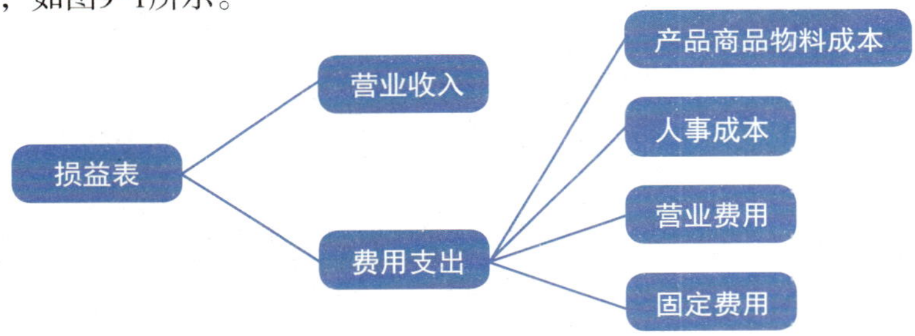

图 9-1　损益表内容

3. 损益表案例

损益表案例如表9-2所示。

表 9-2　损益表

2016年1月门店：		A	B	C	D	合计
营业收入（税前）		504654.00	534011.00	556273.00	483383.00	2080321.00
收入合计		504654.00	534011.00	556273.00	483383.00	2080.32
物料成本	公司进货成本	171980.00	161756.00	185061.00	168604.00	687401.00
	自购材料费	99.00	0.00	73.00	73.00	245.00
	物料成本合计	172079.00	161756.00	185134.00	168677.00	687646.00
	物料成本率	34%	30%	33%	35%	33%
	毛利率	66%	70%	67%	65%	67%

续表

2016年1月门店：		A	B	C	D	合计
人事成本	薪资支出	164666.00	183037.00	172264.00	119217.00	639184.00
	加班费	22544.00	6911.00	7381.00	20849.00	57685.00
	伙食费	8815.00	7075.00	5368.00	7011.00	28269.00
	五险一金	6659.00	9230.00	8363.00	7033.00	31255.00
	人事成本统计	217846.00	222811.00	207584.00	165243.00	813.48
	人事成本统计率	43%	42%	37%	34%	39%
营业费用	修缮费	0.00	3452.00	0.00	0.00	3452.00
	文具用品	0.00	66.00	46.00	0.00	112.00
	运费	0.00	0.00	0.00	0.00	0.00
	车辆费	0.00	0.00	0.00	0.00	0.00
	交通费	0.00	0.00	0.00	0.00	0.00
	邮电费	1848.00	2298.00	1823.00	1686.00	7655.00
	电费	14524.00	15949.00	18299.00	15910.00	64682.00
	水费	2066.00	0.00	0.00	2143.00	4209.00
	供暖费	3060.00	0.00	7442.00	2321.00	12823.00
	其他费用	10415.00	10523.00	16741.00	19007.00	56686.00
	各项购置	0.00	0.00	0.00	0.00	0.00
	保险费	0.00	0.00	0.00	0.00	0.00
	推广费	754	754	754	754	3016.00
	税捐					0.00
	实用成品合计	32667	33042	45105	41821	152635.00
	成本率	6.47%	6.19%	8.08%	8.65%	7.34%
固定费用	租金支出	52381.00	51917.00	79298.00	72381.00	255977.00
	折旧及折耗	19580.00	24430.00	21803.00	25379.00	91192.00
	费用成本合计	71961.00	763471.00	10101	97760.00	347169.00
	成本率	14.26%	14.30%	18.11%	20.22%	16.69%
费用总计		494.55	493956.00	538924.00	473501.00	2000934.00
费用率		98.00%	92.05%	96.53%	97.96%	96.18%
本期损益		10101.00	40055.00	19349.00	9882.00	79387.00
损益率		2.00%	7.50%	3.47%	2.04%	3.82%

二、区域业绩数字分析及提升区域营业业绩

增加营业收入与费用支出的控管都是提升营业业绩的方法。但督导的工作职责不只是做单一门店的检查，更重要的是能透过每个单项的检讨做有系统性的整合、调配，让1+1的管理大于2的效能。

1. 营业收入

客户服务、数码产品及合版产品质量、出货速度、附加价值的内控管理。

（1）营业收入的组成。

营业收入=订单数×客单价

（2）提升订单数的方法。

①良好的客户服务，提高客户满意度，建立忠诚型顾客。

②可借由区域性服务竞赛活动，提升各门店客户服务，利用区会议或职能回训课程做案例分享及示范教学。

③举行区域营销/促销活动增加品牌曝光度，提升客户消费意愿。

④数码产品及合版产品质量亦是客户满意指针的要素。依操作标准及包装，让客户有物超所值的感觉，亦能提高客户满意，提高回客流率。

⑤工作站默契的养成，借由质量、货期保障，提升便利型客户消费意识。

⑥客户愿意入店消费还有一项重要因素是“享受”；享受门店氛围及数码产品、合版产品多样化、客服专业服务等便利性的附加因素。

⑦因此，督导入店稽核时一定要把这个“看不见的感觉”当成重点，把自己当成客户来看待门店的服务氛围与便利性，这样就能知道客户要什么？才能有效改善问题进而提升营收。

（3）提升消费客单价的方法。

①加强客服人员数码产品、合版产品专业知识，借由一些短话术作为消费引导。

②促销活动设计，如加购优惠活动，提升顾客消费意愿。

③设计营销或促销活动时，建议以区域整体规划为考虑，单店营销或促销活动尽可能避免，减少顾客到相近两家门店有折扣落差而产生客怨。

2. 数码产品、合版产品成本

培养适量进货，适量备货的正确观念。

（1）物料成本的组成

①数码产品、合版产品成本率=物料费用÷营业收入×100%

②毛利率=（营业收入−物料成本）÷营业收入×100%

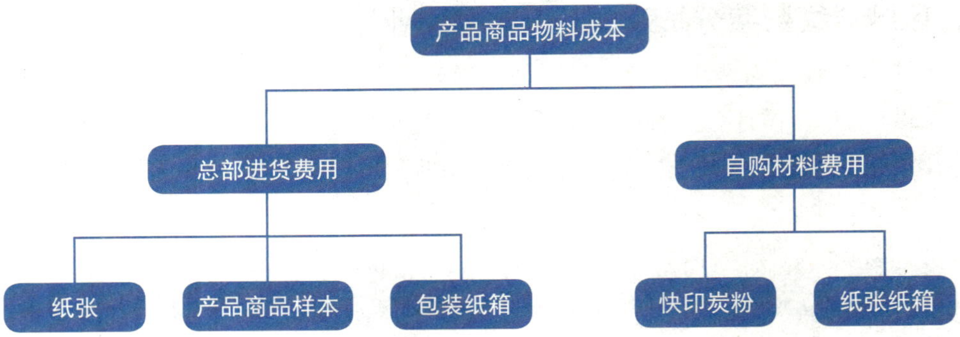

图 9-2　物料成本的组成

（2）有效的物料管理。

①扎实的培训，提升快印流程，打印及后道加工的操作正确度，减少不必要的耗材报废。

②另一个耗材报废的原因是备货太多。

- 提升物料管理职能，教导安全库存量的专业技能，达到不囤货不断货的原则。
- 正确执行储存区的“定位定量图”，做好先进先出的管理。

③要求门店确实执行报废记录的登载，如表9-3所示。可借由这份记录追踪员工操作或备货的问题，进而改善员工操作职能及降低物料成本。

表 9-3　机器 / 样品 / 原料损耗登记表

日期	成品品名	单位	数量	原因	签名	日期	原物料品名	单位	数量	原因	签名

营运督导主管签名：　　　　　　　　　　店长签名：

④员工操守问题，例如：某位员工下班时顺手从仓库拿一包打印纸回家。如有这类状况，一定要谨慎处理，没有确实的证据前不得随意做假设性的推测，以免触犯法律。

（3）登记表填写注意事项。

①每日应由当班人员进行翔实记录并签名。

②报废的样品或成品登记后应丢置于“报废箱”中，由店长或其职务代理人核查。

③店长或其代理人应于每日离峰时间或日结账后进行报废品与本表的核对，以确保门店损耗管理无遗漏记录的情况发生。

④待店长或其代理人进行查核后始可进行销毁并丢弃。

3. 人事成本

提升员工职能，适度人力调配，建立良好的工作互动。

（1）人事成本的组成。

人事成本=人事费用 ÷ 营业收入 × 100%

人事成本组成如图9-3所示。

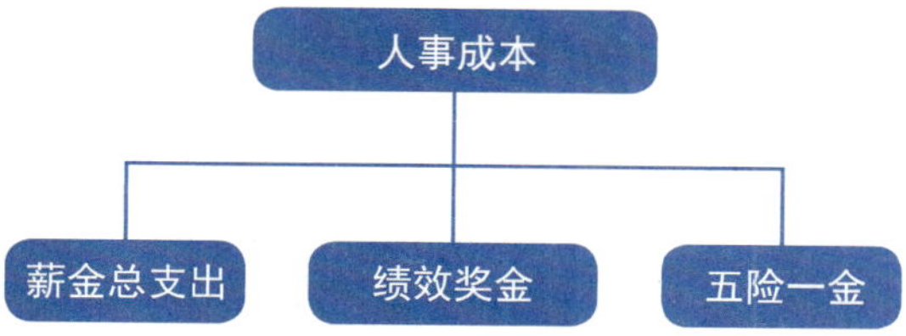

图 9-3 人事成本

（2）有效的人事管理。

①符合营运量的排班，避免人力过多或人力不足的状况。督导应督促店长确实登打每月排班表中的每一个字段，否则这张人力排班表即是失真无效的一张纸。例如预估营业应符合营业现况进行预估，不应有过高或太低的预估。月排班表见表9-4。

②有效的人力运用，依据门店营业量调整全职与计时人力配置。

③区域人力整合与运用是督导区域管理一项最重要的指标。与物料管理不同的是“人有想法、有主见”。有系统且扎实的员工培训计划能有效提升人力产能。一家门店不能全都是将军也不能全都是小兵，不同阶层的人员应有不同的养成目标。

表 9-4　月排班表

店名																																日期：		
职称	姓名	日期	1	2	3	4	5	6	7	8	9	10	11	12	13	14	15	16	17	18	19	20	21	22	23	24	25	26	27	28	29	30	31
		星期	五	六	日	一	二	三	四	五	六	日	一	二	三	四	五	六	日	一	二	三	四	五	六	日	一	二	三	四	五	六	日
值班经理			孟	刘		刘	孟	刘	孟	刘	孟		孟	刘	孟	刘	孟	刘		刘	孟	刘	孟	刘	孟		孟	刘	孟	刘	孟	刘	
预估营业额																																	
工作重点													端午节					周年庆															
店经理	A		8 17	8 17		8 17	8 17	8 17	8 17	12 21	12 21		12 21	12 21	12 21	12 21	8 17	8 17		8 17	8 17	8 17	8 17	12 21	12 21		12 21	12 21	12 21	12 21	8 17	8 17	
副店长	B		12 21	12 21		12 21	12 21	12 21	12 21	8 17	8 17		8 17	8 17	8 17	8 17	12 21	12 21		12 21	12 21	12 21	12 21	8 17	8 17		8 17	8 17	8 17	8 17	12 21	12 21	
客服	C		8 17	8 17		8 17	8 17	8 17	8 17	12 21	12 21		12 21	12 21	12 21	12 21	8 17	8 17		8 17	8 17	8 17	8 17	12 21	12 21		12 21	12 21	12 21	12 21	8 17	8 17	
客服	D		12 21	12 21		12 21	12 21	12 21	12 21	8 17	8 17		8 17	8 17	8 17	8 17	12 21	12 21		12 21	12 21	12 21	12 21	8 17	8 17		8 17	8 17	8 17	8 17	12 21	12 21	
客服	E		12 21	12 21		12 21	12 21	12 21	12 21	8 17	8 17		8 17	8 17	8 17	8 17	12 21	12 21		12 21	12 21	12 21	12 21	8 17	8 17		8 17	8 17	8 17	8 17	12 21	12 21	
财务	F		8 17	8 17		8 17	8 17	8 17	8 17	8 17	8 17		8 17	8 17	8 17	8 17	8 17	8 17		8 17	8 17	8 17	8 17	8 17	8 17		8 17	8 17	8 17	8 17	8 17	8 17	
前台	G		8 17	8 17		8 17	8 17	8 17	8 17	8 17	8 17		请假	8 17	8 17	8 17	8 17	8 17		8 17	8 17	8 17	8 17	8 17	8 17		8 17	8 17	8 17	8 17	8 17	8 17	
前台	H		12 21	12 21		12 21	12 21	12 21	12 21	12 21	12 21		12 21	12 21	12 21	12 21	12 21	12 21		12 21	12 21	12 21	12 21	12 21	12 21		12 21	12 21	12 21	12 21	12 21	12 21	
审稿	I		12 21	12 21		12 21	12 21	12 21	12 21	12 21	12 21		12 21	请假	12 21	12 21	12 21	12 21		12 21	12 21	12 21	休假	12 21	12 21		12 21	12 21	12 21	12 21	12 21	12 21	
审稿	J		12 21	12 21		12 21	12 21	12 21	12 21	12 21	12 21		12 21	12 21	12 21	12 21	12 21	12 21		12 21	12 21	12 21	12 21	12 21	12 21		12 21	12 21	12 21	12 21	12 21	12 21	
数码	K		8 17	8 17		8 17	8 17	8 17	8 17	8 17	8 17		8 17	8 17	8 17	8 17	8 17	8 17		8 17	8 17	8 17	8 17	8 17	8 17		8 17	8 17	8 17	8 17	8 17	8 17	
业务	L		8 17	8 17		8 17	8 17	8 17	8 17	8 17	8 17		8 17	8 17	8 17	8 17	8 17	8 17		8 17	8 17	8 17	8 17	8 17	8 17		8 17	8 17	8 17	8 17	8 17	8 17	
业务	M		8 17	8 17		8 17	8 17	8 17	8 17	8 17	8 17		8 17	8 17	8 17	8 17	8 17	8 17		8 17	8 17	8 17	8 17	8 17	8 17		8 17	8 17	8 17	8 17	8 17	8 17	
加班工时																																	
总工时																																	

➢ 兼职人员：各工作站可熟练操作且相互支持。
➢ 正职人员：各工作站可熟练操作且相互支持、值班管理。
➢ 储备管理人员：值班管理、物料及人事绩效管理、商圈经营等。

④调店：一般来说，新环境会有重新开始的感觉，也会在无形中自我提升，也可借由调店了解员工在旧店的工作陋习，并利用调店的机会指导改善。另外合理的调任也可观察员工的配合度。

4. 营业费用

让费用产生最大的效益就是降低费用。

（1）营业费用的组成。营业费用的组成如图9-4所示。

营业费用率=营业费用 ÷ 营业收入 × 100%

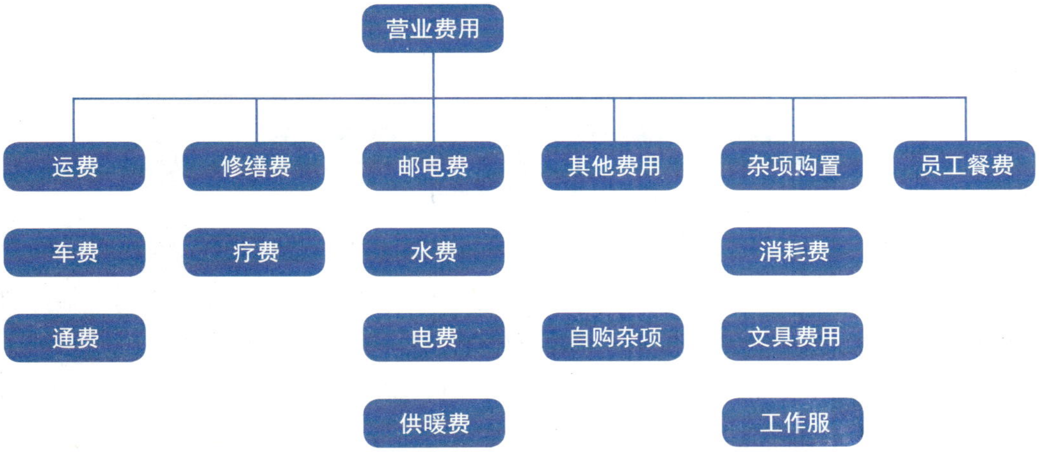

图 9-4　营业费用

（2）有效的营业费用管理。

①减少设备维修费用就是落实每日的设备清洁与定期的保养。

督导应督促门店每日确实执行“门店工作日志”内的设备检核项目，不可流于形式的记录而已，若有些微异常应立即排除问题或请第三方检修，半年到一年的定期保养也能降低设备大维修的状况。

②营业费用中，最大笔的是每个月产生的水电供暖费用，但督导在要求门店节约能源时，也应该考虑客户感受，比如春秋两季是否开空调？店内是否关一半的照明灯？

客户感受是决定他是否再次光临的重要决定因素。

③文宣广告的执行手法，已借由储备人员培训课程教授并制作成课程讲义，但门店是否确实执行是督导掌握的。另外，督导设计营销或促销活动，建议设计主轴以整个小区为考虑，单店营销或促销活动尽可能避免，减少客户到相近两家门店有折扣落差而产生客户抱怨。

④所有费用花费都应审慎评估、所有费用控管都应先以顾客作为考虑，让费用产生最大的效益就是降低费用，甚至有机会把客户找进来。

5. 固定费用

（1）固定费用的组成。固定费用的组成如图9-5所示。

固定费用率=固定费用 ÷ 营业收入 × 100%

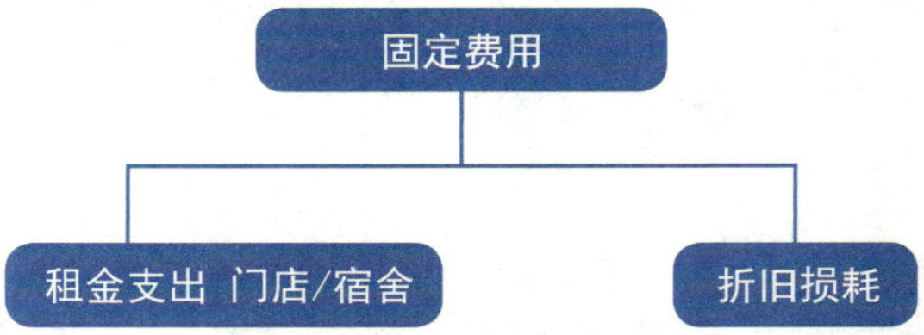

图 9-5　固定费用

（2）提升营业收入才能降低固定费用率。

①合理的房租费用是占营业收入的10% ~ 15%。若从每个月的损益表的结果得到房租费用率过高，该检讨的是房租成本的合理性及营业收入不够。

②房租费用是固定的，因此“品牌属性、销售商品”要能在选定的商圈受顾客的青睐，这家门店才有机会获利。

③另外我们应从“营业收入不够”去检讨固定的房租费用。

营业收入为什么不够？这就要回到“营业收入=订单数 × 客单价”去检讨客户为什么进不来？我们可以“客户服务、产品、商品及快印质量、出货速度、附加价值等”作为检核及改善的指标。

第四节　异常处理

一、门店舞弊处理

例：某门店店长每天晚班结账时，经常发生现金都少100~500元不等，心里觉得奇怪，特别是某一两位伙伴站收银台时较容易发生，但店长自己每天上班都超过8小时，十分努力经营门店的情形下，竟然仍有现金短溢问题，不由得想起在训练中心上课时，老师曾提到职员舞弊是造成盘差、短溢的常见原因之一，如果真的是自己的员工舞弊，该怎么找出是哪一个人呢？

1. 舞弊原因

舞弊原因见表9-5。

表 9-5　舞弊原因

社会上的原因	个人自身的原因
1. 同伴的引诱； 2. 受广告的影响； 3. 不知物品为谁的； 4. 他人物理的强制（暴力的使用）； 5. 传播媒体的影响； 6. 供应不虞匮乏的商品社会	1. 太少的零用钱； 2. 突然想要拥有某物的欲望； 3. 想在朋友或邻居前炫耀； 4. 为使他人高兴

2. 如何发现舞弊

（1）查证各类报表。

有员工舞弊怀疑产生时，首先应查证各类报表，包括营业日报表、送货单、发票存根、账条等，目的有二，一是确认各项数字没有缺漏或错误，避免因单纯的记录、计算错误所造成的误会。二是可借由查证的过程发现舞弊的物证，譬如商品销售是否准确、是否多次作废发票等，均可利用相关报表当证据。

（2）抽看监视器。

门店的监视录像除了保证门店安全，避免外人之非法侵害外，同时也可提供门店人员的活动记录，例如未打发票、未确实收款，甚至盗取收款机金钱都可从中发现。还有一点，录音是常为人忽略的功能，如能要求每一位员工落实七大用语及收银话术，则被录像带录音后，将有助于辨认收银金额是否正确。

（3）神秘购物者测试。

当运用前两种方法找出有舞弊嫌疑的员工时可安排一员工不认识的亲友，于该名嫌疑员工当班时前去消费，最好是在离峰时段前去购买高单价商品，并在无其他消费者时结账，甚至不拿发票；换言之，尽量制造舞弊的机会，借以查证怀疑的正确性。此方法于离峰时间中特别有效。

（4）个别约谈。

当掌握舞弊员工舞弊的证据后，就可以展开约谈，借以突破心防，让其承认舞弊的事实。须注意的是，如未掌握确实的证据就进行约谈，可能会打草惊蛇。但话说回来，如约谈时的内容得当，虽然未掌握证据，但仍可收到警惕、阻吓的效果。这在舞弊行为发现得早，且损失不多的情形，不失为一迅速解决问题的方法。

上列为一些常用来找出舞弊员工的方法，除此之外如仍有嫌疑，可寻求督导的协助，提供其他方式找出舞弊原因，至于在找出舞弊员工后，应该如何处理？舞弊员工有何责任？

3. 如何处理舞弊

例：店长透过督导的协助，运用神秘购物者的方法，确定了员工就是舞弊的嫌疑犯，但是当他约谈这名员工时，员工并未承认他有舞弊的行为，对店长所掌握的证据，他都有一套辩驳的说法，店长虽然满心气愤，却又无可奈何。难道舞弊的员工就没有什么处罚的方法？不需要负任何责任吗？

一谈到舞弊者的处罚，相信多数人的直接反应是报警处理，告他盗窃或侵占；然而这样的反应并不算正确，想要对舞弊行为有适当的处理，就必须了解舞弊行为的责任，以下加以分类说明：

（1）公司内部惩处。

公司有制定工作规则、管理规定及奖惩办法。当员工工作表现良好时，应当予以奖励；违反各项规定时，自然也应该有适当的处罚，项目一般为口头申诫、记小过、大过及免职等，其中的记过处分还涉及奖金的发给。

（2）赔偿责任。

一有舞弊行为发生，则几乎都有营业收入的损失，此时自然可以要求舞弊者负责赔偿。但赔偿额度如何计算恐怕是一大学问。民事求偿的实现，可以透过和解、调解、诉讼等手段，一般诉讼的进行有一定的时程，有时并不能迅速获得想要的结果，或者因为损失的金额不大，进行诉讼程序可能不够经济，因此，尽可能利用其他方式比较简便。如与未成年店员的和解应如何进行？

（3）刑事责任。

①盗窃罪。盗窃公司财物，数额较大或者多次盗窃的，处三年以下有期徒刑、拘役或者管制，并处或者单处罚金；数额巨大或者有其他严重情节的，处三年以上十年以下有期徒刑，并处罚金；数额特别巨大或者有其他特别严重情节的，处十年以上有期徒刑或者无期徒刑，并处罚金或者没收财产。

②业务侵占罪。业务侵占罪即公司董事、监事或者职工利用职务或工作上的便利，侵占本公司财物，数额较大的，构成犯罪。犯罪数额较大的，处五年以下有期徒刑或者拘役；数额巨大的，处五年以上有期徒刑，可以并处没收财产。

（4）处理程序。

①门店若逮捕到窃犯时，可拨打110报警，由公安机关进行处理。

②经公安机关侦查后，若犯罪事实存在，可由公安机关向人民检察院申请逮捕，并将犯罪嫌疑人向人民检察院提起公诉，再由人民法院对提起公诉的案件进行审查后，对于起诉书中有明确的指控犯罪事实并且附有证据目录、证人名单和主要证据复印件或者照片的，应当决定开庭审判。

事实上并非每一盗窃案件都会进入刑事诉讼程序，因为门店并不负有向警察机关告发的义务。即使因告发而进入诉讼，但也能由于一定事由的发生，无论此系法律上或事实上的事由，而在侦查或审判程序中，停止诉讼的进行；较为常见则是因犯罪情节轻微，检查官于侦查后以下不起诉处分。

在现实生活中，对于被抓到的盗窃犯以刑事告发为要挟，除要求其将所盗窃之物归还或付账外，甚至要求加倍付款、支付处理费用等，这种做法可能有吓阻功效而减少窃盗案件的发生，但这种做法可能有触法之虞，因有权处罚行为人者，并非被害人，而是法律，不可不知。

二、盘差管理

1. 何谓盘差

门店实际商品库存与账面商品库存间差异称为盘差。

2. 盘差控制的精神及意义

（1）盘差控制的精神在于事前预防而非事后追踪。

（2）盘差控制的意义在于管理，事可控的可借由有计划有系统的方法而达成设定的目标。

3. 盘差的分类及分析

（1）盘盈：物＞账。

（2）盘损：账＜物。

（3）分析

①盘点错误。

②账务计算错误。

③账务舞弊单据未入账。

4. 盘差率

盘差率=（实盘库存-账面库存）/期间销售×100%

PS.期间销售=上次盘点至本次盘点营业累积销售额

5. 盘差原因

（1）客户偷窃。见表9-6。

表 9-6　客户偷窃

原因	建议改善方式
1.顺手牵羊； 2.临时起意； 3.集体偷窃； 4.未结账即带走商品	1.话术运用，尤其是“欢迎光临”； 2.多注意客户休息区，是否有异常； 3.主动询问客户需求； 4.高峰时期，一人在客户休息区巡视，并注意可疑人物； 5.加强门店人员因客户偷窃造成门店盘损关心程度； 6.避免与客户或门店人员聊天，以制造客户偷窃机会

（2）外来渗窃。见表9-7。

表 9-7　外来渗窃

原因	建议改善方式
1.让亲朋好友或离职员工私自进入仓库或在店内逗留； 2.抢劫； 3.诈骗集团； 4.外人进入仓库	1.加强门店教育，补强门店硬、软件设备； 2.严禁离职员工、非门店作业人员进入工作区或储藏区

（3）职员偷窃。见表9-8。

表 9-8　职员偷窃

原因	建议改善方式
员工监守自盗，以私人背包、垃圾袋作为掩饰，将耗材装入后携出或窃取； 营收现金	1.加强员工教育，店长（或督导）不定时查核，并建立常规管理观念，遇异常立即处理及反应； 2.店长、督导不定期巡视、抽查； 3.针对库存异常门店进行单店盘核； 4.店长不定期上早晚班
门店人员取用商品不付款	值班人员应确实要求及管理
门店人员舞弊，故意按错销售键，造成本班溢收，窃取营业现金	1.神秘购物者测试； 2.建立时段分析，找出异常班次，追踪原因； 3.店长轮上早、晚班； 4.拉发票检视高单价商品销售是否确实； 5.异常班次或人员核查，确实向督导反映； 6.抽查当班录像带； 7.开门店盘损会议（督导）列席参加个人约谈

（4）账务处理错误。见表9-9。

表 9-9 账务处理错误

原因	建议改善方式
进货时商品缺货或实际未进货，未落实记录于货单	1.进货时若有缺货状况，应立即请流程人员记录于货单上； 2.下次进货时，确认是否出退货单
门店进退单据金额或笔数不符	妥善保管门店进货单据于公文柜或抽屉，店长每日确实整理核对单据
盘差调整不当	每月5日前完成

（5）职员错误。见表9-10。

表 9-10 职员错误

原因	建议改善方式
门店进货，值班人员未确实清点，造成短少、盘差	1.落实进货清点作业； 2.短少商品务必记录于进货单，次趟进货时确认是否出退货单
操作或保存不当，造成耗材报废，并且未确实记录	1.建立员工操作职能减少报废； 2.教育员工落实填写报废记录表，以利追踪
收款机操作错误	加强员工教育训练，并且不定期核查
进货未当场点收，量不足或品项错误时，因时效已过无法报短溢	1.进货时若有缺货状况，应立即请流程人员记录于货单上； 2.下次进货时，确认是否出退货单
月底盘点不确实	教育店长或值班员工，分析问题产生，落实盘点作业
交接班现金填写不清	教育店长或值班员工，分析问题产生，落实交接班现金点收作业

6. 盘差会议

（1）会议内容。

①原因推论。

②提出改善对错。

③提升职员责任意识。

④全体人员宣示。

（2）盘差报告。

①本次盘点的各项资料。

②盘差发生后的改善作为。

7. 盘差报告

（1）盘点时确认本期与上期工作底稿，每一区域是否有差异过大的情形。

（2）各盘点账条上合计与键入底稿金额是否相符。

（3）门店库存与盘差关系。

（4）每日观看监视器录影带，且要让门店人员都知道。

（5）门店人员须适时轮班切勿固定。

（6）时时关心门店人员生活习惯及交友状况。

（7）每月定期举行门店会议（除当班人员外所有人均参加）并做成会议记录由与会人员签名确认。

（8）账务查核步骤及技巧。

①检核营业管理表是否计算正确。

②可建立进销存体系，查核账务与实际是否相符。

三、投诉/状况案件处理/对策拟定

1. 盘差会议

服务质量。

①出货时间太慢、太久。

②商品下单不符合，例如顾客下订双亚光名片，客服人员发印成双光名片。

③物流司机送错产品、商品或遗漏。

④发票金额与顾客理解不符或找错钱。

⑤服务态度不佳。

⑥提供咨询答复错误。

2. 商品异常

①纸张厚度。

②颜色异常。

③与订单商品不符。

3. 门店氛围

①音乐太大声或太小声。

②空调不够冷或太冷。

③展示区环境杂乱。

④顾客在店内遗失东西。

4. 顾客投诉产生处理流程

顾客投诉处理流程如图9-6所示。

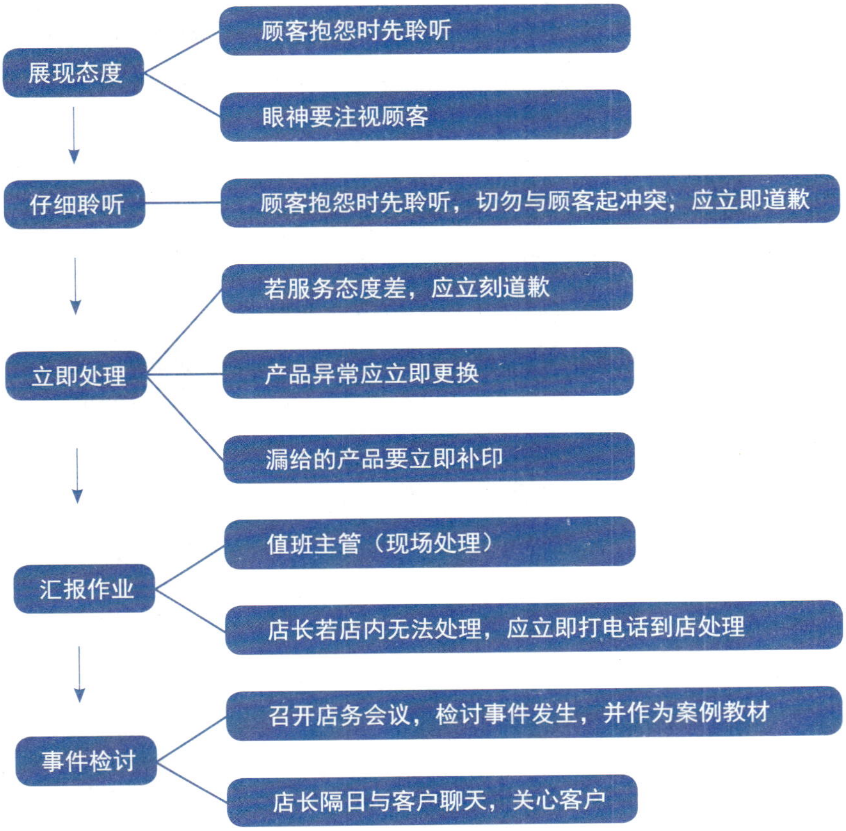

图 9-6　顾客投诉处理流程图

5. 顾客诉怨产生处理流程

（1）服务质量差异对策。

①重视员工在职训练，训练课程由授课讲师或其他门店同人共同分享，提升门店伙伴服务职能。

②员工培训计划拟定除了门店伙伴各工作站新手教学，后续应有定期的操作职能检核，确保快印流程排印及后道加工操作的正确、质量、速度的保障。

③接待人员为顾客入店消费时第一接触、第一印象，第一时间常有下单错误等状况，除了影响顾客的感受，更会造成顾客之后不再入店消费状况。

（2）物料异常。

①重视员工在职训练，给予正确的存货、备货、快印流程排印及后道加工操作作业规则及观念，每日各工作站操作员及值班人员均应巡视检查。

②接待人员对产品的专业认知，正确介绍产品的规格，减少因产品认知不同而发生客户抱怨。若真产生此类状况，可建议一些适合顾客的商品，免费更换一次，若产生差额时多退少补。

（3）门店氛围。

①店长及员工应多注意顾客状况，随时保持展示桌椅整洁。提升顾客来店的感受。

②若发现展示区有异常顾客时，工作人员应立即报告店长，此时店长应多加留意展示区状况，在没有明显证据时不得直接对任何顾客做怀疑性的询问。

③发生顾客在店内遗失东西，无论有无怀疑的人在场应立即报警处理，若真的有怀疑的当事人在场，店长只需请顾客留在现场，亦不需做任何询问动作，待警察到场处理。后续可请信息部调阅监视系统，交由警方处理。

后记：封面与包装盒设计理念

前段时间殷老师来上海我公司指导工作的时期，有幸受到老师的托付：为他的一本新书《互联网时代的数码快印连锁店》做封面设计与外包装设计。有些诚恐，但还是兴奋得很。

先来阐述下封面的设计过程。通本读完感触非常深刻。处在互联网时代、信息时代、数据化的时代。海量数据瞬息万变，好比天上的星辰纵使千千万，又无时无刻不在变化。看的见，又抓不到。这也是这个时代我们遇到的最大的难题。

在无序中找到有序，在有序中找到适合自己的路径就显现的更加难能可贵。老师像大海中的灯塔一样，为我们找到新的方向、新的思路并提供了指引。用设计语言来阐述老师的著作，让读者在还未打开本书的时候就能有所共鸣，是本次设计所考虑的最为重要的一个点。

在互联网时代下每一个数据都是独立的、具体的。那么互联网时代下数码快印行业能做到哪些创新呢？老师的这本书，可以有什么不一样的样貌呈现给大家呢？问了自己2个问题。然后又问了三个具体的问题：

1. 每一本书能不能都不一样呢？

2. 每一本书是不是可以在生产出来之前，就知道是谁买的？

3. 消费者能得到只属于自己的那本书吗？

得到的答案是肯定的。是的，可以！

蓝色拥有信息、思考、未来的概括；而黄色则具备有效、明确的承载。这样这本书的封面设计基本就呈现出来了，它既有传统意义上的平面设计的表现，又具有了互联网思维的数码快印店的特殊性，可变数据（快递员要的读者信息）、二维码（大掌柜：供货商、连锁店、印刷电子商务等官方及微信公众号）、条码（读者信息与快递条码号的连结，用邮件通知读者）。最终把平面设计与互联网思维两者有效的结合在了一起呈现给了大家。

再来，还有个书本的外包装的设计思路。一本书，从你对它有个初步认识，到你购买，然后被你收入囊中。这是一个美妙的过程。在传统模式下，你到书店看到一本让你感兴趣的书，翻阅一下，满意、付款、到手。

互联网模式下呢？前后程序是一样的，中间又多了一个环节——快递。在收到快递这个过程中会有个包裹的方式，来保护图书。并送到你的手中。那这个包裹是不是可以再次给读者一个惊喜呢？并且把本书的理念再次传播呢？

当我们和殷老师想到这个点子的时候都非常的开心，因为我们知道，又找到了一个非常好的“idea”。一个把互联网精神更加直观生动地表现出的机会。并且没有增加成本。用微信红包的概念，直观，有趣的表达出了殷老师的初衷——送！送给大家的只是一本书吗？还有思维，还有如何开拓市场的方式。如何赚钱的方法。这不就是在送红包吗？有二维码，扫一下。你就能听到殷老师一段60秒的语音。让图书也可以拥有声音，让读者和殷老师更加没有距离感。

这就是我们需要的设计。为了能让读者更容易接受理念，我们用设计来解决。最后再次对殷老师的信任表示感谢。

上海麦禾包装制品有限公司

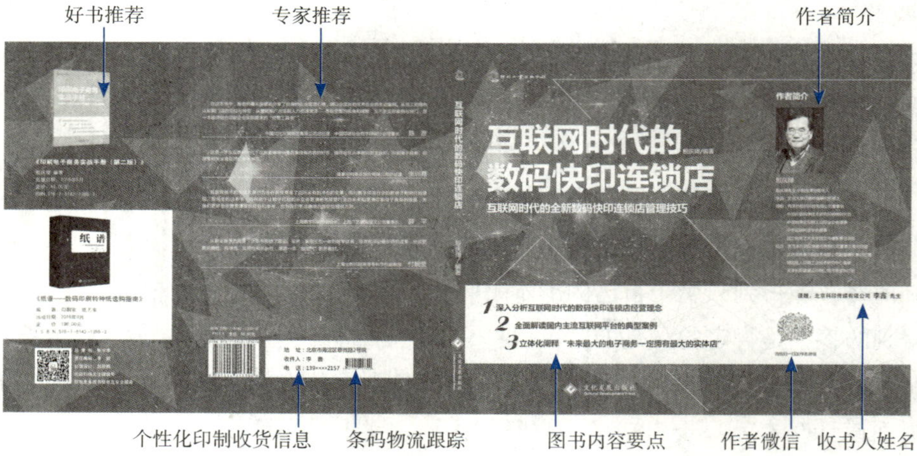

封面示意图

包装示意图